音乐学博士论文系列

ALBAN BERG: HIS LIFE AND WORKS

阿尔班·贝尔格
的生活与创作道路

余志刚 著

中央音乐学院出版社
CENTRAL CONSERVATORY OF MUSIC PRESS
·北京·

图书在版编目(CIP)数据

阿尔班·贝尔格的生活与创作道路／余志刚著．—北京：中央音乐学院出版社，2003.12（2025.4 重印）

ISBN 978－7－81096－012－0

Ⅰ．阿⋯　Ⅱ．余⋯　Ⅲ．贝尔格—人物研究—文集
Ⅳ．K835.215.7653

中国版本图书馆 CIP 数据核字（2003）第 108509 号

阿尔班·贝尔格的生活与创作道路　　　　　　　　　　余志刚著

出版发行：	中央音乐学院出版社
经　　销：	新华书店
开　　本：	880×1230 毫米　32 开　印张：12.75
印　　刷：	三河市金兆印刷装订有限公司
版　　次：	2003 年 12 月第 1 版　印次：2025 年 4 月第 2 次印刷
书　　号：	ISBN 978－7－81096－012－0
定　　价：	128.00 元

中央音乐学院出版社　北京市西城区鲍家街 43 号　邮编：100031
发行部：(010) 66418248　　66415711（传真）

目　　录

前　言 …………………………………………………………（1）
代　序　对国际上贝尔格研究状况的简单回顾 ………………（1）

第一章　环境与偶像 …………………………………………（1）
（一）审美文化与文化批评 …………………………………（2）
（二）1904年以前的阿尔班·贝尔格 ………………………（8）
（三）进入维也纳文化精英的圈子 …………………………（12）
（四）马勒与斯特林堡的影响 ………………………………（21）
（五）既可爱又可恨的维也纳 ………………………………（29）

第二章　从师与自立 …………………………………………（32）
（一）从师之初 ………………………………………………（33）
（二）"神圣的奉献" …………………………………………（43）
（三）丑闻音乐会 ……………………………………………（50）

第三章　探索与转变 …………………………………………（62）
（一）战争的干扰 ……………………………………………（62）
（二）《沃采克》写作始末 ……………………………………（70）

（三）对《沃采克》几次首演的回顾 …………………（79）
　　（四）《沃采克》的结构特征 ……………………………（87）

第四章　悲观与幻灭 ……………………………………（95）
　　（一）关于《室内协奏曲》的公开信与秘密标题 ……（95）
　　（二）"屈服于命运" ……………………………………（106）
　　（三）《露露》写作始末 …………………………………（116）
　　（四）《露露》的艺术特色 ………………………………（126）
　　（五）无家可归的人 ……………………………………（135）

第五章　结　语 …………………………………………（146）

附　录
　　Ⅰ 贝尔格的作品目录 …………………………………（153）
　　Ⅱ 五首管弦乐队歌曲 Op.4［歌词］ …………………（156）
　　Ⅲ 大事年表 ……………………………………………（160）
　　Ⅳ《沃采克》（歌剧脚本） ………………………………（179）
　　Ⅴ《露露》（歌剧脚本） …………………………………（222）

参考书目 …………………………………………………（382）

前　　言

　　兴起于20世纪初的新维也纳乐派，以勋伯格为首，包括他的两个学生韦伯恩和贝尔格，对于20世纪以来的西方音乐发生了巨大的影响。他们提倡的无调性和12音作曲方法，一直在反对和支持的浪潮中前进。

　　在我国，第一首无调性音乐作品是桑桐的《夜景》（1948）。当时，贝尔格的一个学生施洛斯（J. Schloss, 1902－1973）正在上海国立音专任教。在他之前，德国作曲家弗兰克尔（W. Flänkel, 1890－1983）也曾在上海教授过勋伯格的和声体系。

　　然而，我国的第一首12音作品，罗忠镕的《涉江采芙蓉》却是在1981年才完成的。同桑桐的《夜景》相隔了三十多年。

　　音乐是世界语言，其发展本身是开放性的。但由于过去几十年的封闭，使我们的视野极不开阔。直到改革开放以来，我们才得以大量接触外来的东西，把过去忽视的、但值得介绍的东西介绍过来，这对中国音乐的发展是极为有益的。这些东西当然应该包括自40年代便已传入中国，并产生过一定影响的勋伯格学派的音乐作品及其创作手法。

　　我对贝尔格的研究始于1984年，那一年我开始在于润洋教授的指导下攻读硕士学位，三年后，我完成了硕士论文《论阿尔班·贝尔格的歌剧〈沃采克〉》，那是国内第一篇详细探讨这部20世纪经典歌剧的论文，曾经在《中央音乐学院学报》1988年1－3期上连载。

现在出版的这本专著原是我完成于1993年的博士论文,导师也是于润洋教授。这篇论文是在我的硕士论文基础上的再开拓。我将视野从贝尔格的一部作品扩大到他的全部作品,继续从社会－历史的角度,对贝尔格的生活与创作之间的密切联系进行了综合的分析和探讨。

现在,这篇十年前完成的博士论文终于有机会得以出版了。欣喜之余,我后悔十年来没有在这个题目上继续深入,致使这篇论文的一些缺点至今依然如故。如今,我只能借此次正式出版的机会,对这些缺点做一些小修小补,但基本维持了原貌。我期待并坚信国内对贝尔格乃至整个勋伯格学派的研究在未来会有长足的进步。

附带说一说:本书附录中我所翻译的《沃采克》和《露露》的歌剧脚本,曾于2001年由台湾世界文物出版社以《歌剧经典》丛书第31和第32辑出版,但《露露》为二幕形式。此次出版本书时,我又对两剧作了进一步的校订,《露露》则补足为三幕。

余志刚
2003年盛夏于北京

对国际上贝尔格研究状况的简单回顾(代序)

在过去的几十年中,西方对奥地利作曲家阿尔班·贝尔格(Alban Berg, 1885－1935)的评价经历了激烈的波动。相当长期以来有着一种传统的看法,即普遍认为,在新维也纳乐派的三位作曲家中,他是最保守的和最向后看的。据说,他一直在调性和12音作曲法之间寻求妥协,对12音手法的处理远比勋伯格和韦伯恩更为"自由"。在歌剧《沃采克》获得成功后,贝尔格的名气大增,因而成为新维也纳乐派中最受欢迎的一位作曲家。于是,那些反对12音作曲法的评论家们就对他大为称道,认为贝尔格以其"天生的音乐感",战胜了那种枯燥、理智和完全非音乐的体系。他们甚至把贝尔格当做反对勋伯格的武器。然而,在第二次世界大战之后,贝尔格的这种值得称道的东西却遭到了谴责。随着整体序列主义等先锋派音乐的崛起,贝尔格被视为一个不承认12音体系的深远含义的令人无法容忍的倒退者。皮埃尔·布列兹在1948年评论贝尔格的那篇著名文章中就说:"12音的语言比采用一首巴赫的圣咏有着更为迫切的必要性。"[①] 在他看来,勋伯格已死,贝尔格似乎更不值得一顾了。

[①] 指贝尔格在《小提琴协奏曲》中对巴赫的圣咏《够了》的引用。皮埃尔·布列兹:《当代与贝尔格相遇》,重印于《一个学徒的笔记》,纽约1968年版,第240页。

从60年代起，随着序列主义越来越成为一种"不能感知"的音乐，对贝尔格乃至整个新维也纳乐派的再评价又重新开始了。对贝尔格的歌剧的深入研究便开始于这个时期，而这个时期也正是马勒得到复兴的时期。新维也纳乐派（特别是贝尔格）与马勒在精神上极为密切的联系，使人们把二者自然地视为一体。1960年，《马勒和他的时代》的展览于马勒百年诞辰之际在维也纳卡尔广场西侧的分离派展览馆举办。1964年，维也纳市立历史博物馆举办了名为《1900年前后的维也纳》的画展。1983年，爱丁堡艺术节推出了《维也纳1900展》。1985年，伦敦巴比坎出版公司出版了《马勒与20世纪》丛书。特别是1986年3月至10月在维也纳（后也在巴黎和纽约）举办的《梦想与现实——维也纳1900》大型展览，意义更为重大。当时正值贝尔格的百年诞辰之际，随着马勒复兴而开始的重新评价新维也纳乐派的潮流，也在此时的纪念活动中达到一个高潮。[①] 这反映出人们对世纪末维也纳的社会与文化的兴趣在这二十多年来一直是很浓厚的。人们把认识世纪末文化视为深入认识20世纪文化的一个起点。作为马勒的延伸，对于与之同为世纪末维也纳社会与文化成员的贝尔格，人们也理所当然地给予了越来越多的关注，并由此对他产生了一系列的再认识。

虽然贝尔格在死后不久便幸运地拥有了一定数量的学术研究文献，但是比较有分量的研究著作却是从50年代末才开始出现的。1957年，英籍奥地利作曲家和学者汉斯·雷德里希（Hans Redlich, 1903–1968）的著作《阿尔班·贝尔格：评价的尝试》出版了。同年还出版了该书的英语节译本《阿尔班·贝尔格，其人及其音乐》。1963年，贝尔格的学生和传记作者威利·莱希（Willi Reich, 1898

[①] 参见石田一志：《贝尔格百年祭》，《全音音乐文摘》1986年第12期，第81页。

－1980）出版了他的《阿尔班·贝尔格，生活与作品》一书（英译本出版于1965年）。以上两本著作笔者虽未见到，但据有关书评的介绍，前者虽揭示了不少新的史料，但作者的分析尚有某些曲解的倾向。后者对作品结构的分析也还比较初步，似乎漠视了其他学者的研究。1975年，奥地利学者莫思柯·卡纳（Mosco Carner, 1904－）出版了他的专著《阿尔班·贝尔格：其人及其作品》（1979年出了法文版）。这是一本包括了音乐分析的传记，但有些专家的研究成果似乎被忽视了。1979年，英国音乐学家道格拉斯·贾尔曼（Douglas Jarman）完成了一部杰出的研究著作《阿尔班·贝尔格的音乐》。该书在简短的对传记和文献的叙述之后便转向音乐，对贝尔格作品的音高组织、节奏和形式结构作了较全面的分析，在前人研究的基础上提出了一些更广泛的见解。80年代，美国作曲家和音乐学家乔治·波尔（George Perle）在他过去20多年的研究成果的基础上，先后出版了两卷专著《阿尔班·贝尔格的歌剧》，对《沃采克》和《露露》分别做出了极细致和极有吸引力的分析和研究，从而对我们深入理解和评价贝尔格及其音乐产生了最重要的影响。[①] 乔治·波尔因此被普遍认为是当今贝尔格研究的最重要的权威。他的研究向我们揭示了贝尔格音乐语言的一种独立的发展线索，并向人们对贝尔格的传统看法提出了疑问。他认为：贝尔格不再是一位"自由"、"无系统"、"保守"和"向后看"的作曲家，而是一位"本世纪最向前看的作曲家"。[②]

自贝尔格逝世后，他的遗孀海伦娜一直谨慎地守护着丈夫的遗

---

① 以上书评参见A. 盖伊·马尔科：《歌剧：一部研究与信息的指南》，纽约1984年版，第75页。
② 乔治·波尔：《阿尔班·贝尔格的歌剧》第一卷，加州大学出版社1980年版，前言XV。

产，对贝尔格生前未及出版的作品，例如《阿腾贝格歌曲》和许多早期歌曲，她一概拒绝出版并禁止人们接近她所把持的手稿。直到1976年海伦娜去世后，大量前所未知的有关贝尔格的材料才得以为研究者所利用。从此，对贝尔格的研究工作有了广阔的前景和较大的进展。1980年，在维也纳举办了贝尔格学术研讨会，并出版了论文集。1985年，世界各地举办了纪念贝尔格诞辰100周年和逝世50周年的活动（包括学术会议和演出）。

贾尔曼在1989年编辑出版的《贝尔格手册》的前言中，列举了自1976年以来，甚至是40年以来对贝尔格的研究和作品演出方面已经和继续产生深远影响的三件大事。

首先是完整的三幕歌剧《露露》于1979年2月24日在巴黎歌剧院首演。尽管贝尔格去世前已完成了全部缩谱，但他的遗孀却拒绝任何人为之完成仅剩的第三幕的一部分配器。这项工作是在海伦娜死后三年才由奥地利作曲家弗里德利希·策尔哈（Friedrich Cerha，1926— ）完成的。首演十分轰动。这部曾被认为有伤风化的歌剧在作者去世后44年间的曲折历史，也引起了人们极大的兴趣。

第二件大事是奥地利学者罗斯马利·希尔玛（Rosemary Hilmar）几年前整理和发表了奥地利国立图书馆收藏的有关贝尔格材料的两种目录，并做了微缩处理。海伦娜生前将她拥有的手稿分成了两组，一组交国立图书馆收藏，另一组由她自己保存。这些以前难以利用并混乱无序的珍贵手稿，现在终于可以向研究者无私地开放，而且已经产生了初步的研究成果。①

第三件大事是乔治·波尔在1977年发现了一份有作者亲笔注释的《抒情组曲》的总谱。这些注释揭示了前所未知的秘密标题。人

---

① 例如美国学者帕特里西亚·霍尔女士1983年以来对《露露》手稿的研究工作。

们从而得知贝尔格与他的秘密情人汉娜·富克斯-罗贝廷（Hanna Fuchs-Robettin）的关系，并推翻了由他的遗孀精心维护的对贝尔格个人生活与性格方面的某些固有看法。从波尔的发现与研究中，我们才充分认识到，贝尔格音乐的客观结构大都是由主观的非音乐的因素所决定的。我们可以借此打开新的研究领域，进一步理解贝尔格的创作心理。①

近年来，在贝尔格研究领域中又发生了一件可以说与上述事件同等重要的大事，那就是1987年《贝尔格-勋伯格通信选》英文版的问世。这部由J. 布兰德、C. 海利和D. 哈里斯三位学者抄录、翻译和注释的书信集，从两位作曲家的800多封通信中选了近400封（其中尤以酷爱写作的贝尔格的信件居多）。信件生动地反映了两人的生活与时代的风貌，对于我们深入研究贝尔格所处的时代、其人、其作品以及与勋伯格的关系等等都是极为宝贵的资料。

我国对贝尔格的研究工作是在改革开放以后才有条件得以进行的。从80年代起，国内的一些音乐杂志上开始出现了有关贝尔格研究的译文。1987年，我在于润洋教授的指导下完成了硕士论文《论阿尔班·贝尔格的歌剧〈沃采克〉》。② 该文对这部歌剧的创作背景、音乐-戏剧结构和音乐语言作了较详细的分析和论述。但是，要更加准确和全面地认识贝尔格的创作及其在音乐史上的地位，还有待于两个方面的更深入的工作：（一）深入研究他的环境、个性、社会关系以及这些对他的作品的影响。（二）在研究其全部主要作品的基础上，对他的创作得出一种全面而公允的评价。西方的学者对后一项工作做得较为深入，而前一项工作则无论在国外或国内都

---

① 参见道格拉斯·贾尔曼主编的《贝尔格手册》，麦克米兰出版公司1989年版，前言。
② 该论文连载于《中央音乐学院学报》1988年第1-3期。

还是较薄弱的环节。本文便是在硕士论文的基础上力求深入一步，从贝尔格与当时维也纳文学艺术家圈子之间的联系，特别是与勋伯格的联系中探寻世纪末维也纳的文化思潮（社会心理）对他的影响，以及这种影响如何反映在他的创作中。在追踪贝尔格创作个性成熟的过程中，几乎涉及了他的全部主要作品。在分析作品时，力求抓住其最重要的一些方面，并把它们与对贝尔格的生活和文化背景的研究联系起来，目的仍然在于进一步认识贝尔格作品的价值，并对他在音乐史上应有的地位和可资我们借鉴的地方提出一些看法。

第一章　环境与偶像

19世纪末到20世纪初，既是欧洲资本主义和平发展的时期，又是它的各种弊端越来越充分地暴露出来的时期。由此而产生的各种社会矛盾在敏感的文化知识界人士中首先引起了普遍的不满。他们对资本主义的固有秩序感到难以忍受，倾向于对一切价值的重新估价，从而产生了一种新的人生观——"世纪末"的人生观。这种人生观产生于危机四伏的和平时期，带着对日趋没落的预感和无能为力的反抗，一直持续到第一次世界大战的爆发。

彼得·斯·汉森在《20世纪音乐概论》中这样写道：

Fin de siècle（世纪末）这一说法，最初是指19世纪90年代，它不仅是对一个十年的命名，而且是形容一种对待生活的态度，那种态度一直盛行到1914年第一次世界大战爆发，那时最终结束了19世纪的生活方式。这一名词喻指一种颓废的和琢磨过度的态度，并且表示一个由耽于声色之乐和自我放纵代替了充满青春活力的热情和努力上进的时代。它意味着暮气而不是朝气、异教徒而不是清教徒的态度。[①]

在谈到这个时期的维也纳时，他说：

维也纳，从19世纪的开始就是欧洲的音乐中心之一，出现了

---

① 彼得·斯·汉森：《20世纪音乐概论》上册，孟宪福译，人民音乐出版社1981年版，第10—11页。

一种它自己独有的颓废派的变体。与法国人的感官享乐主义和德国人的有时出现的惊人的野蛮相对照,维也纳人却耽于得过且过的宿命论的一种古怪而独特的心境。①

本论文中的"世纪末维也纳"一词,不仅是指一个特定的时期,而且更多的是指一种特定的文化思潮或人生观。生于19世纪末,主要活动于20世纪初的奥地利作曲家阿尔班·贝尔格就是在这样的一种文化思潮的影响下终其一生的。在研究贝尔格的作品时,我们不可避免地要涉及他和这种思潮的种种联系。

(一)审美文化与文化批评

维也纳这个古老的城市在19世纪中经历了向现代工业化大都市的转变。虽然到世纪末它已是一个著名的帝国之都和工业中心,但是比起当时欧洲的其它一些大城市来,它仍然保留着一个小工匠和小业主城市的许多特征。这个当时约有两百万人口的城市以古老的内城为中心,通过60年代以后兴建的环形大道与周围的许多小镇联成了一体。

19世纪60年代,奥地利的自由党按照立宪主义原则和中产阶级的文化价值改变了国家的体制。维也纳成为了他们的政治堡垒、经济之都和文化中心。但是,自由党实际上是一个相当保守的上层中产阶级的政党,它的社会基础始终是十分薄弱的。从一开始,它便不得不同贵族和帝国官僚平分权利。在20年的统治中,这个党依靠有限选举权这样的非民主手段保住了基本权力,此后,它便开

---

① 彼得·斯·汉森:《20世纪音乐概论》上册,孟宪福译,人民音乐出版社1981年版,第60-61页。

始逐渐地走向衰落了。

80年代，不少新生的社会团体开始崛起，其中有右翼的和反犹的泛德意志党和基督教社会党，左翼的社会民主党以及斯拉夫民族主义团体等等。1895年，基督教社会主义的浪潮席卷了维也纳。两年后，约瑟夫皇帝不得不实行了选举法的改革。此外，在这个多民族的君主国里，民族问题也越来越成为一个重要的政治问题。随着年迈的皇帝对支撑君主国的官僚机构的日益失控，社会形势变得越来越难以预料。艺术与教育系统也同样受控于官僚机器，在文艺审查和司法中的不公正现象十分普遍。对此，人们产生的心理反应是深刻的。这种反应在奥地利知识份子中间尤为显著。他们大都是在资产阶级自由主义文化的氛围中长大的，此刻，他们却普遍地对这种信仰科学、道德与进步的文化产生了怀疑，一种无能、颓废和焦虑的情绪弥漫在这个充满危机感的时代中。

朔斯克在他的著作《世纪末维也纳：政治与文化》中分析19世纪末奥地利资产阶级文化的特征时指出，这种文化具有两种价值，一种是道德与科学的（它几乎与维多利亚主义等同），另一种是审美的。传统的奥地利文化是以审美为主的，主要成就在于建筑、戏剧和音乐。关注19世纪下半叶以来有教养的资产阶级在审美文化上的演变是更有意义的。这个阶级对艺术生活有着独特的感受力，而且，还有一种对于精神状态的敏感性。本世纪初，通常的道德文化在奥地利进一步被这种非道德的"感觉文化"所掩盖和瓦解。

朔斯克还认为，这种审美文化的扩展，可以作为一种社会变化过程来加以解释，在这个过程中，上层中产阶级由于政治上的失势而在审美文化中寻找一种平衡。他们将从事艺术作为逃避政治威胁的避难所。人们在这种审美文化中逐渐转向对自身的精神生活的探索，为献身艺术和关注精神（Psyche）提供了联系。① "艺术从一种装饰变成一种本质，从一种价值的表现变成价值的源泉。自由主义崩溃的灾难进一步把审美的遗产变成一种神经质的、不安的享乐主义的和充满忧虑的文化。"② 这种资产阶级"感觉文化"深深地影响了世纪末维也纳的知识分子和艺术家。

正是在这种伴随着社会政治解体的巨变而产生的文化变迁中，维也纳成为20世纪文化的最肥沃的土壤之一。精神分析学、分析哲学、功能建筑学、表现主义绘画和12音音乐等许多20世纪高新文化的产物都诞生在这个摇摇欲坠的帝国之都。

1897年，以画家克里木特为首的维也纳"分离派"③ 诞生了。同一年，音乐家古斯塔夫·马勒开始担任了维也纳宫廷歌剧院的指挥。这些事件意味着维也纳的文化艺术界即将出现一场意义深远的变革。面对保守、自得、充满庸人气息的传统主义者们，一些更年轻、更激进的文学艺术家应运而生。他们是少数的先锋的一群，代表着20世纪初精神领域空前的觉醒和广泛传播的新动向。他们痛恨当局与公众的庸俗与迟钝，对文化艺术受控于官僚机器和为商业所利用深怀不满，甚至对曾经哺育过他们的上层中产阶级的审美文化也作出了全面否定。在这些年轻的艺术家中间有一个核心小组，其中包括作家卡尔·克劳斯（Karl Kraus, 1874-1936）、画家奥斯卡·科克什卡（Oscar Kokoschka, 1886-1980）、建筑家阿道夫·卢斯（Adolf Loos, 1870-1933）和作曲家阿诺尔德·勋伯格（Arnold

---

① 参见卡尔.E.朔斯克《世纪末维也纳：政治与文化》，伦敦1975年版，第6-9页。
② 同上书，第10页。
③ "分离派"（Sezession）指19世纪末和20世纪初为了革新而从传统的美术组织或展览中分离出来，由自己成立组织或举办展览的美术家们。以克里木特为首的维也纳分离派的活动，促进了体现欧洲新艺术思潮的德国"青年风格"（Jügendstil）的发展。

Schoenberg，1874－1951）。虽然他们之间的个人关系并不是紧密而持久的，也没有构成什么圈子或"主义"，但他们所处的共同的环境却促使他们有意识地形成了对艺术与世界的共同看法。他们都意识到漫长而衰老的君主国面临着一种变革的需要，在看到一个衰落的传统的同时，他们也兴奋地看到了一个新时代的黎明。这四个人所持的文化批评的观点基本上是共同的，这就是：艺术应放弃一切无意义的装饰，重现其语言的最初的表现力简洁、真实和强烈。他们都坚决拒绝把艺术作为粉饰现实的美容师，反对弥漫于实际生活中的艺术，为使艺术从"洋洋自得与舒适中摆脱出来"而发出了令人震憾的"大声疾呼"（cri de coeur）。1910年，勋伯格在《警句》一文中这样写道：

艺术不是那些迁就自己命运的人，而是那些与之搏斗的人的呼声；不是那些恭顺地服务于"黑暗势力"的人，而是那些投身于想法理解它的构造的人的呼声；不是那些转移视线以使自己避免激动的人，而是那些睁大双眼去对付那些必须对付的事情的人的呼声。[①]

可见，勋伯格同克劳斯和卢斯等人都同样具有一种清醒的文化批评思想，这种思想并不针对社会制度，而是针对充满美的遮掩与秩序的幻觉的自我欺骗的文化。这种审美文化，特别是其中的唯美主义倾向，在他们看来已失去了批评的力量而必须加以反叛。勋伯格在这里强调了艺术家心灵的内在需要和直觉，以对抗那种耽于舒适、不思进取的对美的崇拜。他指出"艺术家不需要这种美，对于他真实便足够了。"[②]

[①] 朔斯克：《世纪末维也纳：政治与文化》，第357页。
[②] 同上书，第358页。

1908年和1909年，克里木特在维也纳先后举办了两次"艺术展览"。第一次全部是奥地利当代画家的作品，它强调了分离派所主张的艺术的装饰功能和唯美主义的倾向，要求人们提高对最精巧的艺术细节的感受力。克里木特作为展览的主席在开幕词中宣称："文化的进步就在于全部生活中不断渗透着艺术的目的。"① 科克什卡的参展作品是一套结合了"青年风格"与象征主义手法的版画《梦中的孩子》，从中可以看出克里木特的影响。而在第二次"艺术展览"上，人们看到的却是更为激进的作品。它不仅包括了蒙克、凡高等表现主义绘画先驱的作品，而且，在专为展览设计的露天剧场中，还上演了画家科克什卡创作的戏剧《谋杀者，女人的希望》。这部题献给卢斯的戏剧通常被认为是第一部表现主义的戏剧。它令人震憾地表现了两性冲突的题材。全剧语言极简洁，充满呐喊，情感性和动作性极强。一切都仿佛是发生在失去逻辑的梦境中。剧中的一队"男人"（穿着象征精神的蓝色盔甲）与一队"女人"（穿着象征肉体的红衣）相遇后，"男人"的首领便命令手下人把"女人"烙上火印。"女人"的首领在报复中刺伤并监禁了那个"男人"，但最终却被重获力量的"男人"杀死。这使人想起奥地利哲学家魏宁格（Otto Weininger, 1880－1903）的思想。他认为两性之间存在着一场较高的精神因素（男人）和较低的动物因素（女人）的战斗。科克什卡还把它想象成一场白昼与黑夜之战，而戏的结局正是精神战胜了性，光明战胜了黑暗。从中不仅可以看到斯特林堡（August Strindberg, 1849－1912）的戏剧《死之舞》的影响，而且还可以听到与魏德金（Frank Wedekind, 1864－1918）《露露》悲

---

① 朔斯克：《世纪末维也纳：政治与文化》，第308页。

剧的共鸣。① 这两位剧作家都被认为是表现主义戏剧的伟大先驱。他们的戏剧与蒙克等人的绘画一样，都离开了对客观物体或情节的外在模仿而走向了主观的内在的真实。这正是表现主义艺术的一个最大的特征。从科克什卡在两次"艺术展览"上的不同作品《梦中的孩子》和《谋杀者，女人的希望》的对比中，可以清晰地看出他从"分离派"或"青年风格"的影响下向表现主义的转变。

这两年也正是音乐界面临重大突破的时刻。从1908年起，勋伯格学派对调性的放弃使音乐失去了很多因循的美，但却最大限度地服从了作曲家的内在需要和直觉，最真实地反映了内心的各种紧张的幻象。勋伯格的第一部表现主义歌剧《期待》（作品第17号）与科克什卡的《谋杀者，女人的希望》堪称是平行的两部作品，它们都诞生于1909年。这部一个角色的歌剧描写一个女人夜间在林中寻找她死去的情人。它不仅表现了两性之间的冲突，而且还更深入细致地表现了人物错乱的主观幻象和潜意识。与他前一年创作的《空中花园》（为施蒂凡·格奥尔格的15首诗谱写的歌曲，作品第15号）相比，也有了相当大的转变，花园中的"爱之梦"已经变成了荒野中充满恐惧的"恶梦"。这与上述科克什卡的转变是颇为近似的。

这样，在反对世纪末唯美主义的爆发中，表现主义文化诞生了。传统文化秩序的解体在这时达到了一个高潮。这种解体大致上是从19世纪末的两种文艺流派——印象主义和象征主义开始的。对于在20世纪初崭露头角的新一代艺术家来说，那些流派的艺术手法已不足以表现他们对世界的新的看法、新的感觉、以及内心积

---

① 参见 J. L. 斯泰恩：《现代戏剧的理论与实践》（三），中国戏剧出版社1989年版，第69-72页。

蓄的新的能量和新的骚动了。于是，他们把主观情感的表现放在首位，为了表现的目的而故意对客观事物加以扭曲和变形。他们不再局限于描绘可见的事物，而是迫切地希望能使"不可见的成为可见"。他们认为只有这样才能深入地揭示人或客观事物的本质。他们不加掩饰地表现了主观感受中的极不协和的真实，并以一种前所未有的激情和创造力"探索和扩展了艺术表现的既有疆界"。[①] 因此，在整个世纪末的文化变迁中，表现主义代表了一个新的、更加激烈的反叛阶段，它摈弃了印象主义和象征主义的唯美和为艺术而艺术的倾向，使这种艺术自觉或不自觉地带有了更多的社会批判性。尤其是在第一次世界大战后表现主义发展到晚期时，这种社会抗议的色彩愈加浓烈。

（二）1904年以前的阿尔班·贝尔格

阿尔班·贝尔格1885年2月9日出生于维也纳一个上层中产阶级的富裕家庭里。在四个孩子（三子一女）中，他排行第三。父亲康拉德·贝尔格（Conrad Berg，1846－1900）大约在1867年从纽伦堡（他祖上曾是巴伐利亚宫廷的官员）移居维也纳，是一个经营书籍和艺术品的商人。母亲约翰娜·布劳恩（Johanna geb. Braun，1851－1926）是维也纳宫廷的一个珠宝匠的女儿。在丈夫去世后，她继续经营着家里的店铺，出售宗教画、祈祷书和十字架一类的东西。贝尔格的父母在奥地利南部的奥西亚赫湖上还拥有一座环境宜人的房产贝尔格霍夫（Berghof）。在它1920年被卖掉之前，阿尔

[①] 见W.康定斯基和F.马尔克编辑的《蓝骑士艺术年鉴》（1911）的缘起公告，转引自D.纽林：《布鲁克纳，马勒，勋伯格》，第251页。

班·贝尔格每年夏天几乎都是在那里度过的。

贝尔格在维也纳的出生地是织布廊8号。这是位于市中心的一座晚期巴罗克式的平民住房。其中的第一、二层曾被维也纳艺术家协会占有，成为"分离派"建立前最重要的画家聚集地。楼里还有一家音乐商店，维也纳爱乐乐团和音乐出版商哈斯林格（后来也是贝尔格的出版商）的老店也设在附近。后来，贝尔格一家搬到了位于维也纳第12区的希沁，那里的郊野风光是贝尔格更加喜爱的。

贝尔格自幼接受的是带有强烈的德国文学与哲学背景的文化教育，并很早便形成了一种对各类艺术问题的不寻常的准确的判断能力。尽管他在学校里的成绩平平，但他却仍然很喜欢阅读文学名著或凭着直觉讨论文学问题。他对此充满渴望与好奇，并颇有自信："在我作曲之前，我曾经想当一个诗人"。他的藏书很个性化，大部分是他所偏爱的文学作品和书信集，包括加了很多注释和圈点的易卜生和斯特林堡的全集以及叔本华、波德莱尔等人的书信与作品。在绘画方面，贝尔格最喜欢文艺复兴时期的意大利画家科雷乔（Correggio）的作品，对伦勃朗也有一种狂热的崇拜。在当代画家中，他欣赏克里木特，后来又特别喜欢科克什卡。[①] 至于贝尔格的外貌，据说是很迷人的。他虽然身体高大，举止却十分优雅而有贵族气。他生性腼腆、随和，而且20岁（也有人说23岁）时便患了哮喘病，这种折磨了他一生的疾病，使得他即便在微笑时也常带着几分倦怠。励伯格的学生保尔·皮斯克认为贝尔格的外貌颇似奥斯卡·王尔德，幽默机敏的背后有深刻的哲学头脑和创作想象力。海克特·罗特威勒则认为"贝尔格的个性弱中有刚，忧郁与自豪，梦

---

① 参见富尔克·舍利思：《阿尔班·贝尔格》，罗沃特出版公司1975年版，第10－20页。

想幸福与寻找痛苦,恐惧与隐藏于其后的怨恨均可在他的眼神里看到。"①

贝尔格在 15 岁时,父亲便因心脏病去世了。这对贝尔格的性格也产生了很大的影响。虽然他的健康状况和性格或许更像父亲,但来自母亲的影响却是更为持久而强大的。父亲死后,贝尔格家境中落,不得不靠亲戚的帮助继续上学。他留级了一年才得以从理科中学毕业,但只有获得文科中学的毕业证书才有资格升入大学并免除三年兵役。贝尔格由于未能得到这块跻身上流阶层的敲门砖而感到十分苦恼。更使他厌恶的是维也纳保守的教育制度下极为呆板单调而毫无生气的学校生活,在那里"我们听不到任何新鲜事或似乎值得我们去知道的事",而"校外却是一座百般诱人的城市,一座拥有很多剧院、博物馆、书店、大学和音乐的城市"。② 他还常和朋友们去咖啡馆小聚,这也是维也纳上流阶层生活的一个组成部分。此外,这位中产阶级家庭长大的青年也面临着青春期性的困扰,他 17 岁时便与家中别墅的一位名叫玛丽·朔伊希尔的女仆生下了一个女孩,取名阿尔贝妮。随后,他不得不承认了自己的父亲身份。这件事自然加重了他当时的苦闷。他在 1906 年给好友瓦兹瑙尔的一封信中谈到他的个人危机,说他在绝望中甚至起过自杀的念头。

多年来,贝尔格的家人始终保持着对艺术的浓厚兴趣。他的妹妹斯玛拉格达钢琴弹得很好,贝尔格常和她四手联弹,从而熟悉了不少经典的交响乐作品。他的哥哥查理是个很好的男中音,贝尔格常为他伴奏,因而也接触了很多歌剧和艺术歌曲。贝尔格很早便显

---

① 转引自戴维·尤恩:《1900 年以来的作曲家》,第 59 页。
② 斯特凡·茨威格:《昨日世界》,转引自《新格罗夫音乐与音乐家词典》第二卷,第 524 页。

露出惊人的音乐才华。他一有空便坐在钢琴前不停地弹奏，并常去听他心中理想的艺术家马勒指挥的歌剧或音乐会。在他 15 岁生日时，瓦兹瑙尔送给他一本很流行的乐谱，鼓励他创作一些歌曲。查理的演唱也激发了他在歌曲创作上一试身手的强烈愿望。大约从 1900 年起，他凭着灵感与直觉为他喜爱的诗歌谱写了最初的一些艺术歌曲。他似乎是无师自通，很快就找到了一种属于他自己的音乐语言，并为自己的目的而进一步学习前人。在选择歌词时，他对一些新作品，如海贝尔、莫贝尔特和好友阿腾贝格的诗特别感兴趣。现存的贝尔格最早的一首歌曲是他在 1901 年 16 岁时作的《神圣的天空》，其中师法了沃尔夫歌曲中的朗诵性原则。到 1904 年为止，他已写了三十多首从舒柏特式的到晚期浪漫派式的各种风格的歌曲，题材多为年轻人最敏感的爱情、离别、失恋、厌世等等。其中不下三首都用了《渴望》的标题，表现出一代成长于既定价值崩溃的 19 世纪末，对生活感到彷徨无望的青年人的思想情感。[①] 这些歌曲在质量和数量上往往都超出了人们的预想，有些甚至比后来技巧成熟的作品更有分量。勋伯格在评论这些早期的作品时说："即使在那些技巧不足的最早的作品中，人们仍然可以观察到两点：第一，那音乐是为他而存在的一种语言，他的确用这种语言表现了自己；第二，他的音乐浮动着一种感情的温暖。"[②]

1904 年，贝尔格的哥哥查理在报纸上看到勋伯格招生的广告，便给勋伯格送去了几首贝尔格新创作的歌曲。勋伯格后来回忆道："当我看了他给我的几首风格介乎于胡戈·沃尔夫和勃拉姆斯之间的

---

① 参见菲舍-迪斯考和鲁道夫·斯特凡 1985 年为《阿尔班·贝尔格的早期歌曲》唱片所写的说明（唱片号：067 EL 27 01951）。

② 这段话出自勋伯格 1936 年为纪念贝尔格而写的一篇回忆文章。后来发表在威利·莱希的《阿尔班·贝尔格》一书中。参见该书 1965 年英译本第 28-30 页。

歌曲之后，我立刻看出他是一个真正的天才。于是，我收他做了我的学生，虽然他当时还无力支付学费。"①

成为勋伯格的学生，这是贝尔格一生中最重要的一个转折点。

（三）进入维也纳文化精英的圈子

贝尔格在1904年成为了勋伯格的学生之后，便得到了涉足维也纳文学艺术家生活的更多的机会。圈子里的不少精英人物都对他产生了不容忽视的影响。下面首先谈谈其中比较突出的克劳斯、阿腾贝格和卢斯的情况。

在文化批评方面，克劳斯在新闻界和文学界首先发难，进而带动了艺术界对表现手段的全面反思。作为圈子中一位领袖人物，他的作用是不可低估的。1899年他创办了著名的《火炬》杂志，起初撰稿人较多，有卢斯、科克什卡、斯特林堡、勋伯格等人。从1911年到1936年最后一期，克劳斯独自撰写了大部分稿件。他以大量尖锐的文章与诗歌，强烈抨击了大众新闻媒介中的语言退化现象。他视哥德、尼采等大师为楷模，为挽救退化的德国语言和重建其优美与简洁而奋斗了一生。在他看来，语言是一切思维的基础，它的退化必然导致人类思维能力的退化，而思维能力的退化又将会产生灾难性的政治后果。也就是说，语言的腐化，不仅反映了社会的腐败，甚至是社会腐败的原因。他认为，语言不仅具有交流功能，而且还是人性和精神的载体。因此抛弃了语言的秩序，也就是抛弃了人性。除了语言理论和新闻批评之外，他还在《火炬》上对

---

① 《勋伯格论作曲家》（《风格与思想》选译），中央音乐学院1989年硕士生李宁宁毕业译文及论文，第94页。

一些热门话题，如道德与犯罪、战争、妇女问题等进行了讨论。第一次世界大战爆发时，他作为一名和平主义者在《火炬》上发表了一系列的反战文章。他把奥匈帝国称为"世界末日的实验室"，并把自己那部庞大的关于第一次世界大战的讽刺性、文献性的戏剧作品冠以《人类的末日》的标题。作为一个作家、语言文化与社会的批评家，克劳斯成为当时文化界一个最受崇拜，同时也最有争议的人物。

勋伯格与他的两位学生韦伯恩和贝尔格一直是《火炬》杂志的热心读者。他们都从中接受了克劳斯净化语言环境的思想，并认为克劳斯在语言上所做的工作与他们在音乐上的努力是平行的。勋伯格是1896年同克劳斯在格里斯泰德咖啡馆相识的。他认为自己从克劳斯那里学到了很多东西。从他的《和声学》（1911）一书中便可明显地看到克劳斯的整体与精确的写作风格的影响，在1950年为自己的文集《风格与思想》所写的的献词中，他称克劳斯为"精神上的朋友"。英国作曲家亚历山大·戈尔也认为，勋伯格的文章中贯穿着克劳斯思想的回声。①

与勋伯格相比，贝尔格是克劳斯的一位更加狂热的崇拜者。在他书桌上方的墙上悬挂着他最崇拜的两位导师勋伯格和克劳斯的照片。1910年7月或8月，他曾写信告诉妻子："我梦见，出版商告诉我，我的两部作品的销路很好，就要第二次印刷了。然后我同克劳斯进行了长时间的紧张而极有趣的谈话。我们谈的是艺术和最神圣的东西。"②

贝尔格同克劳斯的初次见面大概是在1905年观看魏德金的戏

---

① 参见亚历山大·戈尔：《勋伯格与卡尔·克劳斯》，《音乐分析》1985年第四期，第66页。

② 贝尔格致海伦娜，1910年7月或8月，见《致妻子的信》，第173页。

剧《潘多拉的盒子》的时候。当时，在克劳斯的主持下，首次上演了这部被禁演的戏剧。在开演前，克劳斯还作了精彩的介绍性讲演。这次难忘的经历对贝尔格二十多年后在歌剧《露露》的选材上有着重要的影响。

1907年，贝尔格在妹妹斯玛拉格达的介绍下与一个名叫"雄狮啤酒座"的艺术家圈子有了接触。属于这个圈子的有克劳斯、阿腾贝格、卢斯、克里木特等人。1908年，经阿腾贝格的介绍，贝尔格同克劳斯正式相识。这一年的夏天，贝尔格还多次参观了分离派的"艺术展览"，并观看了科克什卡戏剧的一场演出。他在"艺术展览"上也遇到了克劳斯，事后，他在给海伦娜的信中写道："我们彼此相伴，两个孤独的人。晚上，……我和卡尔·克劳斯在一起，……那是相当令人愉快的。"①

贝尔格经常急切地期待着每一期《火炬》的出版。这份杂志已成为他生活的一部分，成为他了解文化界的一些新思想的主要途径。在给妻子的信中他曾多次盛赞这份不定期的刊物。在1909年8月4日的信中他写道："这是《火炬》杂志，是另一个具有深刻的智慧和辉煌的幽默的奇迹……读这一期给了我一种少有的精神上的快乐，摆脱了所有失望的事。我想到瓦格纳与施特劳斯的歌剧在维也纳平庸的上演，以及今年音乐会上马勒交响曲的糟糕的演奏。与这些失望相反，这里有一个杰作——最新一期的《火炬》！"②

贝尔格的好友，小提琴家科里施（Rudolf Kolisch，1896－1978）认为贝尔格的文风尤其深受克劳斯的影响。③ 这可以从他为勋伯格的一些早期作品（如1918年为《室内交响曲》）所写的分析

---

① 贝尔格致海伦娜，1908年7月1日，同上书，第26页。
② 转引自乔治·波尔：《阿尔班·贝尔格的歌剧》第二卷，第288页。
③ 参见乔安·阿兰·史密斯：《勋伯格和他的圈子》，第57页。

文章，1920 年与德国保守派作曲家普菲茨纳（Hans Pfitzner, 1869—1949）的辩论性文章《汉斯·普菲茨纳音乐"新美学"的无能》，以及他为自己的歌剧《沃采克》和《露露》所改写的脚本上看出来。1932—1937 年间，他还协助他的学生威利·莱希创办了刊名为《23》的杂志，目的在于使之成为音乐上的《火炬》杂志。①

维也纳的咖啡馆很多，在整个哈布斯堡王朝期间，它一直是各阶层的人们进行社交活动的主要场所。这是一种公共沙龙，人们聚集在这里阅读、思考或交谈，逐渐形成一种繁荣的文化惯例。这里宽敞而舒适，备有各种咖啡，还有国内外的各种报纸杂志以及棋牌一类的东西。每个咖啡馆都有一批常客，从而形成了各类人群的组合。这种特殊的组合往往又是彼此交叉的。某个圈子的成员也常会出现在另一个圈子里，这样，各个领域的人都可能在这里相遇、交流和争论。而这种争论也可能在报纸上以小品文②的方式继续下去。咖啡馆在世纪末维也纳的知识分子生活中起到了特别重要的作用。格林斯泰德咖啡馆在 1897 年被毁后，克劳斯常去中央咖啡馆，在那里，卢斯将科克什卡引见给他。他更常去博物馆咖啡店或海恩霍夫咖啡厅，而卢斯也是那里的常客。

贝尔格也很喜欢去这些咖啡馆。他在那里有一位好朋友，这就是诗人彼得·阿腾贝格。他原名理查·英格兰德，是个生性敏感，衣着古怪的人。他像个永久流浪的波西米亚人，每天总是醉醺醺地从一个咖啡馆逛到另一个咖啡馆，写下一些关于他的生活的短散文诗和抓住瞬间微妙情感的伤感的小品文。他还爱在明信片上写作短小

---

① 参见史密斯：《勋伯格和他的圈子》，第 42 页。
② 小品文（Feuilleton），在维也纳它是与咖啡馆生活相应的一种文学体裁。原指报纸前页下端可分的部分，后来发展成任意主题的妙语联珠的闲聊式短文。主要代表作家有莫里茨·萨费（Moritz Saphir, 1795—1858）。

的、警句式的无韵诗寄送友人。克劳斯和卢斯都很喜欢和支持他的作品。贝尔格是在1906年同阿腾贝格相识的。当时,阿腾贝格已属于"雄狮啤酒座"的艺术家圈子。而在此之前,贝尔格就已经为这位他所热爱的诗人的作品谱过曲了。

1912年底,阿腾贝格因患阵发性精神恍惚症而住进施坦霍夫疗养院。贝尔格曾两次前去探望,希望他早日康复并重新投入创作。1913年3月,贝尔格为阿腾贝格的明信片诗词谱写的两首歌(作品第四号中的两首)在维也纳首演前,阿腾贝格曾抱病出席了排练,随后还送给贝尔格一本他的新作《西莫林》(Semmering,阿尔卑斯山的一个山口)。克劳斯在4月16日的一次讲演会上朗读了这部作品的片断,并作了一篇精彩的开场白(讲稿发表在该年5月18日的《火炬》杂志上)。贝尔格怀着极大的兴趣出席了这次讲演会。后来,他还仔细地阅读过1918年出版的《阿腾贝格传记》,并作了许多笔记。在书的一处边页上,他写上了勋伯格、克劳斯、卢斯和魏宁格①的名字,可见他在阅读中意识到了这几个人在思想上的某些一致性。

阿腾贝格对女性美有一种柏拉图式的崇拜,这种"理想妇女"的观念显然同魏宁格和克劳斯对于妇女的观点相类似。他们都认为,能同男人的才华等同的只有女人的美,这种美是男人的创作灵

---

① 奥地利心理学家奥托·魏宁格(Otto Weininger,1880-1903)的著作《性与性格》曾对整整一代维也纳知识分子产生过巨大影响。他认为人类包含男性本质和女性本质两种因素,前者是积极的而有创造性的,后者是被动而无创造性的。这些思想很受克劳斯赞赏。从贝尔格的一些言论和书信中可以看出他对魏宁格的著作也是熟悉的。例如他在1915年5月21致勋伯格的信中对阿尔玛·马勒的一些评论:"因此我求您不要太看重马勒夫人的举动,……她肯定希望那些分歧能够消除。……女人的情感习惯于凭一时兴致决定好恶,由爱转恨或相反。像这样的生物在光明与黑暗之间作决定时不像我们这样需要更多的理智,也许这就是魏宁格所说的女人的非道德性。"

感的一个源泉。阿腾贝格把妇女置于一种模糊的隐喻之中，认为女人与大自然有着同样的作用，而大自然是能够帮助艺术家内心年轻化的另一个灵感之源。阿腾贝格把当时的一位女演员安妮·卡尔玛称为"艺术品女人"，在贝尔格与海伦娜结婚前，阿腾贝格便结识了海伦娜，他的诗集《有新有旧》（Neues Altes，柏林1911年版）中有三首诗是受到海伦娜的启发而作的。贝尔格的妹妹斯玛拉格达也是阿腾贝格心目中的一位"理想妇女"，在1909年夏到1910年初这段时间，他们之间有过热烈的书信往来。贝尔格在阿腾贝格与克劳斯的双重影响下接受了这种"理想妇女"的思想。① 在1909年致海伦娜的情书中，他认为海伦娜是他作曲灵感的源泉。1912年，他从阿腾贝格的《有新有旧》中选取了五首明信片上的短诗作为他的作品第4号《五首乐队歌曲》的歌词。后来他曾向海伦娜表白："这五首阿腾贝格歌曲毕竟是为你而作的。"② 歌剧《沃采克》的d小调间奏曲实际上来自贝尔格早年为海伦娜而作的一首钢琴曲。贝尔格在谈到它时曾对海伦娜说："是你创作了它，我只是把它记下来而已。"③

建筑家卢斯是首先在建筑领域抛弃"分离派"（他早年曾加入这一运动）的美学主张，反对"新艺术运动"④ 装饰倾向的人物之一，因而被认为是现代功能主义建筑的一位主要开创者。他同克劳斯是并肩战斗的亲密战友。当克劳斯在为净化语言环境，消除其中矫揉造作的美感而奋斗时，卢斯也在力图通过消除建筑中的装饰来

---

① 参见苏珊娜·罗德，第22-28页。
② 转引自《贝尔格手册》第52页。
③ 贝尔格致海伦娜，1922年5月27日，见《致妻子的信》第487页。
④ 新艺术运动是流行于19世纪末20世纪初的欧洲的一种装饰风格。主要表现在实用工艺美术、装饰品、版画和书籍装饰方面。它以悠长弯曲的线条为特征，在德奥的影响主要体现在"青年风格"和"分离派风格"中。

净化人们的视觉环境。他曾经在美国受到芝加哥建筑学派[①]的影响，认为房屋和其他日常生活用品的美感不应由装饰而应由自身的形式与功能来体现。装饰甚至被他视为一种罪恶。它既有损于社会，又有损于艺术家。对人的外在因素来说，它与生活的需求相抵触，对人的内在因素来说，它又与精神无关。由此，卢斯形成了他的文化概念。他说："文化的道路是一条从装饰到非装饰的道路，文化的发展与从日常生活用品中清除装饰是有同等意义的。"[②] 在强调建筑的功能和实用性的同时，卢斯还特别强调建筑与艺术的区别。他在1909年的一篇著作中写道："艺术作品是艺术家个人的事，而房屋则不是。艺术作品不对任何人负责，而房屋则要对每个人负责。艺术作品要把人从舒适中拉开，而房屋却要给人以舒适。艺术作品是革命的，而房屋是保守的。"[③]

卢斯不仅著述较多，而且在作品中体现了他的理论。例如他在1910年设计的施坦纳住宅（Steiner House），这座外部完全没有任何装饰，布局简单而强调比例的住宅，开创了现代方盒子建筑的先例。

与克劳斯相比，卢斯平日更加接近音乐界。他经常去听音乐会。1912年4月16日的勋伯格音乐会和1913年3月31日的丑闻音乐会（详见第二章）他都出席了。1914年3月28日他听了《古雷之歌》在维也纳的演出后竟激动不已。贝尔格事后告诉勋伯格：

[①] 芝加哥学派是美国现代建筑中成就最大的一个学派。在19世纪末，这个学派的建筑师们创建了一种注重功能、减少装饰、以钢铁为骨架的高大的商业建筑的风格。其代表人物有沙利文（Louis Henri Sullivan, 1856 – 1924）和赖特（Frank Lioyd Wright, 1869 – 1959）等。

[②] 卢斯：《尽管如此》，1982年维也纳版，第92页。转引自苏珊娜·罗德：《阿尔班·贝尔格与卡尔·克劳斯》，第45页。

[③] 同上书，第101页。转引自《阿尔班·贝尔格与卡尔·克劳斯》第41页。

"坐在最前排的马勒夫人被深深地感动了，……卢斯也哭了。他彩排和演出时都在场，似乎很喜欢这个作品。"①

卢斯还以各种方式关注勋伯格圈子在音乐领域的活动。1911年9月他曾写信给贝尔格："我很遗憾由于丢了您的地址而没有把钱寄去。我把给勋伯格的100克朗放在了戈德曼那里。对于你们的每一次号召，我当然都是会去签名的。告诉勋伯格，我为他不直接求助于我而生气了。"② 1911年12月，他劝贝尔格整理一份勋伯格的作品在国外演出计划的目录（包括德国、布拉格、巴黎），争取在维也纳的报纸上发表，以期促使人们注意这些作品在国外被热情接受的报导。后来，卢斯还参加过勋伯格50寿辰的庆祝活动，并在筹划广告上帮助过勋伯格的"私人音乐演出协会"。

勋伯格和他的两个学生是卢斯讲演的忠实听众。贝尔格在1911年12月6日的那封信中写道："卢斯不久要在米歇尔广场上他设计的房子里举行一次讲演会，下面的的海报在维也纳到处可见，我自然是要去的。顺便说一句，一家维也纳报纸暗示，卢斯由于这些建筑而发了疯，正向一家医院寻求治疗。真是典型的维也纳人！"③ 在1927年的另一封信里他写道："昨天这里有一次卢斯的讲演：《形式的诞生》，受到了狂热的欢迎。……他现在主持着三座建筑并在巴黎大学定期讲演，很受欢迎。他看上去很好，精神极佳。"④

在贝尔格的笔记本和日历上经常可见到卢斯的名字。在送给卢斯50寿辰的祝词中，他称卢斯为"敬爱的大师"，自己是他的"坚

---

① 贝尔格致勋伯格，1914年3月28日，《通信选》第206页。
② 《阿尔班·贝尔格与卡尔·克劳斯》，第35页。
③ 贝尔格致勋伯格，1911年12月6日，《通信选》第52页。
④ 贝尔格致勋伯格，1927年11月末，同上书，第360页。

定的追随者"。1928年他给卢斯的一封信中写道："虽以我绵薄之力不能帮您有效地对付命运的打击，但我至少不愿放弃向您证实我对您的不可改变的尊敬、热爱和忠诚。"在1931年12月10日为祝贺卢斯60寿诞而编辑的纪念文集中，有勋伯格与韦伯恩的祝词和贝尔格写的一首九行二重藏头诗。这首诗的每一行的第一个字母相连可拼成Adolf Loos，最后一个字母相连可拼成Alban Berg。[①]

贝尔格之所以把上述三人视为自己的偶像，主要是由于他认识到这些人都具有清醒的文化批评思想，他们在美学思想的发展上也是基本一致的。在这三个人中，克劳斯对贝尔格的影响是最强烈的。他和勋伯格构成了贝尔格生活中两个最重要的权威。阿多诺[②]也曾指出，贝尔格的心理图象是由两个点联系起来的。一个点是对勋伯格的依附，另一个点是对克劳斯的无限崇敬。[③]但这两人对贝尔格所产生的影响却不是等同的。贝尔格主要是通过《火炬》来接受克劳斯的影响的。克劳斯昼伏夜作的生活习惯限制了他们之间的个人交往。相比之下，贝尔格与勋伯格之间的联系则要密切的多。在他的心目中，勋伯格的权威性似乎是更加不可动摇的。对于这一点，本文将在回顾贝尔格师从勋伯格之后的生活与创作历程时加以讨论。

[①] 参见《阿尔班·贝尔格与卡尔·克劳斯》第37-40页和《通信选》第416页的注释。

[②] 阿多诺（Theodor W. Adorno, 1903-69），德国社会学理论家，1924年初与贝尔格相识，1925年开始向贝尔格学习作曲。

[③] 参见阿多诺：《阿尔班·贝尔格，过渡最小的大师》，维也纳1968年版，第32页。

（四）马勒与斯特林堡的影响

奥地利作曲家、指挥家马勒（Gustav Mahler, 1860–1911）和瑞典剧作家、小说家斯特林堡（August Strindberg, 1849–1912）分别作为音乐和戏剧上的代表，在欧洲世纪末的文学艺术领域中占有重要地位。他们二人虽然并不直接属于贝尔格生活的圈子，但作为艺术上的先驱和楷模，对贝尔格产生的影响也是相当巨大的。

勋伯格在1912年纪念马勒的文章中的第一句话便是"古斯塔夫·马勒是一位圣人"。在贝尔格心目中，马勒也犹如基督。在1912年圣诞节前后他给勋伯格寄去一张明信片，上面印有马勒的肖像和他在波西米亚出生时的房屋的照片。贝尔格在明信片上写道："这不是很像基督出生时的那个藏身之处吗？"[①]

1909年贝尔格曾有机会在一个餐馆里会见了马勒，马勒问他是否想当一名指挥，当贝尔格说他不想时，马勒点头说道："你是对的，如果您想搞作曲就一定不要进入剧院。"这次见面对贝尔格来说是难忘的和具有决定性意义的。据索玛·摩根斯坦回忆，贝尔格一提起马勒这位他心目中理想的艺术家便会眉飞色舞，急忙坐到钢琴旁弹出他最珍爱的马勒交响曲的片断。马勒的第九交响曲是他最为之惊叹的作品。他在1912年6月22日告诉勋伯格："我完全沉浸在马勒的第九之中，它的四手联弹改编谱已经出版了。这已不再是今世的音乐了。它有着神秘的美和宏伟。我一想到星期三就能听到这种音乐便会感到战栗。这是大自然的一个神秘的奇迹。"[②]

---

① 参见《通信选》，第139页。
② 贝尔格致勋伯格，1912年6月12日，《通信选》，第96页。

1912年6月25日，布鲁诺·瓦尔特指挥马勒第九在维也纳首演。他和马勒夫人特许贝尔格出席所有的排练。贝尔格对这部作品评论道："我无力就作品本身写些什么，甚至那些所谓比较轻松的乐章（第二、三乐章），对我来说也代表了最深刻、最深奥的情感。"①

马勒的交响曲，特别是第六和第九，在贝尔格的很多作品中都留下了印记。如马勒的第六交响曲中的"命运节奏"和第九交响曲中的"死亡节奏"，便和贝尔格在《沃采克》、《露露》和《小提琴协奏曲》中的主导节奏有着明显的联系，它们都象征着命运与死亡。②第六交响曲的末乐章象征命运打击的锤子，在贝尔格《三首管弦乐曲》的第三首中又出现了。第九交响曲第一乐章的调性 d 小调，在贝尔格的一些早期歌曲、作品第二号前两首歌曲的中部、《弦乐四重奏》的第二乐章、《沃采克》的第三幕间奏曲以及音乐会咏叹调《酒》中都在频繁使用，几乎成了贝尔格的一个特殊偏爱的调性中心。从对主题与动机的万花筒式的发展手法以及对大曲式的追求等方面，也可证明某些马勒式的创作特征，在贝尔格的作品中，比在勋伯格或韦伯恩的作品中有更为明显的痕迹。

创作上的相似之处，其根源仍然在于精神上的吻合。贝尔格首先钦佩的是马勒坦率正直的性格和坚强的意志。他和勋伯格都认为，马勒是一个受苦受难的人。勋伯格曾写道："很少有人受到世界如此的冷遇，也许再找不出比他更糟的境遇了。""他们迫害他，把事做的那么过分，以致这位伟人对自己的作品也发生了怀疑，他

---

① 贝尔格致勋伯格，1912年6月25日，同上书，第98页。
② 参见雷德里希：《阿尔班·贝尔格：其人与其音乐》，第70页。

一次也未能避免这种苦难。"① 马勒于 1911 年 5 月在维也纳逝世，勋伯格和贝尔格都出席了 5 月 21 日的葬礼。一个月后，贝尔格给勋伯格写信说：

真正的艺术家必须受苦再受苦，直到他们不再能忍受为止。啊，亲爱的勋伯格先生，当我读这本书时（指他正在读的一本瓦格纳的自传——笔者注），我不断想起您和马勒。②

贝尔格从马勒悲惨而坎坷的境遇中不仅看到了勋伯格，也看到了自己，从中得到了一种巨大的精神上的安慰和启发："伟大与受苦是不可分的，没有苦难就没有真正的艺术家。"③ 本着这种思想，贝尔格决心使自己的品格在苦难中得到升华与净化，从而能够像马勒那样接近伟大的艺术创作的真谛。在当时年轻一代的作曲家当中，这是一种极可宝贵的思想。

勋伯格在那篇纪念马勒的文章中强调了两点，第一：马勒是一位忠实地表现自我的人，"这位艺术家所追求的最伟大的目标只有一个：表现自我，如果这一旦实现，那么这位艺术家就已经获得了最大可能的成功。"第二，真正的天才是属于未来的。马勒的作品正是这样一种属于未来的作品。"天才照亮了道路，我们必须紧随"。为了"使这个未来成为我们的现在……我们必须斗争下去，……"④ 当贝尔格看到勋伯格的这些精彩论述之后，做出了相当一致的反应："我们刚在这儿渡过美妙的几天，一切都在马勒第八的旗帜之下，那是超凡的!! 作品是如此精彩，我甚至没有注意到演

---

① 《勋伯格论作曲家》，（勋伯格：《风格与思想》选译），中央音乐学院，1989 年硕士生李宁宁毕业译文及论文，第 54-55 页。
② 贝尔格致勋伯格，1911 年 6 月 16 日，《通信选》第 4 页。
③ 贝尔格致勋伯格，1911 年 12 月 22 日，同上书，第 60 页。
④ 《勋伯格论作曲家》第 88-89 页。

出并不特别好。但无论如何这是一次空前的成功！不过第二天批评家们仍大放厥词。……对照您在《裁判者》（Merker）杂志上发表的关于马勒的文章，使我更加愉快！！结尾处说的多好啊！所有的渎神者现在可以认识他们自己了！这会使他们吓一跳。想想马勒是怎样一个人吧！！他的价值超过所有这些人的总和，……我的这种满足还只是表面的！当我读到您的文章时，我感到发自内心的喜悦，我说不出话，只有眼泪！"①

在写这封信的前三天，布鲁诺·瓦尔特在维也纳指挥了马勒第八交响曲的首演，原计划还要邀请勋伯格来维也纳作一次关于马勒的讲演。贝尔格认为这是一个绝妙的想法，预期它将是十分精彩的。几天后，勋伯格首先在布拉格由策姆林斯基指挥的马勒第八时作了这个讲演，贝尔格在《布拉格日报》上读到讲演大获成功的消息后欣喜万分。此后，他便更加热切地盼望并多次恳求勋伯格能在维也纳作此讲演："这不只是我的热烈愿望，也是我所认识的每一个人的，他们都在盼望着。除此之外，特别重要的是马勒在维也纳已经开始被慢慢遗忘（在1912－1913年，除了第四交响曲和《大地之歌》外没有其它演出）。正如我不久前看到的，他在维也纳的墓地听任倒坍失修。这里所说的只是关于马勒的伟大与神圣，除了您谁还会这样做，谁还能这样做呢？"②

对于在维也纳举办马勒作品音乐会的事，贝尔格更是不遗余力地多方奔走。但是为音乐会募集款项谈何容易，从音乐会协会得到邀请的企图也暂告失败，最后他决定自己承担保证金的一部分以换取协会秘书同意安排一场邀请勋伯格指挥的马勒音乐会。这件事尽

---

① 贝尔格致勋伯格，1912年3月18日，《通信选》第79页。
② 贝尔格致勋伯格，1912年10月6日，同上书，第118页。

管也得到马勒夫人的支持,但终因音乐厅的经济状况欠佳而不得不作罢。音乐厅愚蠢地认为这种音乐会将带来亏损而不愿再去冒险。

面对当时德彪西或理夏德·施特劳斯的更为现代化的音乐以及商业化的电影音乐对青年作曲家的消极影响,勋伯格十分忧虑。因此他很赞赏像门戈贝格① 这样的指挥家对唤醒人们对马勒的兴趣所作的努力。贝尔格则一直在因为维也纳的音乐会缺乏马勒和勋伯格的作品并为许多二三流作曲家的作品所充斥而愤愤不平。与对马勒的态度形成鲜明对照的,是他对理夏德·施特劳斯的极端厌恶。他认为,施特劳斯的音乐是一种与马勒-勋伯格为代表的"民族音乐"相对立的"国际音乐",而对这两种音乐的相对价值在本世纪二三十年代常有争论。② 贝尔格把施特劳斯的《阿尔卑斯山交响曲》视为一种亚利安人虚张声势的音乐,他还常在钢琴上向朋友们展示施特劳斯歌剧的庸俗之处。这种音乐的确缺乏一种个人的、真诚和紧张的表现上的需要。对于勋伯格学派的音乐来说,这种需要是一种重要的因素。而这种因素在马勒的作品中是大量存在的。

贝尔格还认识到,勋伯格学派不仅在一种高度发展的背景、趣味和文化方面与马勒同属一个领域,而且在音乐语言上也是直接继承马勒的。从马勒以来的奥地利作曲家的作品常被人们称为"线条音乐",这种音乐经常出于对"声部进行"(Voice leading)的优先考虑而打破传统和声语言。勋伯格认为他的学派面临着这种真正复调的理想,这种复调化倾向后来成为勋伯格学派的一个重要的特征。贝尔格在1912年研究勋伯格的交响诗《佩利阿斯与梅丽桑德》时,对这部作品的"声部进行"惊叹不已,指出这是一部"不再有

---

① 门戈贝格(W. Mengelberg, 1871–1951),荷兰指挥家。
② 参见《通信选》第348页。

和弦"而只有"声部进行"的作品，并把马勒与勋伯格的关系同贝多芬与莫扎特的关系作了类比。①

在第一次世界大战前，斯特林堡的戏剧是在德国剧坛最经常上演的戏剧。1913－1915 年间，大约有 24 部斯氏戏剧在德国上演，场次约计 1035 场。② 作为表现主义戏剧的一位先驱，他不仅对年轻的剧作家影响很大，而且对整个文化艺术界的影响都是极其深远的。

贝尔格早年的戏剧家偶像曾经是易卜生，但从 1907 年以后，或许也是在克劳斯的影响下，斯特林堡取代了易卜生而成为贝尔格心目中最伟大的戏剧家。在他的藏书中有《斯特林堡全集》，他经常阅读并十分熟悉斯氏的作品。在 1911 年 6 月 16 日给勋伯格的一封信中，他写道："我在这些悲伤的日子里的一件乐事便是读了我在格拉兹买的瓦格纳的自传，对生活阅历的完全坦率和无修饰的陈述，树立了一座最难以置信的艺术家受难的纪念碑。它的简明和强烈，常使我想起斯特林堡（的确，有些东西他已写出来了）。我认为，这是前无古人的；一个人正在这里为所有人写作，那将是一种对未来所有世纪的告诫和教训！"③

在贝尔格的心目中，斯特林堡是与勋伯格并列的伟人。在 1911 年 12 月 23 日致勋伯格的一封信中，他曾在韦伯恩来信的启发下，把贝多芬和康德、瓦格纳和叔本华、勋伯格和斯特林堡加以类比，说他们都是"上帝的产物"（或"发自上帝的光芒"，Ausstralungen Gottes）。他认为自己从这六位伟人的生活中所得到

---

① 贝尔格致勋伯格，1912 年 1 月 26 日，《通信选》第 68 页。
② J. L. 斯泰恩《现代戏剧的理论与实践》（三），第 42 页。
③ 贝尔格致勋伯格，1911 年 6 月 16 日，《通信选》第 4 页。

的是"安慰与启蒙"。① 斯特林堡逝世十天后，1912年5月24日，奥地利演员和导演约瑟夫·亚诺（Joseph Jarno）便在维也纳约瑟夫城剧院举办了斯特林堡戏剧节，并亲自扮演了《死之舞》中的爱德加。贝尔格观看后对此留下了深刻的印象。② 1912年6月4日，克劳斯举办了一次斯特林堡讲演，讲稿随后发表在6月21日的《火炬》杂志上，同时还发表了在讲座中朗读的和曾在《火炬》上发表过的斯氏作品选段的目录。贝尔格聆听了这次讲座，虽然他对讲座提供的材料太少而感到不满，但仍认为这些材料是有说服力的第一流的成就。③

勋伯格深知贝尔格在音乐戏剧方面是有天才的，便建议他考虑为剧院写点东西："无论如何这对你是很有刺激力的。我刚知道，你因为我正在考虑谱写《梦剧》而没有把剧本从我这儿拿走。但可考虑斯特林堡的其它作品！我认为这是非常可行的！"④ 三天后，贝尔格回信道："但愿我有合适的为剧院创作的文本。我已在考虑用斯特林堡的室内剧。现在您也建议用斯特林堡的剧本，当然更激发了我的兴趣。"⑤ 由于各种原因，贝尔格并未为斯特林堡的戏写出一部歌剧，但是，斯氏作品中采取的那种近乎"音乐"的形式，为了突出某种情调和主题而牺牲情节与人物的作法，以及难以摆脱的神秘主义等等，都可能深深地吸引过贝尔格。斯特林堡的剧作《到大马士革》是一部写于1898年的三联剧。它的第一部分在结构上采取了对称的回文结构。即：前半部分的场景在后半部分场景上

---

① 参见贝尔格致勋伯格，1911年12月23日，同上书，第61页。
② 参见同上书，第90页。
③ 参见《通信选》，第93页。
④ 勋伯格致贝尔格，1912年10月3日，同上书，第117页。
⑤ 贝尔格致勋伯格，1912年10月6日，同上书，第118页。

以相反顺序出现，使五幕十七场形成了一个从"街角"一景开始到"街角"一景结束的封闭的环。后来有不少表现主义戏剧都采用了这种结构。① 贝尔格在自己的音乐作品中也非常偏爱这种结构。从《阿腾贝格歌曲》、《沃采克》、《室内协奏曲》、《抒情组曲》、《酒》到《露露》，几乎在他所有的重要作品中，都可找到这种对称的回文结构（它的意义将在以后讨论）。虽然我们还找不出证据说贝尔格受到过斯特林堡这种戏剧结构的直接影响，但它们之间的类似，却使我们看到他们所处的时代如何以相似的方式影响了他们各自的创作。

贝尔格不仅熟悉现代戏剧的一些新发展，而且认为它与现代音乐的发展的确有着明显的相似之处。1925年，贝尔格为祝贺勋伯格的生日而送上的礼物是一本斯特林堡的书信集。他在信中向勋伯格谈了这样做的一些理由，字里行间洋溢着对斯特林堡的崇敬之情。他写道："这些信件展示了他（指斯特林堡）在现代戏剧中的一幅全景图画。这多么像您与私人音乐演出协会的活动呀！甚至在组织的细节上都很相似。"②

由此可见，贝尔格始终是把马勒和斯特林堡作为自己思想的一个来源加以接受的。在接触这些人的思想时，他往往会立刻联想到勋伯格（对上一节所涉及的三人也是如此）。对他来说，找到勋伯格与这些人之间的共同点是最重要的。这是他努力在思想上同他们保持联系的主要原因。

---

① 汪义群：《走向心灵的艺术——论表现主义戏剧》，《外国戏剧》1987年第3期。
② 贝尔格致勋伯格，1925年9月13日，《通信选》第338页。

（五）既可爱又可恨的维也纳

以上谈到的那些站在时代前沿的年轻的维也纳文学艺术家，在当时却是极端孤立的。尽管他们都强调自己与传统的联系，但保守的维也纳仍然长期地不承认他们的天才。这种不利的环境反而促使他们更紧密地走到了一起，并不得不为孤立而付出了全部的代价。他们一方面坚决不在当局和公众的压力下投其所好，另一方面又为长久地得不到故乡的承认而深感痛苦。因此，他们对维也纳总是怀着一种强烈的又爱又恨的感情。

对于这种维也纳人特有的情感，奥地利作家赫尔曼·巴尔（Hermann Bahr，1863－1934）1905 年曾这样写道：

我经常对自己说，我每天都对自己说：不，在维也纳再也住不下去了，离开吧！在这里只有少数人用不彻底的欧洲方式来观察问题。他们做不出任何事情，只是制造一片混乱。但是克里木特画了一幅新画，罗勒用新方法处理了《特里斯坦》或《费德里奥》，马勒在指挥，米尔登堡在演唱，于是，我又对自己说：没有哪里我可以像在维也纳这样生活，真正是我所希望的生活。①

贝尔格是一个典型的维也纳人。他一生从未离开这片中欧的热土。也许正因为如此，他对维也纳这个城市的那种又爱又恨的情绪才表现得如此强烈和鲜明。他经常对自己说："啊，我是多么想离开维也纳呀！""在那里我从来不能写出任何曲子"。和马勒一样，他也是一个"夏天的作曲家"，他的大部分作品的草稿都是在克恩

---

① W. M. 约翰斯顿：《奥地利文化与精神史 1848－1938》，伯克利 1972 年版，第 124 页。

腾乡间渡夏时完成的。1921年他卖掉了贝尔格霍夫这座房产以后，便住在岳父家在特拉许腾的小别墅中。1932年他买下了"森林宅院"这座位于沃特湖畔的避暑小屋。在那里完成了他最后的作品：《露露》和《小提琴协奏曲》。

他总是渴望大自然的怀抱，认为这是他艺术创作的一个重要的源泉。他在1913年9月10日写信告诉勋伯格，他每次离开乡村返回维也纳时总觉得很痛苦。他说：

我很想在乡村度过一生。只是在有事时，特别是演出您的作品时才去拜访城市。一个人当然应该常在城市里呆上数周或数月，但是家仍然应该设在大自然中，而不是在所谓的文化中心里。当然也要靠近这样的地方，就像柏林这样的真正的文化中心（特别是由于您在那里），而不是像维也纳这样的伪都市。……我甚至不想念维也纳，尽管那里每天都有歌剧表演和音乐会。我可以向您保证，我在这里的乡村比在维也纳歌剧院或音乐协会大厅里能够更深地沉浸在音乐之中。[1]

哮喘病折磨了贝尔格一生，这种病也使得他不能容忍维也纳的空气，加重了他对这个大都市的厌恶感。他对生活地点和气候的改变很敏感，特别是对到海拔较低的地方生活感到不能适应。

然而，对他来说，比肉体上的不适应更严重的还是精神上的不适应。

当勋伯格由于在维也纳得不到承认而在1911年去了更加开放的柏林时，贝尔格感到十分痛苦。维也纳的一些文化团体宁肯上演保证经济收入的二三流作品而拒绝或歪曲地演奏勋伯格的作品，这使贝尔格感到愤愤不平。当这种歪曲的演奏在1911年5月4日音

---

[1] 《通信选》，第187页

乐家协会主办的一场包括勋伯格作品第 11 号的音乐会上达到登峰造极的地步时，贝尔格忍无可忍，写信给海尔兹卡和协会董事，辞去了自己在音乐家协会中的职务。

当他获悉勋伯格在柏林比在维也纳得到了更好的对待时，他确信勋伯格在国外的活动所带来的承认，将会形成对维也纳的一种压力，从而促使它最终改变态度。但是他也深知，这将是非常缓慢而不易成功的事。他自己的作品在维也纳的遭遇也是同样地坎坷。例如《阿腾贝格歌曲》在维也纳的首演便引起了丑闻（见第二章第三节），而他最终的成名也是由于《沃采克》在柏林的首演才得以实现的（见第三章第三节）。

但是，他有时却又感到，维也纳还是一个令人留恋的地方。特别是在离开那里很久，或有勋伯格和其它他认为的"好音乐"在那里上演的时候。他说："这个几乎使我畏惧的城市，毕竟也包含了一些美好的方面。我因此有了更充裕的时间，接受维也纳的生活所带来的各种其它东西。"① 他在 1934 年给万有音乐出版社的一封信中还说："如果我生活在另一个城市里，我会感到更不幸福。到那时，我还是得返回维也纳来。"②

---

① 贝尔格致勋伯格，1935 年 11 月 30 日，同上书，第 468 页。
② 转引自 V. 舍利思：《阿尔班·贝尔格》，第 95 页。

第二章　从师与自立

贝尔格从1904年到1911年期间正式就学于勋伯格。这段时间横跨了勋伯格在第一次世界大战前的两个创作时期。第一个时期是从1897年到1908年，这是具有晚期浪漫派的高度半音化风格的时期，主要作品有《净化之夜》(1899，Op.4)、《古雷之歌》(1900-1901)、交响诗《佩利亚斯与梅丽桑德》(1902-1903，Op.5)、《室内交响曲》(1906，Op.9)和《第二弦乐四重奏》(1907-1908，OP.10)。第二个时期是从1908年到1912年，这是"自由"无调性的时期，主要作品有《五首管弦乐曲》(1909，Op.16)、独幕歌剧《期待》(1909，Op.17)、《幸运之手》(1910-1913，Op.18)和《月迷彼罗》(1912，Op.21)。在这两个时期中，勋伯格逐渐超越了勃拉姆斯和瓦格纳的影响而采取了越来越极端的表现主义立场（尽管他或许没有意识到这一点，并且反对接受这种主义的标签），他坚信"凡是由内在需要产生并来源于灵魂的东西就是美的"。① 在创作中，他首先关心的是一种幻象，也就是他所谓的"思想"(idea)的表达。这是一种主要靠直觉表达的内在的真实，一种艺术的本质与灵魂。这导致了他在音乐语言上的十分戏剧性和革命性的变化。极端保守的维也纳文化政治秩序所促成的他与激进知识分子圈子的联系，对他创作风格的转变有重要影响。90年代

---

① 瓦·康定斯基：《论艺术的精神》，查立译，中国社会科学出版社1987年版，第70页。

开始增长的反犹主义，使他的异化感越来越接近马勒。1907年，他开始学习绘画，随之而来的戈斯特事件（见第四章第一节）所造成的个人危机，也促进了他的风格的转变。他终于在第二个时期放弃了调性，创作出了一系列最为典型的表现主义作品。

贝尔格在师从勋伯格的六年中，紧紧地追随了这种美学思想和艺术风格激烈变化的过程，写出了《七首早期歌曲》（1905-1908）、《钢琴奏鸣曲》（1907-1908，Op.1）、《四首歌曲（1909-1910，Op.2）和《弦乐四重奏》（1910，Op.3）等作品。这些作品显示出他在勋伯格门下日见成熟的个性，为他的艺术与人格的进一步发展奠定了基础。

本章将讨论贝尔格在这一时期的生活与创作，以及他在各方面同勋伯格的密切联系。

（一）从师之初

在贝尔格看来，勋伯格尤如《圣经》中的摩西，是一位在音乐上手握真理的先知。他坚信勋伯格的道路就是通往未来的道路，保守的维也纳对这一点长期不予承认，只能促使他们越来越紧密地走到一起。他经常在给勋伯格的信中流露出一种极为强烈的敬畏之情：

我总是有意识地想成为您的学生，除此之外别无他求。我要在各方面追随您，认识到我所做的一切违背您的愿望的事都是错误的。[①]

虽然贝尔格与他的同窗韦伯恩都是在1904年投师勋伯格的，但他却不像韦伯恩那样在投师之前便已有了音乐上的较好的基础，他的音乐教育几乎全部都是来自勋伯格的。当时贝尔格的父亲已去

---

① 贝尔格致勋伯格，1913年6月23日，《通信选》第182页。

世四年，比贝尔格年长十岁的好友瓦兹璐尔虽然可以在生活上给贝尔格以指导，但真正在人格和艺术上塑造了贝尔格的未来的人还是勋伯格。他以其威严的个性吸引着他的学生。对贝尔格来说，勋伯格的确又像一位他从未有过的严厉的父亲。这使得贝尔格对勋伯格的那种依附性和"英雄崇拜"的心理更加强烈，特别是在他们建立关系的初期。后来贝尔格对把这种关系转变为平等关系感到了困难。他的朋友、作家索玛·摩根斯坦在回忆中指出，贝尔格的一个主要的生活问题就是他和朋友与教师勋伯格之间存在着的这种既强烈又矛盾的关系。[①] 但是，尽管贝尔格非常依赖于勋伯格对他的进步与成就的评价，并从未有意识地放弃隶属地位，我们仍然不能低估贝尔格性格中的基本的力量。实际上，他一直在创作中寻求着一种属于自己的可信的声音，并为此经历着不懈的内心斗争。

在勋伯格的指导下，贝尔格继续写了一些歌曲。到1908年止，歌曲创作的数量已增至70余首。这些歌曲在技巧上进步很快，伴奏的写法更为成熟，而且依然充满着勋伯格和韦伯恩的早期歌曲所缺乏的那种"感情的温暖"。《七首早期歌曲》和《四首歌曲》（作品第2号）便是这些作品中的精华。这两部作品的歌词完全选用了当代诗人的作品，对贝尔格来说，或许这些诗歌更容易引起思想上的共鸣和形式上的创新。他开始更加注重词曲之间的精妙配合，有些歌曲已经超越了传统的利德（Lied）而近似一种戏剧性很强的朗诵，甚至令人感到有些近似歌剧。在这里，贝尔格并不完全独立于勋伯格，但却又充分地展示着自己的个性。这的确是一个创作上的新开端，是最终导致《阿腾贝格歌曲》（作品第4号）和《沃采克》（作品第7号）的一个开端。这使我们确信，贝尔格的创作个性正

---

① 参见《贝尔格手册》，第23页。

是以他的这些歌曲作为基础的。

《夜》是《七首早期歌曲》中的第一首。在这首作品的两端突出地运用了全音阶和声。这是两组相差半音的全音阶六音和弦的交替,它们以 E 音为低音,并在第 9 小节转入了 A 大调。此后的中间段落则被半音化和自然音终止式所统治。这种全音阶的用法,是贝尔格直到《沃采克》前后的音乐语言的一个重要特征。在这里,由于全音阶和声带来的调性的模糊,使歌词中的意境得到了更充分的体现。这首歌的前两句歌词是:"朦胧的云笼罩着夜与山谷,雾气飘荡,流水潺潺。"(见例1)

例1

在曲式上这首作品是贝尔格特别爱用的弓型结构,两端是三部曲式的变体,中间更像一个两段体。在贝尔格后来的作品中,这种弓型结构几乎俯拾即是(包括那些逆行再现构成的严格或自由的回文结构)。在这里,首尾两端的对称已十分精致,如第 27-28 小节的旋律是第 2-3 小节的倒影。后来,特别是在 12 音时期,主题与倒影成为贝尔格展开音乐的主要手段。(见例 2)

例 2

《四首歌曲》(作品第 2 号)作于 1909-1910 年。它的第一首歌词选自海贝尔的诗集《痛苦是他的权力》,后三首歌词选自莫贝尔特的诗集《火红的》。这四首诗均带有潜意识的、尤如梦境的特点。第一首诗的第一句是:"睡吧,睡吧,一切都睡了!既无醒,也无梦!"第二首的开头是:"睡梦带我回故乡"。贝尔格的音乐十分动人地表现了这种不清晰的、充满漂浮感的幻象。特别是在最后一首《温暖的气息》中,贝尔格首次放弃了调性(勋伯格首次放弃调性是在 1908 年《第二弦乐四重奏》的末乐章,在那里他加入了女高音演唱的斯特凡·格奥尔格的诗。1912 年贝尔格曾把这个乐章改编成钢琴与声乐谱)。这首歌比前三首涉及了更多层次的梦的世界,旋律上也出现了更多的朗诵性。在第 15 小节,钢琴(右手黑键,左手白键)的反向刮奏引出了高潮句:"他还没来,他让我等待……"在钢琴最低 8 度的降 B 音上的锤子般的敲击声中,声乐用

暗哑的声音唱道："死去吧！"这种强烈的戏剧性不禁使人想起了歌剧的某些手法。实际上，这首歌在内容和手法上都像是勋伯格的独幕歌剧《期待》的一个缩影，而《期待》也是在1909年写成的。

作为一个整体，这四首歌也形成了一种弓型结构：第一和第四首较长，包围着中间较短的两首。它们的统一不仅通过歌词境界的一致，而且也通过音乐的手段来达到。如第一首第5小节的四度和弦，在第四首的最后4小节又出现了。不同的是，这里已经没有了调性，因此对这个和弦也不再能作出传统的解释了。勋伯格在1911年的《和声学》一书中曾引用了这个和弦作为四度和声的一个"有趣的例子"。1912年，在勋伯格的安排下，贝尔格的这首歌曲与勋伯格的《心上人》（作品第20号）和韦伯恩的作品第4号之5一起，在画家康定斯基和马尔克主编的表现主义艺术年鉴《蓝骑士》上发表。贝尔格对此感到非常高兴。这也是贝尔格的创作与表现主义艺术思潮有着潜在而深刻的联系的一个见证。[1]

勋伯格在1910年1月致海尔兹卡[2]的一封信中写道："（贝尔格）是个有突出才能的作曲家。但他来找我学习的时候显然只能写歌曲，甚至连钢琴伴奏也是如歌的风格。他完全不能写一首器乐作品或构思一个器乐主题。你几乎难以想像我为去掉他天资中的这一缺陷而花的力气。通常教师是很难做到这一点的，因为他们甚至看不清问题在哪里，……我去掉了这一缺陷并坚信贝尔格不久将会创作出很好的器乐曲来。"[3]

---

[1] 《蓝骑士》艺术年鉴于1912年5月出版，载有勋伯格、贝尔格和韦伯恩的作品，以及勋伯格的两幅画和一篇文章。

[2] 海尔兹卡（Emil Hertzka），1909年－1932年担任维也纳环球音乐出版社（Universal Edition）的社长。

[3] 《贝尔格手册》第37页。

贝尔格在勋伯格的指导下经过一番刻苦的努力，终于在器乐创作上有了新的收获。这就是1908年创作的钢琴奏鸣曲（作品第1号）。与仅仅前一年，也就是1907年创作的一首舒曼－勃拉姆斯式的钢琴变奏曲相比，他的这首奏鸣曲在音乐语言上出现了很大的飞跃。他原想写三个乐章，但在写完第一乐章后，他感到"很长时间没有什么值得写的东西了"，而且，勋伯格也对他说："在这部作品中你已经说完了你该说的一切。"于是，这部奏鸣曲便保持了单乐章的形式。勋伯格历来认为真正的艺术不是出自"能够"，而是出自"必需"。贝尔格显然接受了这一思想，只写出那些必需写出的东西，否则，宁肯保持沉默。

贝尔格在创作这部奏鸣曲时已经与海伦娜相识。① 然而，他们的爱情却遭到海伦娜父亲的反对。在这种情况下，贝尔格或许会很自然地把音乐当做向恋人吐露真情的一种语言。从这首乐曲的密集的主题结构，丰富的变化与展开，以及起伏很大的速度和力度所带来的令人难忘的紧张性和表情性来看，它似乎真的隐含着一个完整的戏剧性的事件。

下例是这部作品开始的主题。第一小节的四度上行三音组 g－c－升 f 是全曲的一个基本动机。它暗示了一种四度和声。② 第二小节的连续两个大三度音程 g－降 e－b 暗示了全音阶和声，它作为另一个重要的动机在乐曲中也作了充分的发展。第三小节的附点节奏的半音下行（包括中声部）暗示了全曲的又一个特征：瓦格纳式

---

① 他们是在歌剧院的顶楼相识的。海伦娜的父亲实际上是她的养父。他认为贝尔格无正当职业，并攻击贝尔格的家人。贝尔格曾为此给海伦娜的父亲写了争辩信。
② 由这种纯四度加增四度构成的和弦便是勋伯格学派常用的所谓"无调性三和弦"。贝尔格在此曲中只把它用作旋律音型。在呈示部高潮中出现的四度和弦（第44－45小节）是由纯四度构成的。

的以"声部进行"为主导的高度半音化和声。这句主题在第四小节完成了一个 b 小调的终止式。这是全曲仅有的两个终止式之一（另一个在全曲结尾处）。（见例 3）

例 3

一般认为，这首钢琴奏鸣曲受到了勋伯格的某些早期作品，特别是他的《第一室内交响曲》（作品第 9 号）的很大影响。[①] 在那首作于 1906 年的作品中，勋伯格为瓦格纳式的半音化和声增加了两种新因素：全音阶和声与四度和声。在 1911 年完成的《和声学》一书中勋伯格设专章讨论了这两种和声（第 20 章《全音阶和与之相关的 5－6 声部和弦》和第 21 章《四度构成的和弦》）。勋伯格对这些和弦的解释与他的实践是一致的。《室内交响曲》引子的三个和弦构成一个 F 大调的完全终止式，第一个和弦尽管由于包含了 G，f 和降 b 音而可解释为 Ⅱ 级七和弦，但却是一个四度叠置的和弦。第二个和弦则是一个全音和弦，尽管在将降 A 视为升 G 之后，它也可被解释为同时升降 5 音的属三四和弦。（见例 4）

---

① 参见《贝尔格手册》第 91 页。贝尔格曾为出版社写过分析这部作品的文章。

例 4

贝尔格在谈到勋伯格学派对全音阶和四度和弦的运用与德彪西、斯克里亚宾等人有着某种相似时说,当勋伯格运用这些手法时,"人们总会发现那些从未听过的旋律性,它不以一个声部为满足,而是在不间断的对位中有许多同样美的主题在进行着。"① 尽管在摆脱传统大小调束缚的道路上,勋伯格学派的某些手法会出现与德彪西等人表面的相似,但是它们之间却仍然有着内在的区别。在那些相似的背后,隐藏着一种很不相同的音乐传统和音乐意志。勋伯格学派对全音阶与四度和弦的关注更多的不在于其音响本身,这些和弦的出现往往更多是由于半音化的"声部进行"而造成的。例如在贝尔格这首钢琴奏鸣曲的呈示部高潮中出现的一些四度和弦(第44—47小节)便是这种情况。在第50—52小节出现的一些全音阶六音和弦,同样可以看作升高或降低5音的属七或属九和弦,半音下行所构成的线条(包括各种外音)是它们形成的原因。(见例5)

此外,从这部作品的各种主题或动机的充分而紧凑的展开中,我们可以看出,贝尔格很早便掌握了"永恒变奏"(perpetual development)的作曲原则。这种原则大约从马勒第五交响曲开始出现,对勋伯格学派产生了深远影响。它尽量避免主题或动机的原样重复,反对一切不清晰的、机械和单调的表达,掌握音乐发展的最大

---

① 《致妻子的信》,慕尼黑-维也纳1965年版,第268页。

可能性，用不断变化的音乐织体对最细微和最迅速地变化着的情感做出回应，使音乐得到了一种万花筒般的异彩纷呈的发展。阿多诺曾就此回忆道：贝尔格"作为一位作曲家，在进行创作时，特别能投入感情。……他教给我的主要原则就是变奏，一切都恰当地从别的东西中发展出来，而同时又与众不同。"① 贝尔格在勋伯格直接指导下完成的最后一部作品是写于1910年的《弦乐四重奏》（作品第3号）。他称这部作品是一部"反抗性的作品"，即：反抗那种使他与海伦娜的结合受到阻碍的力量。在作品的手稿上他写有"愤怒！！！什么时候你可以在我的心中平静一次呀？"的字样。"当1920年这部作品出版时，他加写了题词："献给我的妻子"。②

例 5

在这部作品中，他继续探索了在《四首歌曲》（作品第2号）中所达到的无调性音乐的新领域。主题和动机的手法来自他的钢琴奏鸣曲（作品第1号），但是进入了空前复杂的无调性控制的状态。因此他在主题中应用了一系列的"参照音型"，使它们成为无调性音乐中的一种重要的形式因素。

下例是第一乐章的主题。它包含了三种"参照音型"：（1）第

---

① 转引自《勋伯格与他的圈子》，第152页。
② 参见舍利思：《阿尔班·贝尔格》，第44页。

一小节的全音阶动机贯穿于整个乐章并在全曲结尾处再现。它包括全音阶中的五个音和一个外音。这与后来在《沃采克》里的用法是一样的。在那部歌剧中,这种全音阶的变体起到了很强的结构作用。(2)第二、三小节的中提琴和大提琴同以各自特定的音程(小二度和纯四度)下行的片断,形成了一种抽象的节奏型。(3)第四小节中的反向的楔形音型。从第三到第六小节的第二小提琴声部也有隐伏的楔形线条:B-C-升 C-D 和 B-降 B-A。这种楔形结构在贝尔格早期歌曲中是常见的,大多出现在由半音化和声的"声部进行"所带来的调性"悬浮"的时候,如《七首早期歌曲》的第二首《芦苇歌》中的第 9-12 小节。在贝尔格的无调性作品中,这种楔形音型的运用成为一个显著的特征,它可加强音乐的逻辑感和持续感。(见例 6)

例 6

在结构上,《弦乐四重奏》和《钢琴奏鸣曲》这两部在勋伯格直接指导下写成的器乐作品都应用了奏鸣曲式。《四重奏》虽然是无调性的,而且又强调了各部分主题材料之间的联系,但是贝尔格仍尽量通过音色、速度、力度等因素保证了奏鸣曲式三部性轮廓的清晰。它的两个乐章不仅都用了奏鸣曲式,而且还用了共同的音乐

材料,① 以至于雷德里希认为第二乐章好像就是第一乐章的展开部。② 在《弦乐四重奏》之后,除了两部歌剧,贝尔格就没有再运用奏鸣曲式结构了,虽然它的某些因素还可能模糊地存在于一些作品中。

1911年4月24日贝尔格首次听到自己的这两部器乐作品的演奏。年底,勋伯格特意向贝尔格索取了《钢琴奏鸣曲》的谱子并把它推荐给演奏家。他认为"这的确是一部很美和很有独创性的作品。"③ 对于《弦乐四重奏》,勋伯格后来回忆他的最初印象时说:"它以完全令人难以置信的方式,通过音乐语言的丰富与从容,叙述上的有力与自信,以及写作上的仔细和值得注意的独创性而使我感到惊讶。"④ 不过,这部作品在维也纳的首演由于排练仓促而反应平淡,直到12年后(1923年8月12日)它在萨尔斯堡国际当代音乐协会的首届室内音乐节上演奏之后才获得成功。贝尔格对这次音乐会评论道:"他们的演奏具有难以形容的美,我沉浸在可爱的音响中,甚至最'狂'和最'大胆'的段落也充满古典感觉中的纯粹的协和。"曲终后,掌声雷动,经久不息,贝尔格被演奏者从听众席中叫到台上,不得不多次谢幕。这是在《沃采克》之前贝尔格的作品引起国际上广泛注意的一个开端。

(二)"神圣的奉献"

1911年秋,勋伯格为了摆脱在维也纳面临的经济上和艺术上

---

① 参见贾尔曼:《阿尔班·贝尔格的音乐》,第33-34页。
② 参见雷德里希:《阿尔班·贝尔格,其人与其音乐》,第50页。
③ 勋伯格致贝尔格,1912年1月13日。
④ 转引自《勋伯格和他的圈子》,第152页。

的困境而第二次移居柏林。他希望在这个更为开放的城市为自己的艺术寻找到更好的机会。贝尔格因此结束了随勋伯格的正式学习，并由于家庭等方面的原因而留在了维也纳。他于1911年3月3日与追求多年的海伦娜结婚后定居于维也纳特劳特曼斯多夫巷27号。此后的几年中，他依旧全身心地投入了勋伯格的生活漩涡之中。他和几个同窗成了勋伯格在维也纳的忠实追随者，为勋伯格的各种活动、经济利益以及作品的演出而四处奔波。

勋伯格在1911年完成了他的重要著作《和声学》，并在扉页上题写了"纪念古斯塔夫·马勒"的献词。在前言中，勋伯格提醒自己要戒骄戒躁、继续斗争。他在这一年与康定斯基相识，而康定斯基的《论艺术中的精神》也是在这一年问世的。勋伯格在一本赠给康定斯基的《和声学》上的题词中谈到了这两部著作之间的联系，认为他和康定斯基是在同一条道路上为同一个目标而斗争的人。[1]他更没有忘记他的学生，在前言中他以这样的一句话开头："我从我的学生们那里学到了这本书的内容。"他把书稿寄给了贝尔格，委托他为此书编写索引。贝尔格为此十分激动，把这项工作视为一种神圣的奉献。他在给勋伯格的回信中写道："这部著作是在神圣的事业中写成的，这一点对我来说变得更加清楚和更加确定了。我读得越多，我陷入的也越深。我们这些可怜的俗人能够分享它，这是我们最大的欢乐：为此，我们感谢您，亲爱的勋伯格先生。……我被阅读这本《和声学》所压倒了，完全地被它吸引住了，我想讨论它的每一个题目，但是，我认为花时间继续编好索引是更重要的事。"[2]

---

[1] 参见 J. H. 科赫：《阿诺尔德·勋伯格与瓦西里·康定斯基，信件、图片与文件》，伦敦1984年版，第172页。

[2] 贝尔格致勋伯格，1911年8月3日，《通信选》第7页。

贝尔格用了两个多月的时间便完成了索引。勋伯格对这项艰巨的工作能够完成得如此"经济"而表示赞叹。他认为"这份索引确实是杰出的"。①

勋伯格在 1900-1901 年创作的《古雷之歌》是他早期最庞大的一部作品。全曲有三个部分，包括十八段大乐队伴奏的独唱与男声合唱、一段配乐朗诵（Melodram）、一段终曲混声合唱和三段乐队的前奏曲与间奏曲。歌词采用了丹麦诗人雅可布森（Jens Peter Jacobsen）根据北欧传奇而作的长诗，音乐上可以感受到瓦格纳的强烈影响。作品描写的是国王瓦尔德莫和他天使般的的情人托维之间悲剧性的爱情故事。在这里，勋伯格选择了与他的另外两部早期作品《净化之夜》和《佩利亚斯与梅丽桑德》类似的主题典型的世纪末性爱主题，突出了爱情同社会惯例的对抗。由于各种原因，他在完成了这部作品的主体后便搁置了下来，直到十年后的 1911 年 11 月才最终完成了第三部分的配器。因此，这部作品实际上混合了他的两个创作时期的风格。例如在终曲合唱之前的配乐朗诵中，他首次大量运用了"念唱"（Sprechstimme）的手法。他在 1912 年写给海尔兹卡的信中说："这部作品是理解我的全部发展的一把钥匙。……它对后来将要出现的一切做出了解释。"②

勋伯格请贝尔格帮他作《古雷之歌》的钢琴改编谱。到 1911 年初，贝尔格已完成了前两部分。年底，他告诉勋伯格："我正在苦干《古雷之歌》，这是一件很麻烦的事，特别是第三部分。……这部作品具有超凡的美，美极了。我认为能被它占有是一件最大的乐事，……"③

---

① 贝尔格致勋伯格，1911 年 10 月 22 日，《通信选》第 32 页。
② 转引自《A. 勋伯格与 W. 康定斯基》，第 176 页。
③ 贝尔格致勋伯格，1911 年 12 月 20-21 日，《通信选》第 59 页。

这项工作（包括校对总谱）于1912年5月结束。同时完成的还有为勋伯格《第二弦乐四重奏》最后两个乐章所作的钢琴改编谱（四手联弹）。1913年底，他又在勋伯格的请求下，开始为《室内交响曲》（作品第9号）作四手联弹的缩谱。他在信中写道："我慢慢地继续写着《室内交响曲》的缩谱。我发现很难让它易于演奏。目前我完全重写了谐谑曲，虽然这引起我很多麻烦，但我忠实地揭示了作品自身的美，这种美变得更加明显了。只是到了现在我才开始理解这部作品。……这是一个与众不同的作品。对整整一代人来说，它足够成为一座音乐上的里程碑。一个人在没有熟悉这部作品之前，甚至不应该敢于接近后来的作品。我想我已经理解了《管弦乐小品》，我已经慢慢地获得了对《月迷彼罗》的一切最不可思议的深刻的音乐美的欣赏，我已经想把自己沉浸在《幸运之手》中，研究《塞拉菲塔之歌》并完全掌握它，以便在我短暂的生命中去体验那些几百年都仍然不能被完全理解的东西。"[①]

1919年底，贝尔格在受环球音乐出版社（U.E.）之托为勋伯格的《佩利亚斯与梅丽桑德》写了欣赏指南之后，写信对勋伯格说："这是我长久以来的最大愿望……能够写一些关于您的内容充实的东西，把时间和我的全部精力致力于此并在做的过程中与您磋商。除了作曲，我想做的事就是准备写欣赏指南、乐曲分析、有关您和您的著作的文章，以及您的作品的钢琴缩谱。"[②]

实际上，贝尔格把这些工作也同样视为一种神圣的奉献。他被这些工作所占有，有时甚至无暇顾及自己的创作。他一生都在不倦地利用一切机会学习和理解勋伯格的作品，对上述这些早期作品的

---

① 贝尔格致勋伯格，1914年10月8日，《通信选》第219页。
② 贝尔格致勋伯格，1920年1月15日，《通信选》第277页。

改写和介绍工作，正是一种学习的极好方法。从贝尔格一生的创作来看，对他影响最大的也正是勋伯格的这些早期作品。

贝尔格对当时维也纳平庸的音乐生活总是感到无法容忍。一方面勋伯格的音乐受到蔑视、排斥或歪曲的演奏，另一方面许多二、三流作曲家的作品充斥舞台。贝尔格对此感叹道："滑稽的是人们却喜欢这样的音乐，他们认为这种一开始便带有高潮的支离破碎的旋律才是旋律，而真正的（现代的）旋律却得不到这样的承认。当它们像您的旋律那样有逻辑和完美时，……听众和评论家却把它们说成是'支离破碎'！"[①] 当时的一些文化组织在举办音乐会时，宁愿上演能保证经济收入的二、三流作品，也不愿冒险演出勋伯格等人的"不驯服"的作品，贝尔格为此愤然辞去了自己在音乐家协会的职务，并为在维也纳上演勋伯格的作品而不遗余力地多方奔走。

1912年4月16日贝尔格为当时的"文学与音乐的学院联合会"[②] 成功地组织了一场勋伯格室内乐作品音乐会，由罗瑟四重奏团[③] 在贝森多夫大厅演奏了勋伯格的d小调四重奏和六重奏。演出一结束，贝尔格就急不可待地向在柏林的勋伯格报告了喜讯："大厅爆满，人们感到十分激动。出席者中有莫尔斯、马勒夫人、罗瑟夫人、罗勒、卢斯、科克什卡、巴尔、米尔登堡、施雷克等等。……演出是惊人的，特别是六重奏，观众全体起立、涌动、高呼返场，罗瑟谢幕八到十次，四分之三的观众不走，直到罗瑟第十

---

① 贝尔格致勋伯格，1913年10月31日，《通信选》第191页。
② 文学与音乐的学院联合会（Akademischer Verband fur Literatur und Musik），1908年建立，广泛地资助过进步的音乐与文学活动。首届主席为路德维希·乌尔曼（Ludwig Ullmann, 1887-1959）。
③ 罗瑟（Arnold Rose, 1863-1946），奥地利小提琴家，罗瑟四重团的创立者。该团首演过勋伯格的《净化之夜》和前两部弦乐四重奏。他本人还是古斯塔夫·马勒的妹夫。

到十五次谢幕和关灯为止。……罗瑟微笑着。最后我不得不代表联合会向他表示感谢,他的情绪绝对沸腾了,科克什卡显得特别热情和被感动,卢斯也是一样。……当我听到这些作品的美时我的心几乎停止了跳动。我在极度兴奋中打电报给您,每个人都签了名。……当然,今天的音乐会只是《古雷之歌》难以想像的成功的一个前奏……"①

由于这次音乐会的鼓舞,学院联合会也准备参加《古雷之歌》的首演,还想搞一场贝尔格与韦伯恩的作品音乐会。面对这光明的前景,贝尔格给勋伯格写道:"这使我感到很幸福,因为我为您的事业,当然也是我们的事业做点什么的希望,虽然在恶劣的音乐家协会那里如此可悲地破灭了,但在这里的学院联合会里我们的确发现了一个广阔而愉快的讲坛。我目前的主要目标是教育听众系统地接触您的音乐,这次四重奏音乐会是个开端,会有更多的人既愿听又能理解,以至不久您的绝对支持者的伟大圈子能成功地演出您现存的和将要创作的每一部作品。也许那时联合会可能实现其最高目标:上演您的两部歌剧。那肯定是一个惊人的事件,我一想到它就激动得发狂。"②

维也纳官方计划在1912年的6月21日到7月1日举办第一届音乐周,但是一些比较先进的当代作曲家的作品却被排斥在演出计划之外。勋伯格针对这一情况,萌发了搞一次非官方音乐节的念头。但主要问题仍然是经费。贝尔格为解决这一问题而多方奔走。4月30日,勋伯格写信嘱咐贝尔格:"非官方的音乐节一定不要搞成向官方维也纳音乐周的一种示威,那会发生意外,但有可能像施

---

① 贝尔格致勋伯格,1912年4月16日,《通信选》第84页。
② 贝尔格致勋伯格,1912年4月23日,《通信选》第86页。

佩希特①暗示的那样搞成一种补充。"贝尔格在学院联合会的协助下做了许多组织和排练工作，终于使非官方音乐节的第一次音乐会于6月25日在贝多芬大厅如期举行。曲目包括苏克与诺瓦克的钢琴作品，策姆林斯基和施雷克的歌曲以及勋伯格的《格奥尔格歌曲》（作品第15号）。音乐会十分成功，特别是勋伯格的作品形成了音乐会的高潮，"它博得了最响、最长和最热情的掌声。"② 在6月29日的第二次音乐会上，节目也是一个比一个成功。先是策姆林斯基的四重奏，然后是贝尔格的钢琴奏鸣曲和韦伯恩的小提琴与钢琴的四首小品，最后是勋伯格的第二弦乐四重奏。贝尔格在当晚给勋伯格的信中评论道："韦伯恩的小提琴作品效果很好，尽管有些愚蠢的反对者（嘲笑声，罗瑟当即予以谴责，卢斯实际上把他们赶出了大厅）。最后您的四重奏很成功。您将收到有出席者签名的卡片，批评家们我见到施佩希特、康塔、霍夫曼，出席者还有施雷克、马勒夫人、科克什卡等人。难以置信的演出，特别是第二乐章！"③

与此同时，贝尔格仍然在积极筹划着《古雷之歌》在维也纳的首演。1912年4月，他和担任指挥的施雷克成立了一个筹备委员会，为保证售票的收入而发起了一次签名运动。属于这个25人委员会的还有阿道夫·卢斯、阿尔玛·马勒和布鲁诺·瓦尔特等人。环球音乐出版社在首演前印行和免费提供了贝尔格的钢琴改编谱。此外，贝尔格还为首演撰写了长达一百多页的《欣赏指南》，对这部作品做了详尽的分析和评价。他在其中写道："一切在这里鸣响着的东西，都应该同其它那些音乐区别开来，那些音乐只不过是听起

---

① 施佩希特（Richard Specht, 1870－1932），奥地利音乐评论家和作家
② 贝尔格致勋伯格，1912年6月25日，《通信选》第97页。
③ 贝尔格致勋伯格，1912年6月29日，《通信选》第98页。

来带着对位的幌子，实际上是用配器上的一些技巧所形成的贴上去的装饰性的音乐。……它们最多也不过是一些每个洋娃娃身上都可以穿的漂亮而时髦的衣服。但是在勋伯格的作品中却不是这样，而是作品生命中的血和肉。"①

经过漫长而艰苦的努力，《古雷之歌》终于在 1913 年 2 月 23 日在维也纳首演并获得了巨大的成功。听众为之欢呼了十五分钟。它是勋伯格学派的音乐对保守的维也纳音乐界的一次有力的冲击。贝尔格事后回忆道："过去这些天的快乐随着《古雷之歌》演出的高潮一下子都过去了。那是多么好的日子啊！双倍和三倍紧张的生活，是与通常无所事事的状态相对立的真正的生活。"②

（三）丑闻音乐会

尽管非官方音乐节和《古雷之歌》在维也纳的成功，对当时的音乐界和社会各界都产生了一定的影响，但是这终究还不能掩盖勋伯格学派的真正处境。仅仅在《古雷之歌》首演一个月以后的 1913 年 3 月 31 日，在维也纳又举行了另一场包含勋伯格学派作品的音乐会，它却引起了骚乱，成为维也纳音乐历史上最著名的一次丑闻音乐会。

1912 年春，贝尔格开始创作一部新作品，即为阿腾贝格的明信片诗词谱写的五首管弦乐队伴奏的歌曲（作品第 4 号）。这不仅是他脱离勋伯格的直接指导后的第一部独立创作的作品，而且也是他的第一部运用大型管弦乐队的作品。它体现了贝尔格在歌曲创作

---

① 转引自 M. 汉森 1989 年为《古雷之歌》唱片所写的说明。唱片号：729111-112, ETERNA.
② 贝尔格致勋伯格，1913 年 3 月 1 日，《通信选》第 158 页。

上的最高成就。歌词选自贝尔格的老朋友阿腾贝格的诗集《有新有旧》,[①] 对于这些写在明信片上寄送友人的短小的、警句式的无韵诗（阿腾贝格非常喜爱这种体裁），贝尔格是作为一部套曲来构思的。美国学者德沃托[②] 曾推测这部作品的直接的创作动力可能来自马勒的《大地之歌》。1911年11月20日贝尔格曾去慕尼黑出席了《大地之歌》的首演。在返回的火车上，他一天写两封信给妻子谈到兴奋的心情。在《阿腾贝格歌曲》的草稿本中也发现了几页他对《大地之歌》的终曲所写的的评论。[③] 不过，从整体上看，最明显的影响似乎还是来自勋伯格的《古雷之歌》，不久前贝尔格刚刚为之撰写了分析文章。

虽然这部新作是作为套曲来构思的，但最先完成的却是其中的第四首。贝尔格一完成草稿[④] 便写信向勋伯格征求意见，并准备托韦伯恩把作品带给勋伯格。对于这部显然颇有新意并且是初次独立创作的作品，贝尔格似乎感到更有必要了解勋伯格对它的看法。"在这长期的停滞之后，我完全不能判断我的作品而且真的说不出它是好的还是一大堆废物。"他谦逊地写道。"……我一定要再次走上正轨，以便我至少能运用我已知的东西，也就是从您那里学得的大量的东西。况且，考虑到我的乐队写作能力的有限，这部作品无疑是写的很糟的，至少开头是这样。"[⑤]

1913年1月7日，勋伯格写信向贝尔格索要《阿腾贝格歌曲》

---

① 参见本文第一章第三节。
② 德沃托（Mark Devoto），塔夫兹大学音乐教授，国际贝尔格协会董事会成员。
③ 参见《贝尔格手册》第47-48页。
④ 贾尔曼认为这五首歌曲的写作顺序是：Ⅳ，Ⅲ，Ⅴ，Ⅱ，Ⅰ。详见《阿尔班·贝尔格的音乐》第5-6页。整个作品完成于1912年秋。德沃托认为从写作顺序上看，贝尔格对套曲的整体结构概念是逐渐形成的。
⑤ 贝尔格致勋伯格，1912年3月10日，《通信选》，第75-76页。

中的一首或两首乐谱，准备在定于 3 月 30 日学院联合会在维也纳举办的音乐会上指挥演出它们。对此，贝尔格自然感到万分荣幸。他立即给勋伯格寄去了一份总谱，并开始准备钢琴谱和分谱。他认为这部作品的第一首太难，第二、三、四首又较短，因此，他建议勋伯格采用第五首，这首歌虽只有 55 小节，但却是最长的一首，声乐与乐队部分也不太难。鉴于勋伯格想要一至两首，贝尔格便倾向于采用第五首与第三或第四首的组合。他认为这样做主要是考虑到易于演出和理解。但是勋伯格最终却选择了较短和较容易的第二首和第三首。后来又出现了负责抄写分谱的抄谱员失踪和原请歌唱家拒绝演唱而不得不另择人选的麻烦事。

1913 年 3 月 31 日，勋伯格从柏林返回维也纳指挥了学院联合会管弦乐队的这场音乐会。曲目包括韦伯恩的《六首管弦乐小品》（作品第 6 号，首演）、策姆林斯基的《四首梅特林克歌曲》（乐队版本）、勋伯格的《室内交响曲》（作品第 9 号）和贝尔格的《阿腾贝格歌曲》中的第二和第三首的首演。音乐会预定以马勒的《亡儿之歌》结束。

然而，在演奏韦伯恩和勋伯格的作品时，听众便开始躁动起来，当演唱贝尔格的两首歌曲时，全场发生了骚乱。嘘声、笑声、掌声和吵嚷声响成一片，一些对作品意见对立的听众甚至拳脚相向，指挥勋伯格不顾劝阻继续挥动着手臂，学院联合会的负责人布施贝克给了当众羞辱他的人一记耳光，警察赶来清场，音乐会在最后的曲目尚未演出之前便不得不中止了。贝尔格事后回忆道："我的第一首歌唱完后，就有人大喊：'安静，第二张明信片来了！'在唱到'突然一切又都烟消云散'时，一个人喊道：'谢天谢地！'……有个听众想赶走真心鼓掌的我的学生卡索维兹。两个领座员真准备这样做！不少人给喝倒彩的人扔硬币——作为对他们的报答。是的，这是发生在维也纳的事！"①

维也纳的《午报》（Mittags Zeitung）随后发表了化名威利塔斯的评论文章，把阿腾贝格的诗叫做"狗屁诗"，并说贝尔格为之谱写的歌曲是一种"欺骗"，是过分现代化的 Gstanzel（一种四句歌词的约得尔歌）。文章还利用这个机会嘲笑了马勒和卢斯等人。一些二三流的音乐家和评论家纷纷表示不再出席任何有勋伯格、贝尔格或韦伯恩作品的音乐会。《新维也纳杂志》上的评论文章说，《阿腾贝格歌曲》是"完全失败的企图，完全是一种艺术上无能的怪异表现"。②贝尔格特别对《时代报》（Die Zeit）上的评论感到气愤，因为这篇文章说勋伯格之所以要演出两位学生的作品是为了偿还他们过去对他的经济资助。贝尔格为此要求报纸发表声明澄清这些诽谤，他说"我从未资助过勋伯格。相反，他却免费教了我许多年。"但是，这个声明却始终未能发表。学院联合会在这次丑闻的打击下，乐队成员剧烈减少，终于在 1914 年 4 月解散。贝尔格从此再也没有考虑上演自己的这部作品，尽管这或许是他仅次于两部歌剧和《抒情组曲》的最好的作品。它被历史埋没了近 40 年，直到作者逝世 17 年后的 1952 年才得以重新上演。

从这次音乐会的曲目上看，真可谓是汇集了本世纪初维也纳音乐作品中的精华。其中，勋伯格作于 1906 年的《室内交响曲》是他调性时期的最后一部大型作品。它离开了《古雷之歌》（特别是前两部分）的那种晚期浪漫派的风格而走向更加简洁的线条织体，在和声上突出了四度和弦，标志着勋伯格从调性和声向自由无调性发展的重要一步。贝尔格的《阿腾贝格歌曲》也是一部更具有先锋

---

① 贝尔格致勋伯格，1913 年 4 月 4 日，同上书，第 170 页。
② 《通信选》第 178 页，注释 1。

性的作品。他在他的前两部作品中进入了无调性领域，现在决定再向前走一步。在自己首次完全独立的创作中获得新的、更大的艺术自由。他在这部作品中注入了一个年轻人的极其强烈的热情与力量，准确、充分而深刻地表达了五首短诗中所蕴含的焦虑、孤独、渴望等典型的世纪末的情感。因此，它如此强烈地震撼了那些还远未理解他的艺术理想与目标的一般听众。在这次丑闻音乐会后，《波士顿晚报》的一篇署名 H.K.N. 的评论也认为："这一切都是由于某些'激进派'和'音乐上的立体派'坚持要再向前走一小步，而这却超越了甚至是一位最先进的音乐公众所能忍受的程度。"① 有趣的是，《阿腾贝格歌曲》与勋伯格的《月迷彼罗》都是在1912年诞生的，本世纪另外一部音乐上的杰作斯特拉文斯基的《春之祭》也写于1911－1913年间。这部芭蕾舞在巴黎的首演也曾引起了一次非常著名的丑闻。与这次维也纳的丑闻音乐会一样，它也发生在1913年。

甚至勋伯格对《阿腾贝格歌曲》也不很理解。这从他在演出前对其中两首歌曲的选择上也可看出。第二和第三首是全曲中最短的两首，似乎不足以体现整个套曲的风貌，反而突出了庞大的乐队与格言化的歌词之间的不寻常的反差。演唱的欠佳或许也是造成丑闻的一个原因。贝尔格事后对妻子说："如果你在干扰较少的情况下，听了整个套曲的很好的演唱，我相信你是会欣赏它们的"。②

1913年1月14日，勋伯格在收到贝尔格寄来的《阿腾贝格歌曲》总谱后，曾对这部作品谈了这样一些看法："我还不大了解这些歌曲，但初看上去似乎很好，配器很美。我一开始便发现了一些

---

① 《通信选》前言，XV页。
② 《贝尔格手册》第52页。

干扰性的东西,那就是对使用新手法的过于明显的愿望。可能我要去理解这些手段与表现上的需要之间的有机联系。但目前它困扰着我。"①

这部并不长的作品似乎的确集中地使用了不少"新手法"。如第四首尾部的定音鼓滑音。第一首高潮处低音提琴的音符要求用拇指和食指夹住 G 弦拉出(施特劳斯在《莎乐美》中砍头一场首用此法),而这首歌的最后一个音则要求中低音弦乐器在系弦板的洞上击出(这种演奏法在 50 年代先锋派的乐队语言中更为典型)。此外还有许多弦乐器滑音、泛音,木管乐器的震音、花舌音等等十分别致的用法。在声乐方面也有独特的要求,如第一首歌的两次起唱处(无词),演唱者要先稍微关闭嘴唇(PPP!),然后再打开,就像呼吸气息一样。

贝尔格在给勋伯格的回信中就"新手法"的运用作了如下解释:"我是不久前才首次真正地理解交响乐队的音响和理解其总谱的。因为总是有一些最新的作品,近年来我很少看瓦格纳的总谱,更不必说古典作品了(这肯定是一大错误!),我对这些新手法产生的新音响更容易接受,到处都听到它们,甚至在那些可能不需要它们的地方。所以我就应用它们,因为我不知道还有其他东西!可能我的表达方式像一个孩子在家里听到许多外语词汇,便时时用它,而他自己的母语甚至还讲不好呢。但至少我希望那孩子正确地使用这些外语词汇。"②

实际上,贝尔格的这些"新手法"是与这些歌曲的歌词内容紧密联系着的,甚至有些地方已经近似音画。如第一首结尾处小提琴

---

① 勋伯格致贝尔格,1913 年 1 月 14 日,《通信选》第 143 页。
② 贝尔格致勋伯格,1913 年 1 月 17 日,《通信选》第 144 页。

E弦上的人工泛音的上滑音，显然是和歌词中的"一丝丝离愁别绪，直到乌云消散以后！"相配合的。第四首结尾的定音鼓下滑音也是与钢片琴和大提琴的滑音一起用来刻画"灰色的头发无望地在我苍白的面庞上飘荡"这句歌词的。

歌词的短小是造成这部作品短小的主要原因。音乐主题的完整性和发展手法依然是源于晚期浪漫派庞大结构中的"展开式变奏"，形成了主题或动机之间彼此联系的复杂系统。乐队也是庞大的，似乎与歌词的短小相矛盾。但如果把它改写成室内乐队，力度与色彩的丰富变化和对比恐怕便会削弱，作品的强烈的情感气氛也不容易烘托出来。① 在这部初次使用大管弦乐队的作品中，贝尔格便显示出惊人的想象力和驾驭能力。在声乐的写法上，《阿腾贝格歌曲》比作品第二号更多地超越了艺术歌曲的范畴而倾向于歌剧，预示了《沃采克》和《露露》将要获得的成就。

这部作品在结构上的特点十分突出。贝尔格在这里首次广泛地运用了对称的弓型结构。这不仅体现在套曲的整体上，而且也体现在中间的每一首歌曲中。例如位于五首歌曲中心的第三首，不仅歌词由于首尾两句相同而呈现对称，而且首尾两句的音乐也使用了相同的声乐旋律和12音和弦。从下例中可以看出第二、三、四首的首尾所形成的这种对称的弓型结构。（见例7）

---

① 贝尔格在这部作品首演失败后，根据埃贡·威里茨的意见，曾打算用室内乐队为之重新配器，但这计划从未实施。1916年贝尔格曾把其中的第五首改编成钢琴、小提琴、大提琴和风琴演奏的"家庭音乐"，赠送给阿尔玛·马勒和安娜·马勒。其中取消了声乐，但写下了歌词。

例 7

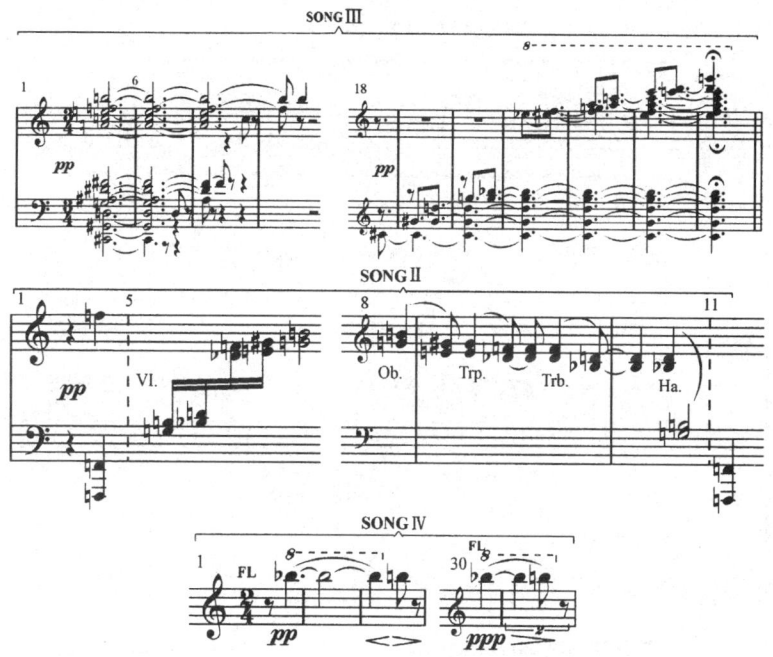

第一首和第五首篇幅较大,它们构成了全曲的支柱,贝尔格在这两首之间运用了许多对称呼应,充分体现了全曲的弓型结构。第一首歌有一个较长的乐队引子。在这个引子中,六个不同的旋律动机重叠在一起的固定反复形成了一段巨大的渐强,这种织体的不同节拍长度的交错形成了一种新奇的佳美兰乐队式的音响。它有些像《古雷之歌》的前奏曲,只是音响更加复杂。(见例8)

例 8

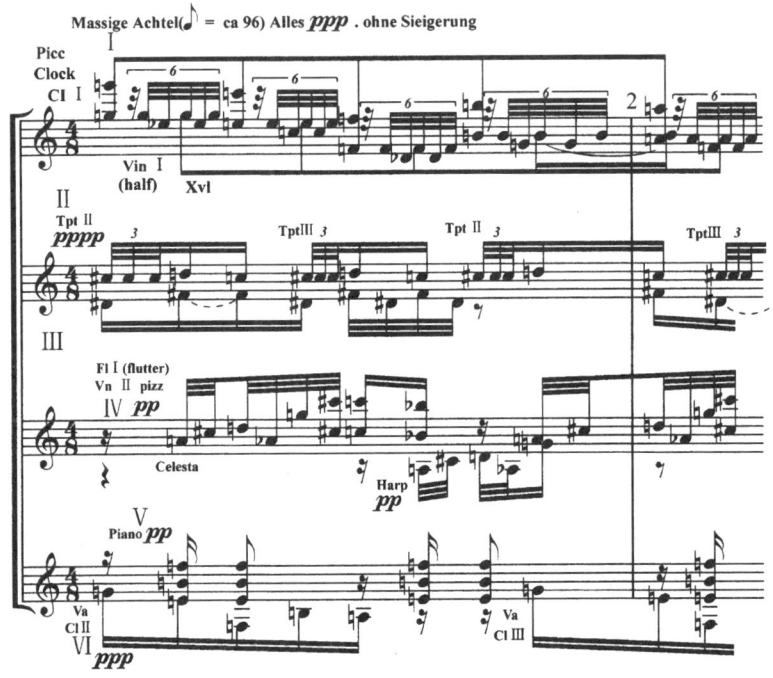

在这个背景上,中音区浮现出一个 12 音主题。(见例 9)

例 9

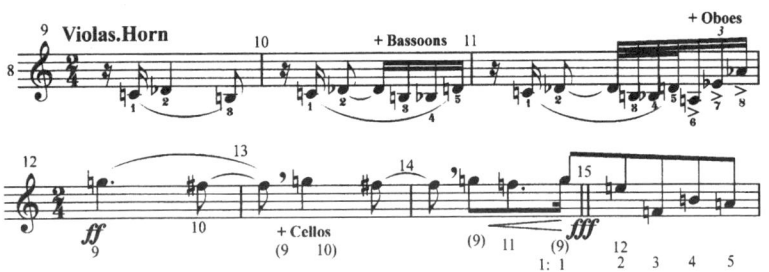

这是 12 音主题的一个最早的例子。(勋伯格的第一个这样的主

题写于 1914 年。)① 它预示了《沃采克》第一幕第四场中的那个 12 音主题。贝尔格对 12 音系统陈述的兴趣在第三首歌的 12 音和弦中也可看出。在第五首歌的前奏中,第一首歌的 12 音主题又出现了,这次它去掉了重复音,作为这首"帕萨卡里亚"的三个主题之一,贯穿发展于随后的九次变奏中。(见例 10)

例 10

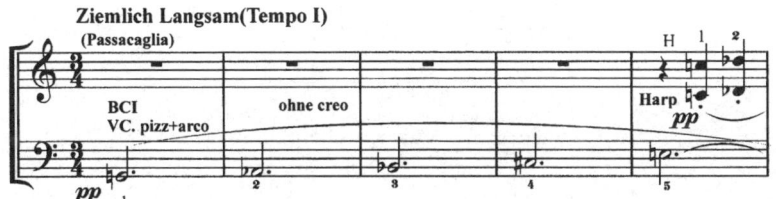

当第一首歌的 12 音主题把引子推向高潮时,在第 14－15 小节,出现了全曲的基本和弦 X→Y。(见例 11)

例 11

---

① 勋伯格认为他从 1914 年开始探索 12 音写作的新方法。在给斯洛尼姆斯基的一封信里他写道:"第一步大约发生于 1914 年 12 月或 1915 年初,当时我在写一部交响曲的草稿,最后一部分后来成为《雅各的梯子》,但未完成。其中的谐谑曲以一个 12 音主题为基础,但这只是主题之一。"

在第五首歌的结尾处（第 50 – 51 小节），我们看到基本和弦以逆行的方式 Y→X 出现。（见例 12）

例 12

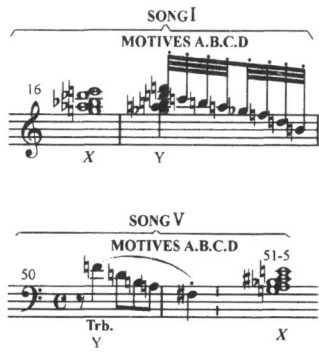

从而突出了这部作品整体上的对称。贝尔格十分迷恋的这种弓型结构，在这里还只是通过乐曲首尾的局部对称来实现的。从《沃采克》以后，这种对称便经常扩展成为一个完整的回文结构。如《室内协奏曲》的第二乐章或音乐会咏叹调《酒》的第二段（详见第四章）。

此外，基本和弦 X 的横向形式还构成了作品的一些主要的旋律动机。第五首歌第 25 – 29 小节的声乐旋律便是这样一个例子。（见例 13）

例 13

这里的歌词恰恰是"我的广阔无边、深不可测的悲痛"一句，

它仿佛是对基本和弦 X 的内涵所做出的明确的注释。

  总之，这首独创性极强的作品标志着贝尔格通往《沃采克》的道路的一个开端。这是一条在艺术上逐渐走向自立的艰辛之路的开端。

第三章 探索与转变

第一次世界大战爆发前后的几年间，贝尔格的生活、思想和创作发生了剧烈的变化。在创作上，他接受了勋伯格的批评，既不违背老师的教导，又独立自主地创作了一些更有个性特征的作品。其中，三幕歌剧《沃采克》不仅是他的成名之作，而且也反映出他创作思想上的一个重大转变。战争教育了他，使他从一个模模糊糊的主战者，变成了一个坚定的反战者。但是战后社会的种种矛盾，又使他产生了悲观和宿命的情绪。这种情绪贯穿了他此后的创作。

（一）战争的干扰

1913年6月4日－11日，贝尔格去柏林拜访了勋伯格。这次访问喜忧参半，喜的是勋伯格允许他一起研究了《月迷彼罗》的总谱，并出席了这部作品的排练和演出。在此后的多年里，贝尔格一直在努力理解这部谜一般的作品。忧的是勋伯格对他的《阿腾贝格歌曲》和《四首单簧管小品》表示了不满，甚至提出了严厉的批评。他认为这些过于短小的作品是与贝尔格的创作天性背道而驰的。在他看来，贝尔格最好写一些更长和更展开的作品。尽管贝尔格在此阶段的创作倾向与勋伯格和韦伯恩是一致的，即：在放弃调性之后，作品变得极有表现力和特别简洁。但是，自疑心理很重的贝尔格仍然对自己的创作风格和目标进行了再审视。他一回到维也

纳就写信给勋伯格说:

但是我必须感谢您的指责,就像我接受您的其它东西一样。我充分认识到这是一片好意,是为了我好。我也无须告诉您,亲爱的勋伯格先生,我深深的痛苦,就是我牢记您的指责的保证。①

贝尔格为了自我改进和赢得勋伯格的赞同而构思了《三首管弦乐曲》(作品第6号)。他想把这首作品献给勋伯格,作为对老师40寿辰(1914年9月13日)的祝贺。自从结束随勋伯格的学习以来,他一直想献给老师一部作品,他希望这部作品既是自己更独立的创作,又不致引起勋伯格的不悦。这种想法使他困惑了多年。现在,他终于从勋伯格的批评和建议中得到了勇气,尽其所能地作一番新的努力和尝试。他按照勋伯格写些特性乐曲的建议,放弃了创作一部交响乐的计划而开始写一部组曲,这最终导致了《三首管弦乐曲》的诞生。

1914年9月8日,贝尔格把这部作品寄给了勋伯格,但只有其中的第一和第三首("前奏曲"和"进行曲"),第二首"轮舞"则未能如期完成。他说他"不能强制自己期限内完成"轮舞",而"宁肯推迟,直到能改正那些尚未看清的缺点时为止"。② 在写作过程中,他怀着"语不惊人誓不休"的愿望,不断加深着对这部新作的自我批评意识。他写道:"我毕竟在不断地自问,我所表现的,多日来常在思考的这些东西,是否比我以前的东西好些。可我怎样判断呢?我最后需要完全销毁的东西太多。但这部作品我还完全不能判断,因为我正在写它。"③

贝尔格未能如期完成这部作品的另一个原因是第一次世界大战

---

① 贝尔格致勋伯格,1913年6月14日,《通信选》第180页。
② 《通信选》,第214页。
③ 贝尔格致勋伯格,1914年7月20日,同上书,第212页。

的爆发。他说这给他带来了"巨大而不可避免的激动",因而"不能在战争爆发的时刻继续写这部作品。"他决定在特拉许腾多呆些日子,因为他相信在那里比在维也纳更容易抑制由于战争引起的难以置信的烦燥与不安。他向勋伯格保证:"在任何环境下我都要完成我的工作,不让任何东西干扰我的目的。"① 即便如此,"轮舞"是在一年以后的1915年8月初才告完成并寄送给勋伯格的。这时贝尔格已应征入伍了(1915年7月15日)。在1915年11月下旬致勋伯格的一封充满恳切的自我检讨的长信中,贝尔格再次提到这部作品:

这三首管弦乐曲,的确是经过很大努力,按照您所希望的风格创作的。长度适中、旋律丰富,没有刻意追求新颖,这是我尽了力的作品。如果我不是一个慢手,如果这次大战不爆发,我也许能完成更多的东西。战争的爆发,最初是使我厌恶作曲,而且还增加了照看母亲住房和贝尔格霍夫的重担。但我不能要求原谅自己。无论如何,我一定要尽最大的努力。②

这部作品在音响和织体上都是极为复杂而厚密的,其程度在贝尔格的作品中几乎是绝无仅有的。据贝尔格自己说,"进行曲"听起来"像是勋伯格的《五首管弦乐曲》和马勒《第九交响曲》在一起演奏"。③ 1912年6月25日,贝尔格听完马勒第九交响曲首演式彩排后,印象极深,认为这部作品对他来说"意味着那种最深刻、最深奥的情感。"④ 1913年9月,贝尔格曾花了大量时间仔细研究了勋伯格的《五首管弦乐曲》,他告诉勋伯格说,他"沉醉在这部

---

① 贝尔格致勋伯格,1914年9月26日,同上书,第216页。
② 同上书,第257页。
③ 转引自阿多诺:《阿尔班·贝尔格》,1968年维也纳版,第29页。
④ 贝尔格致勋伯格,1912年6月25日,《通信选》第98页。

作品的音响和它空前的形式与表情的浓度之中"。① 1914 年 3 月 12 日，勋伯格在阿姆斯特丹指挥自己的这首作品，贝尔格赶去聆听了排练和演出，他认为这是一次难忘的经历，对自己的创作极有帮助，不过他在致妻子的信谈及这部作品对他的影响时也曾补充道："别忘了，我的作品并非出自于它，它们将是完全不同的东西。"②

与勋伯格的那部作品比较起来，《三首管弦乐曲》使用了更多的非片断性的旋律乐思。它们构成了比较传统的主题的形态。斯特拉文斯基曾经对此谈道："贝尔格的形式是主题的（这方面他也是韦伯恩的对立面）。他的作品实质和主题结构直接对一种形式负责，无论后者如何复杂、如何'数学化'，它们总是出于'纯粹感情'和'表现'的自由的主题形式。我认为研究这一点和研究贝尔格全部音乐的基本作品便是《沃采克》和这首《三首管弦乐曲》。贝尔格的个性在这些作品中成熟了。我觉得它们似乎比 12 音序列作品有着更丰富和更自由的天才表现。"③

在曲式结构上，贝尔格关注的中心仍然是如何用无调性音乐语言建立大规模结构的问题。与勋伯格《五首管弦乐曲》不同的是，贝尔格在这里强调了传统曲式（如"轮舞"的奏鸣曲式）和传统的风格因素（如舞曲、进行曲等）对统一大规模结构所能发挥的作用。这种作法在《阿腾贝格歌曲》的最后一首"帕萨卡里亚"中开始萌芽，通过《三首管弦乐曲》而在《沃采克》中得到了更大规模的运用。也就是说，在 12 音作曲法产生之前大约十年，贝尔格已在创作中开拓了另一条用以组织和统一大规模无调性音乐结构的有效途径。斯特拉文斯基也认为贝尔格是"本世纪作曲家中最有天才

---

① 贝尔格致勋伯格，1913 年 9 月 6 日，《通信选》第 187 页。
② 《贝尔格致妻子的信》，第 159 页。
③ 《斯特拉文斯基与克拉夫特谈话录》，1959 年纽约版，第 79-80 页。

的形式的建构者",是"惟一的获得大规模展开型曲式而又没有一种新古典主义掩饰迹象的人。"①

在《三首管弦乐曲》中,马勒第九交响曲的影响最为明显。以"前奏曲"和第九交响曲的第一乐章为例,二者都是从轻声的动机片断逐渐地引入旋律,都在高潮后逐渐消失,从而构成一个弓形结构。当然,贝尔格的作品更加浓缩,而且平衡的结构也更为准确。这种近乎于准确的逆行结构此后便更严格和更频繁地出现于贝尔格的作品中。二者的另一个相似之处便是都有一个节奏动机贯穿使用。马勒在第一小节便引入-(a),贝尔格则逐渐酝酿,在第九小节开始成型-(b),完整的形式出现在第 14—15 小节-(c)。(见例 14A)

例 14A

此后,它便带着各种变体贯穿于三首乐曲之中,也就是说,它已发展成一种真正的结构性节奏,贝尔格一生都对这种象征命运或死亡的节奏动机有所偏好,这显然是来自马勒第六或第九交响曲的影响。在"进行曲"中,贝尔格像马勒第六交响曲的末章那样也使用了木制的锤子,在最高潮处与定音鼓同时击响,用以象征命运的无情打击,其节奏也使人想起那个贯穿全曲的结构性节奏。

马勒第九交响曲的第一乐章的中心调性是 D(大调和小调)。如前所述,d 小调也是贝尔格偏爱的一个调性。贾尔曼曾指出:"d 小调对于贝尔格来说可能具有某种深刻的个人的和心理的意义。"②

---

① 《斯特拉文斯基与克拉夫特谈话录》,1959 年纽约版,第 79-80 页。
② 贾尔曼:《阿尔班·贝尔格的音乐》,第 18 页注。

它不仅出现在一些较早期的作品中，包括曾经酝酿过的那部交响乐（手稿中的一个帕萨卡里亚主题可分为上下两段，每段均结束于 D 音上），而且也是《沃采克》最后一个间奏曲所用的调性，因此，在与上述两部作品有着密切联系的《三首管弦乐曲》中，D 音或 d 小调因素的突出也是很值得注意的。例如"前奏曲"第 48－49 小节处便有一个 d 小调的终止和弦（带 B 附加音）。第 36 小节的高潮和弦是以 D 音作为低音的。"轮舞"中曾几次以 D 作低音持续音，如第 41－48 小节。"进行曲"的第 41 小节处也出现了带 B 附加音的 D 三和弦。特别是在靠近结尾的高潮处（第 140－143 小节）。长号及定音鼓对 D 音的反复强调以及拨弦与竖琴泛音在 d′ 上的持续反复（第 165－170 小节），均使乐曲具有了一种强烈的中心感和解决感。更值得注意的是在第 143 小节处，这个要求用 30 英寸大定音鼓双锤敲击的低 D 音是与上述的木制锤子和结构性节奏结合在一起的。

在写这部作品之前，贝尔格曾告诉勋伯格："一旦我回到乡下，我便开始写作组曲，可能我会立刻写出一些令人愉快的东西！"① 但是，最终写成的《三首管弦乐曲》却是一部极富于悲剧性的作品，它充满了对灾难与不幸的预感。波尔曾特别指出："'进行曲'完成于萨拉热窝暗杀事件几周后，它以其大难临头的感觉，极好地用音乐暗示了（即便是无意的）那一可怕的事件。"② 这部作品对于贝尔格来说的确象是一场悲剧的开端。这首进行曲也的确就是一首"死亡进行曲"。它成为贝尔格生命的一种写照。由于贝尔格在《三首管弦乐曲》还没有写完时便开始构思《沃采克》了，所以两

---

① 贝尔格致勋伯格，1913 年 6 月 14 日，《通信选》第 180 页。
② 波尔：《阿尔班·贝尔格的歌剧》第一卷，第 18 页。

部作品之间存在着一些相似之处。例如"进行曲"第80-82小节的长号动机与《沃采克》第一幕第二场的"有个什么东西追着我们从天而降!"之间的相似。这似乎也可以证实,贝尔格当时的心情和感觉,同沃采克在旷野中孤独而恐惧的幻觉是十分相似的。

在战争爆发的时刻,贝尔格与当时的许多文化界人士一样,认为战争是解决社会危机与矛盾的一条出路。在完成了"前奏曲"和"进行曲"之后寄送勋伯格的那封信中,贝尔格谈到自己对战争有着"参预"的冲动,"不能为祖国服务的无能感"使他不可能在维也纳工作下去。① 经济上的拮据使他无法购买战争公债也加深了他的苦恼。他认为战争是德意志精神必胜的"精神之战",为能与"这个伟大的事业"合作而感到兴奋。② 在第一次参加征兵体检不合格后,他感到非常失望和不悦,1914年12月14日他写信给勋伯格说:

又返回卡林西亚几天。我不知怎样向您讲述这种逃离现实给我带来的影响。……向窗外望去,我所看到的,是这个难忘的美丽地区的无边的和平,仿佛是在梦中。的确,对我来说,沉醉于纯洁优雅的景致似乎是禁忌和有罪的。当我返回现实的时侯,……拿起报纸读到沙恩霍斯特护航舰战斗到最后一分钟,随后与全体水兵同舰长一起覆没时,我便有从被麻醉的梦中惊醒的感觉。……体检不合格使我感到被排除和贬低为旁观者,……我认识到,我的责任当然是在这整个期间生活和坚持下去,这是一个考验的时刻,任何人都无法逃避。③

但是,他在同一封信中也流露出对战争的恐惧之情:

---

① 贝尔格致勋伯格,1914年9月8日,《通信选》第215页。
② 罗德:《阿尔班·贝尔格与卡尔·克劳斯》,第134页。
③ 贝尔格致勋伯格,1914年12月14日,《通信选》第221页。

如果我体检合格，我就面临去杀人的可能性，而一想到这种杀人的必要性，我的精神就真的崩溃了。①

当他怀着矛盾的心情预感到自己将被征召入伍时，他所看到的维也纳人却依然在纵情作乐。剧院、电影院到处爆满，如果不是通货膨胀，人们便似乎没有理由去关心战争。仿佛一切都未发生。这又增加了他对战争的困惑：

当看到这种邪恶的活动时，我一次又一次地产生反感，我认为这场战争不能持续过久。因为它所谓的"净化作用"，还没有在任何地方接近于实现。罪恶依旧，只是伪装不同！它似乎从未从这个地球上消失过。只有那些能够停止和反省的少数人，才会感到这些重大事件和时代的净化作用。其他所有的人——正如我有一次听你说的——只会化成尘埃。②

1914年11月19日和1915年2月13日，贝尔格曾两次聆听了克劳斯的反战讲演。这对促使他改变对战争的看法起到了很大作用。1915年2月15日他写信告诉勋伯格：

现在我对战争后一切都会更好、更纯洁的信念完全消失了。卡尔·克劳斯前天的讲演加强了我这种感觉。……克劳斯在开场白中极其愤怒地抨击了这个世界，他常希望这样的世界毁灭。当然他还攻击反映这个世界生活的报纸……③

就在听了克劳斯第二次讲演的同一天，贝尔格怀着沉重的心情同已入伍的同窗好友韦伯恩分别。4个月后，由于战争的升级，他自己也终于体检合格而被征召了。然而这时，他原来所感染到的战争狂热却已经冷却了许多。他在给几乎是与他同时入伍的勋伯格的

---

① 《通信选》，第222页。
② 贝尔格致勋伯格，1915年1月27日，《通信选》第227页。
③ 《通信选》，第229页。

信中，只能从相信战争不会持续太久这一点上得到一些安慰了。

（二）《沃采克》写作始末

1914年5月5日，贝尔格在维也纳室内剧院观看了毕希纳的戏剧《沃伊采克》①在那里的首次演出。他立刻被这出戏征服了，后来，他写信告诉韦伯恩："不只是这个被整个世界剥削和折磨的穷人的命运，而且还有个别一些场景中闻所未闻的紧张情绪如此深深地打动了我。"②这使他萌发了把这部戏剧改编成一部歌剧的强烈愿望，而且很可能随后不久便写出了一些草稿。

为什么贝尔格会对这部创作于上个世纪前半叶，并被人们遗忘长达76年之久的戏剧如此"一见钟情"呢？这不能不先从该剧的原作者毕希纳谈起。

格奥尔格·毕希纳（Georg Büchner 1813－1837）是19世纪上半叶德国文坛上的一位奇才。1813年10月17日出生于达姆施塔特附近的一个医生家庭里。1831年他来到法国斯特拉斯堡大学学医，受到那里尚未平息的革命思潮的强烈影响。他认识到：在贫富对立的社会中，物质的贫困和需求是导致革命的惟一因素，而改变社会现状的手段唯有借助于暴力。1834年他返回故乡后在吉森大学参与组织了秘密的革命团体"人权协会"，并起草和印发了著名的《黑森快报》，他引用了法国大革命时期的战斗口号："对茅屋

---

① 毕希纳的剧名应为《沃伊采克》（Woyzeck），而《沃采克》（Wozzeek）一名是后人校定某些版本时对剧名的错拼，这种错拼一直到1920年才给予纠正，所以贝尔格当时观看的话剧和随后改编的歌剧名仍为《沃采克》。本文中凡指话剧时皆用《沃伊采克》剧名。

② 转引自《新格罗夫音乐与音乐家词典》第二卷，第528页。

——和平；对宫殿——战争！"，列举和分析了他的家乡黑森地区农民困苦不堪的生活状况，鼓舞农民们为自己的生存权而斗争。

1835年2月，《黑森快报》被当局发现后，"人权协会"的成员纷纷被捕，毕希纳在逃亡斯特拉斯堡后，痛感革命条件尚不成熟，决定一边从事医学研究，一边进行文学创作，从而渡过他24年短暂一生的最后两年。然而，就是在这短短的两年中他所写下的三部戏剧和一部小说，却使他在德国文学史上赢得了一个不可动摇的地位。在三部戏剧中，除了取材于法国大革命的《丹东之死》和政治讽刺喜剧《雷昂采与莱娜》外，写于1836年的社会命运悲剧《沃伊采克》是他一生中最后的，也是最有价值的一部作品。次年2月，这位才华横溢的青年作家便因病早逝了。

《沃伊采克》是根据发生在莱比锡的一个真实案件写成的。1821年6月3日晚，一个叫作约翰·克里斯蒂安·沃依采克、曾当过兵的41岁的理发师，谋杀了他房东的养女、46岁的寡妇乌斯特。他被捕后回忆说他不顾一切的凶杀，不只是由于遭到拒绝后的嫉妒，而且还因为她看不起他的贫穷。人们怀疑沃依采克的"不正常"行为是精神病症状的表现，犯人自己也谈到30岁以后便有间断性的偏执、视听幻觉、冷漠、压抑等症状。法庭的医学顾问在反复调查之后，否定了犯人有精神病的说法。沃依采克终于在犯罪三年之后，被当众处决了。此后，又有人对此案提出了疑点，于是展开了一场十年之久的关于罪责问题的论战。毕希纳对这个案件很熟悉，也很感兴趣，他对最后的判决感到愤怒。出于对沃依采克这个"最卑贱者"的深切同情，他决定写一部社会命运悲剧，以此对社会作出"高于法官的审判"。①

因此,《沃伊采克》是一部有着强烈的社会批判性的戏剧。作者在欧洲戏剧史上第一次把一个"最卑贱者"作为悲剧的主人公,并把主人公生活其中的社会说成是犯罪的真正原因。这鲜明地体现了毕希纳对"人"的地位的始终不渝的关心和科学而明晰的洞察力。

在毕希纳的戏剧里,中心人物沃依采克是一个被贫穷剥夺了一切的士兵。他身上有许多属于人的本性的东西,资产阶级的"道德"社会对这种人性是一种威胁,但他却不能理解这种威胁,就象社会不能理解他一样。他在旁人面前很难表达自己的这种异化的感觉,即便是逃到大自然中也仍然感到恐惧。戏中的女主人公玛丽是社会的另一个牺牲品。她在贫困的折磨下,屈服于虚荣与罪恶的引诱,尤其是她企图在这种屈服中逃避对沃依采克日益增长的病态性格的恐惧。另一方面,作为一个虔诚的教徒,她对自己的行为又有强烈的负罪感。毕希纳对这两个人物的复杂性格和内心世界作了全面的细致的刻划。围绕着这两个主要人物的是四个既定社会秩序的代表:上尉、医生、乐队长和安德列斯。毕希纳对这些人物的主要的性格特征进行了夸张的表现,通过多种手法使他们与主要人物之间呈现出浓淡有致的丰富的层次。

在结构上,《沃伊采克》运用了场景并置的原则,不分幕,场景短小,转换频繁,读起来像是一部电影脚本。每一场都是一个独立的单位,各自具有某种心理的或象征性的意义。每场之间的戏剧动作也不十分连贯,带有某种随意性,使得这部戏的场序有着多种

---

① 毕希纳研究者维托(Vietor)语。转引自汉斯·迈耶尔:《格奥尔格·毕希纳和他的时代》,柏林1960年版,第341页。

组合的可能性。

在语言上,这部戏也十分独特。它放弃了书面语而混用了地方方言。毕希纳还根据法医的记录从真实的沃依采克口中借用了一些精彩的语言,例如沃依采克在旷野中产生的幻觉的台词。这些充满恐怖意象的台词能把紧张气氛表现出来,重复时便使气氛更强烈。每一场在语言上都是一个统一体,起伏很大,它不仅使戏的节奏随之而紧凑,而且很有助于深入揭示人物的内心世界。

这样一部在主题、人物、结构和语言等各方面都极有独创性的戏,在1836年写出后却被人们遗忘了。这不仅是由于毕希纳留下的这部戏的几组草稿都是字迹模糊的未定稿,对它们的初步的整理工作是在作者逝世38年后才开始进行的。更重要的原因是由于当时正值席勒的英雄悲剧和市民悲剧流行的时代,作为欧洲戏剧史上第一部描写反英雄主人公的现代悲剧,《沃伊采克》在19世纪未能确立自己的地位是不足为怪的。这出戏所表现的对普通人命运的关注,以及形式上的浓缩和片断性,无疑是对席勒的浪漫的理想主义的一种反动。与席勒的"人人皆兄弟"相反,毕希纳认为社会是残忍的,人是孤独的。沃依采克和玛丽同样忍受着孤独和不能真正交流的残酷现实。在这里我们看到了毕希纳探索一生所得出的对于世界的一种悲观、宿命和虚无主义的看法。当我们听到沃依采克说道:"每个人都是一个深渊,当你俯视它时会感到头晕"时,当我们被不断地引导着去面对这个令人不快的现实世界时,我们会明确地感觉到毕希纳的确远远地走在了自己时代的前面。

在默默地等待了76年之后,直到20世纪初,毕希纳的这部戏剧的意义才开始逐渐地被人们认识。1909-1920年间,德国出版了不下五种《毕希纳全集》和14种毕希纳作品的单行本。其中1909年出版的《沃伊采克》的新版本(兰道版)对贝尔格的歌剧脚本产生了最直接的影响。这部戏在1913年和1914年先后被搬上柏林和维也纳的舞台。当时正在蓬勃兴起的德国表现主义文艺运动,把毕希纳视为重要的先驱之一。科克什卡在谈到《沃伊采克》给他的深刻印象时,认为毕希纳是19世纪的表现主义者,魏德金认为如果没有《沃伊采克》,便不会有他的《春醒》。布莱希特也视《沃伊采克》为现代戏剧的一个开端,并把毕希纳放在莎士比亚、莱辛与当代之间。实际上,从自然主义、表现主义直至荒诞派的诸多20世纪的戏剧流派,都曾视毕希纳为先驱,他的创作似乎成了现代戏剧永不枯竭的一个源泉。

然而,让这部戏剧以歌剧的面目出现,在当时仍是十分大胆的想法。连勋伯格对这种想法也感到不可理解。尽管他很早就看出贝尔格的戏剧天才,鼓励他在歌剧领域作些事,但他却不同意贝尔格的这个选择。他认为音乐应表现的是天使而不是勤务兵,"沃采克"是个反音乐的不便演唱的名字,似乎不可能写成一部很好的歌剧。但是贝尔格却坚持了这个选择,他并没有考虑成功与否,只是忠实地按自己的"内心要求"去这样做。他深知,这种艺术创作必须出于作者内心要求的思想正是勋伯格所一贯主张的。从这件事上,我们也可看出贝尔格对勋伯格的依附并不是无条件的,他正在进一步地走向成熟和自立。

贝尔格之所以被这部戏剧所征服,最根本的原因还是由于他和毕希纳有着一种共同的思想核心,那就是对人类的现状与前途所产生的忧虑和危机感。特别是从19世纪末到20世纪初,德奥君主国从没落走向崩溃,社会矛盾空前激化,这种忧虑和危机感在人们的心中也大大地激化起来。贝尔格作为一个在战前维也纳极不稳定的状态下平静地长大的青年,同当时维也纳文化艺术圈子内他所熟知的那些"先锋"人物一样,对令人窒息的政治空气和文化上的保守主义深怀不满。在追求对社会和艺术的反叛这一点上,贝尔格与毕希纳是息息相通的。很有戏剧天才的贝尔格早就在勋伯格的鼓励下想在歌剧领域做些事,现在终于找到了一个能够适应自己"内心要求"的题材,为压抑已久的痛苦灵魂发出一声更为直接的呐喊。对于沃采克这个戏剧人物,贝尔格从一开始便是把它作为人类苦难的一个象征来接受的。

贝尔格坚持选择这一题材的另一原因是:他敏锐地感觉到,把毕希纳戏剧移植到歌剧舞台上的时机已经成熟了。正像 19 世纪的人们不能理解毕希纳的戏剧一样,19 世纪的歌剧传统对毕希纳的戏剧也显得格格不入。《沃伊采克》这部戏剧与音乐的结合,只有到了 20 世纪才能实现。20 世纪初出现的一些音乐作品,也为《沃采克》的写作铺平了道路。它们包括理·斯特劳斯的歌剧《莎乐美》(1905)、勋伯格的《月迷彼罗》(1912)、独幕歌剧《期待》(1909)和《幸运之手》(1913)。贝尔格相信这些作品所奠定的许多表现的可能性是大有潜力的,可以在《沃采克》中得到更充分的运用。而且,贝尔格自己的创作也为《沃采克》的写作铺平了道路。从作品第 3 号起,贝尔格就开始探索借助传统曲式来增强无调性音乐的结构力,现在需要在一个空前庞大的规模上进一步尝试这种作法了。他在早期作品中常用的各种手法都可以在《沃采克》中加以总结和进一步的运用。

然而,第一次世界大战的爆发打断了《沃采克》的写作。在入伍初期,贝尔格曾几次想继续写作,但都未能如愿。他在 1916 年 8 月 22 日致妻子的信中叹道:"自从我停止写《沃采克》以来已经好几个月了,一切都被窒息,被埋葬了!"[①]

[①] 转引自波尔:《阿尔班·贝尔格的歌剧》第一卷,第 188 页。

1917年8月,他在告假期间写信给励伯格说:

> 我再次开始进行三年多前的《沃采克》创作计划。当然不会有机会写成大部分草稿,因为再过一个星期后,我又要失去自由,在维也纳恢复自己的奴役状态。①

这时,贝尔格在参军之前对战争的狂热信念和报效祖国的责任感已开始大为动摇,三年半的军旅生活更使他的思想发生了彻底的转变。他接受集训几个月后便到了布鲁克,在那里他的哮喘病复发而不得不住进了医院。随后,他被认为不适于上前线而被调到了陆军部。他在战后给舒尔霍夫的信中回忆道:

> 在那里我每天的职务是:从早八点到晚上六、七点,在一个讨厌的上司手下做繁重的抄写工作。这些年来我一直作为一名下士而受着屈辱,没有写一个音符 —— 啊,这是多么可怕,以致今天,当我实际上已被冻僵,而且无以果腹时,比起那些日子来,我还是幸福的,至少我在体力上还能挺得住。②

战争的苦难经历使贝尔格更加念念不忘《沃采克》的写作。他对沃采克产生了一种强烈的自我认同感。在1918年4月7日的信中,他对妻子说:

> 在他(指沃采克)的性格中有一点我的影子,因为我度过了这些战争年代,就象依附于我所痛恨的人,受到囚禁、疾病、俘虏、遗弃之苦。实际上受尽屈辱。③

1918年7月,他利用假期返回岳母家,重新开始了中断多次的写作。这时,《沃采克》的写作已成为其他作品所无法代替的一种"精神需要"。他写信告诉励伯格:"我终于返回写作《沃采克》

---

① 《通信选》,第266页。
② 转引自波尔:第一卷,第21页。
③ 转引自《新格罗夫音乐与音乐家词典》,第二卷,第528页。

的旧计划上来,并立即发现返回来写它更快和更容易了,几年没写作后,这可能是主要的事情了。"①

11月,战争终于结束了。这时的贝尔格已变成一个"义愤填膺的反军国主义者",仿佛忘记了他曾支持过这场"肮脏的战争"。在1919年11月27日给舒尔霍夫的信中他还说,1914年8月他的"最强有力的精神支持者"是克劳斯。②

战后,维也纳从一个大帝国的中心变成了一个被遗弃的小国之都,通货膨胀和食品短缺十分严重,甚至日用品也开始实行配给。能源危机和交通停滞更使这里的生活陷入了极端的困苦。战后的艺术就在这日益艰难的条件下开始了复苏。勋伯格为了开创自己的音乐环境,成立了旨在促进新音乐发展的"私人音乐演出协会"。③贝尔格不顾病体而承担了协会的大量工作,包括负责新作品的排练和许多其它事务,他每月的薪水很微薄,靠教几个学生来增加有限的经济来源。④ 最后,他不得不决定卖掉贝尔格霍夫的房产,并且很不情愿地找了个谋生的职业——为《开创》半月刊编辑稿件(由于健康原因,担任该杂志音乐编辑的计划并未实现)。他所做的这一切经常都是以牺牲自己的作曲工作为代价的。在1919年4月给舒尔霍夫的信中他这样写道:"我在这儿埋头解决家庭事务,如今已快有结局。谢天谢地,我将可以再次料理我自己的事了。已经四

---

① 《通信选》,第269页。
② 参见《新格罗夫音乐与音乐家词典》第二卷,第528页。
③ 该协会成立于1918年11月,目的在于高质量地上演自马勒以来的新音乐作品。音乐会的入场券实行预定(后来也成功地搞过两次售票的宣传音乐会),作品可反复多次地排练和演奏,直到充分体现作者意图,并 排除评论家的干扰。勋伯格担任协会主席,贝尔格、韦伯恩、施托尔曼等人担任演出指挥,负责新作品的 排练。协会于1922年由于经济原因而解散,但成为奥地利、德国、捷克等地的一些类似组织的样板。
④ 贝尔格当时有6个学生,从教学中可挣3000克朗,从协会得到的薪金为1000克朗。

个月过去了！，一旦我被允许作曲，我的身体的不适就将像一个囊肿被割去那样消失。但我周围的世界（不管是军队、家庭、谋生等等）已经夺去了并将继续夺去我的大半人生。"①

1921年8月，贝尔格终于完成了这部歌剧的缩谱。1922年5月，配器也全部完成。同年年底，在作者指导下，由他的学生克莱因完成了这部歌剧的钢琴谱，为了自费出版它，贝尔格不得不借了钱。阿尔玛·马勒这位贝尔格心中的音乐偶像的遗孀接受了这部作品的题献，并慷慨地为贝尔格还清了欠款。

1922年圣诞节，贝尔格把一本《沃采克》钢琴谱的抄本作为圣诞礼物送给了勋伯格。尽管他知道勋伯格对他这部歌剧的选材持有异议，但他仍然诚恳地希望他的恩师对《沃采克》提出宝贵的意见。勋伯格在1913年对贝尔格的批评所引起的两人之间关系的紧张，在战后逐渐得到了解决。1918年6月23日，勋伯格在他举办的一次周日聚会上，首次建议在他和贝尔格之间以"你"相称。贝尔格对此激动万分，认为这是他多年来最幸福的一天。勋伯格在1926年初观看了《沃采克》的演出之后，也改变了过去的看法，他说："虽然乐队经常过强，但总的来说给我的印象很深，我无疑地为能有你这样的一位学生而感到骄傲！"②

从贝尔格开始酝酿到完成这部歌剧的七、八年间，战争与革命极大地改变了欧洲的社会与政治秩序。民主与进步的文化思潮在战后有了突出的增长。贝尔格的歌剧便是在这样的背景下完成的。一方面，随着表现主义戏剧的兴起，对毕希纳及其作品的欣赏者圈子已有所扩大，研究也更加深入。毕希纳在德国文学史上的地位终于

---

① 《新格罗夫音乐与音乐家词典》第二卷，第529页。
② 勋伯格致贝尔格，1926年1月11日，《通信选》第342页。

在战后得到确立。另一方面，贝尔格的音乐在战后也开始引起了人们广泛的注意。《三首管弦乐曲》的前两个乐章终于在写成8年后于1923年6月由韦伯恩指挥首演。两个月后，《弦乐四重奏》在萨尔茨堡国际当代音乐协会的音乐节上也很受欢迎。在这次音乐节上，舍尔欣表示有意指挥选自《沃采克》的三个片段。1924年6月，贝尔格选编的这首音乐会组曲在法兰克福的演奏十分成功。此外，几乎与《沃采克》钢琴谱出版的同时，埃尔文·施泰因[1]在《开创》音乐杂志上发表了首篇介绍贝尔格与韦伯恩的文章。该文强调了《沃采克》在歌剧音乐的形式方面的创新。随后，E.维比希又发表了最早的专门评论《沃采克》的文章。[2]虽然他对该剧上演的可能性持悲观态度，但对该剧的形式和内容所作的评价还是十分中肯的。这些都很有利于该剧的上演。1924年初，柏林歌剧院的指挥克莱伯终于向贝尔格做出了上演该剧的保证，这一切都使贝尔格感到，自己"在15年的停滞不前之后，终于开始大步前进了。"[3]他在1921年8月24日给勋伯格的信中说：《沃采克》这部作品，使他"花费了很多时间、精力和爱（几乎可以说是'信念、希望和博爱'）。"[4]

（三）对《沃采克》几次首演的回顾

1925年冬，贝尔格的歌剧《沃采克》即将在柏林歌剧院首次

---

[1] 施泰因（Erwin Stein，1885－1958），奥地利音乐评论家和出版家。
[2] 维比希：《阿尔班·贝尔格的〈沃采克〉：对歌剧问题的一个贡献》载于1923年4月号的《音乐》(Die Musik) 杂志。
[3] 波尔：《阿尔班·贝尔格的歌剧》第一卷，第195页
[4] 贝尔格致勋伯格，1921年8月24日，《通信选》第311页。

演出。指挥是年仅33岁到任不久的埃利希·克莱伯（Erich Kleiber, 1890—1956）。当时，剧院内就有人反对对他的任命，而他又在这个时候大胆地作出了上演这部前途未卜的新戏的计划。于是，更多的争议随之而起。

一些批评者把《沃采克》当作这场反对克莱伯运动中的一个争论点。尽管排练最多不过进行了34次，但他们却硬说排练了137次。当歌剧院经理谢林在首演前一个月因与负责国家津贴的机构发生争执而辞职后，他们又希望克莱伯也随之辞职。在这种严峻的时刻，贝尔格从维也纳赶到柏林。他在12月6日写信对妻子说："克莱伯是否能站住脚就依赖于这次首演的成功了。"①

那些反对派还想借贝尔格来打击勋伯格，他们先是称贝尔格为"最顽固不化的勋伯格派，"后来，在这部歌剧大获成功后，他们又称贝尔格是"最无足轻重的勋伯格派"。《柏林地方广告报》报道彩排的标题是："国家歌剧院丑闻——彩排骚乱——《沃采克》的演出导致激烈争论"。但是，在另一份报纸上却有德国音乐学家奥斯卡·毕（Oscar Bie, 1864—1938）的卓越评论，他呼吁公众不要被夸大的报道所惑。他写道："我已经能够说，我们的歌剧院在创造这部作品的过程中，正在做出其最可信和最成功的业绩之一。因此，请大家保持冷静和客观！"② 这样，《沃采克》在首演前便一度成为当时各种社会、政治和美学思想派别纷争的一个焦点。

1925年12月14日，《沃采克》终于成功地首演了。正像很多成功的艺术作品出现时的情景一样，对它的评论立即出现了截然相反的两种意见。《德意志报》（Deutsche Zeitung）发表了典型的反

---

① 转引自波尔：《阿尔班·贝尔格的歌剧》第一卷，第197页。
② 同上。

对意见:"当我昨晚离开国家歌剧院时,我有一种感觉,仿佛我不是置身于公众剧院,而是在一座疯人院中。台上,乐队中,大厅里,到处都是些疯子,其中包括富于挑战性的一群人——勋伯格无调性主义突击队的信徒们。……我认为贝尔格是一个音乐骗子,是一个对公众有危害的音乐家。"[1]

这家报纸还向国家歌剧院发出经济崩溃的警告,认为《沃采克》"粗俗而乏味"的音乐如同能"毁灭一切"的"瘟疫","如果作品再次上演,进一步的骚乱将是难免的。"[2]

另一位评论家阿·爱因斯坦[3]却在首演后发表了这样的看法:"这部作品充满隐藏于我们正常而清醒的生活之后的东西。……使这部作品如此独特可信的,是由于作者始终使自己的技巧与诗意的表现目的完美地谐合一致。……音乐来自沃采克穷困、痛苦和难以言说的混乱的灵魂。这是一种音响中的幻象。乐队就像一个神经束,初看起来似乎包含混乱的线,但它实际上是个活的有机体。"[4]

斯图肯施米特(H. H. Stukenschmidt,1901—)也认为"贝尔格的写作揭示了脚本中仅仅是潜在的那些特性,展开了最隐密的心理的细节,表明了他作为当代最杰出的音乐戏剧家的独创性……"[5]《毕希纳及其时代》一书的作者汉斯·迈耶尔对首演的看法是:"诗人及其作品的许多深刻的个性在一种新形式和新语言中再现,……对毕希纳与普通人的联系没有什么地方比在这儿能得到更好的理解了。……音乐成功地使那些最隐秘的东西最终变得清

---

[1] 转引自《大英百科全书》第二卷,第 840 页。
[2] 同注[1],第 198 页。
[3] 阿尔弗雷德·爱因斯坦(Alfred Einstein,1880－1952),德国音乐学家。
[4] 转引自戴维·尤恩:《1900 年以来的作曲家》,第 57 页
[5] 同上。

晰了。"①

无论是欢呼赞誉，还是恶意诽谤，都说明了这部歌剧是空前成功的，甚至有人立刻便认识到这不仅是一部成功的歌剧，而且是当时整个文化界的一件大事。贝尔格这位默默无闻的作曲家从此便成了文化界的知名人士。《沃采克》不仅在柏林首演后的一个季节里连续加演了九场，而且很快便走向了世界。

布拉格的首演（1926年11月11日）是该剧在柏林以外的第一次演出。早在柏林首演之前，捷克国家歌剧院的指挥奥斯特契尔（Otakar Ostrcil，1879－1935）便表示想上演该剧（他曾出席了柏林的首演）。但与柏林类似的是，也有一个由捷克民族主义者组织的政治鼓动性的运动反对这部歌剧。尽管德国的民族主义者曾声明这部作品不能代表德国艺术，但捷克的民族主义者仍然借攻击这部作品来表达他们的反德情绪，认为德国音乐作品不能在捷克的民族歌剧院上演。贝尔格曾就布拉格局势写信给克莱伯说："大部分捷克民族主义者的骚动都是直接反对奥斯特契尔的，因为他不愿一周的七天中每晚都上演《被出卖的新娘》。"贝尔格亲临布拉格，对剧院的演员和乐队的印象都很好。在首演时，一位出席观看的代理市长中风而死，给了民族主义者以可乘之机。于是，第三场演出中便发生了骚乱，警察在第二幕结束后便赶来清理剧场并发布了禁演令。一年之后，捷克著名作曲家雅纳切克曾就此事发表了自己的看法："这对《沃采克》这个剧是不公正的，对贝尔格是更不公正的。他是一位非常严肃而真诚的戏剧家。应该让他讲话！如今他已被逼得发疯了，正在为不能继续他的事业而受苦。他再也写不出一个音

---

① 转引自J. 希尔顿：《格奥尔格·毕希纳》，第144页。

符，而他写出的每一个音符都是滴着鲜血的。"①

1927年6月13日，《沃采克》在列宁格勒首次上演，贝尔格亲自到场，对演出十分满意，认为是"一次巨大的激动人心的成功。"他在列宁格勒渡过的日子是难忘的。他乘坐了4天的火车到达那里，在从火车站去旅馆的路上，他看到自己的名字和作品的名字用特大字母书写在每条街的拐角处以及广告牌或广告柱上，这使他立刻惊讶地意识到这里的演出不仅仅是关系到几个专家的事。在为贝尔格举办的宴会上，一位年轻的苏联作曲家举杯祝酒，他的最后一句话是："为所有活着的作曲家的教师阿诺尔德·勋伯格干杯！"

20年代中，苏联的音乐界始终充满了两个派别的尖锐斗争。一方面是"现代音乐协会"（简称"阿斯姆"），它是由米亚斯科夫斯基等人于1923年在莫斯科成立的；另一方面则是现代音协的反对者"无产者音乐协会"（简称"拉普姆"），它也成立于1923年。当时，苏联的内战和国外的武装干涉已经结束，"新经济政策"开始实行，文艺政策也随之放宽，渐渐地恢复了同西方的文化联系与交流。特别是1924年托洛斯基放弃"无产阶级文化"的观点，提出"艺术必须以自己的方式走自己的路，……在艺术领域内党不能发号施令"之后，促成了1925年7月1日"关于党在文学方面的政策"的党中央决议。由当时苏联最先锋的作曲家罗斯拉维兹主编的月刊《音乐文化》，在1924年的第一期上也发出了"音乐就是音乐，不是意识形态"的口号。在一篇论述《月迷彼罗》的文章中，罗斯拉维兹曾写道："勋伯格的原则与方法将逐渐征服当代青年艺术家的思想，现在我们已经可以说，一个勋伯格学派事实上对于音乐最近的将来是至关重要的。"他坚决反对无产者音协认为先进的

---

① 转引自J.伏格尔：《雅纳切克传》，诺顿出版公司1981年版，第369页。

音乐语言由于不能被群众接受而必须加以反对的观点,认为俄国无产阶级应该是所有过去文化的正当的继承者,并坚信自己的音乐终将会被无产阶级理解和接受。①

《沃采克》是苏联 1925－1929 年期间上演的西方现代歌剧中惟一受到"现代音乐协会"支持的一部。这个协会的活动在这些年中为新音乐在苏联的传播起了很好的作用。在列宁格勒,现代音乐的倡导者是阿萨菲耶夫,他从 1922 年便经常撰写有关文章和举办现代音乐会。1926 年在列宁格勒成立了现代音协,并与后来成立的"新音乐小组"联合,出版现代音乐的介绍性小册子,使列宁格勒成为了现代派音乐的一个中心。阿萨菲耶夫在一篇评论《沃采克》的文章中指出,这部作品是西欧歌剧艺术的一个高峰。它"出自作者对现实生活的悲剧意识,并来自富有生命力的表现主义的变形手段。反映了在畸型的和非人的资本主义社会中人的痛苦和无望。揭示了西欧小资产阶级知识分子在强大的法西斯主义面前的孤立无助,证明欧洲正在经历一种危机,它不仅存在于一个西欧的资产阶级作曲家的个人意识中,而且也存在于他们的普遍的音乐文化之中。"在谈到《沃采克》等几部西方现代歌剧时他还说道:"至于艺术水平,难道有谁能拿近年出现的苏联歌剧和这几部作品相比较吗?在任何情况下都不能。苏联音乐家难道因此还不应向当代的音乐艺术,而不是向'五人团'时代去学习和获取必要的技巧吗?"②

但是,一个过去的"无产者音乐协会"的会员、音乐美学家克

---

① 参见波尔:《阿尔班·贝尔格的歌剧》第一卷,第 199－200 页。实际上,罗斯拉维兹在 1932 年接触勋伯格 12 音作品之前就已开始 12 音写作的探索。首篇在苏介绍《月迷彼罗》的文章便是他写的。不过,1930 年以后,他的名字便从苏联的出版物和音乐会节目单上消失了。

② 转引自施瓦茨:《苏俄音乐与音乐生活 1917－1970》(上),第 86 页。

里姆辽夫却表达了完全相反的看法,他说:"这位歌剧作曲家的内心在本质上完全没有积极的伦理学和美学原则,他的音乐在原则上是不好的,不美的,因为他并不相信善与美。由于美和善的因素非常少,所以在这个意义上《沃采克》丧失了教育意义,正是在这个限度内,这部歌剧没有什么好的东西值得学习。"①

《沃采克》在列宁格勒首演后仅仅半年,苏联的音乐生活便发生了变化。"现代音乐协会"不得不让位于"无产者音乐协会"日益增长的权威,因为当时苏联的文艺界正在逐渐被无产阶级文化派所控制。《沃采克》在莫斯科大剧院上演的计划也因此未能实现。1928年1月份的《音乐》杂志发自列宁格勒的通讯也变得含糊其词,说"《沃采克》在上一年的演出中只取得了微不足道的成功,并可能将让位于其它作品。"② 这种变化是和政治气候的变化相一致的。1928年,党的一个决议中取消了过去的灵活性,要优先考虑党员作家和为党的政治目的服务的文学。专业水平很低而且其纲领极左的拉普姆随之受宠,取得了垄断音乐界权力的地位。而现代音协在1931年解散之前已完全瘫痪。1929年,拉普姆在《意识形态讲坛》一文中号召"加强无产阶级专政",在谈到过去的音乐文化时,特别强烈地谴责了资产阶级音乐在帝国主义阶段的普遍的腐朽和没落。认为这种音乐充满颓废情调,和声、复调均过度膨胀,节奏变形而无逻辑,曲式倾向于僵死的"结构主义"等等。《沃采克》虽未在这个宣言上被点名,但却由于"支持现代颓废的资产阶级艺术"而受到谴责,并从此在苏联舞台上销声匿迹。意味深长的是,这一切正发生在苏联的新经济政策结束和第一个五年计划开始

---

① 转引自《外国音乐参考资料》1985年2—3期,第69页。
② 转引自波尔:《阿尔班·贝尔格的歌剧》第一卷,第199页。

的时候。①

1929年5月5日,《沃采克》在德国的一个小城市奥登堡的首演也取得了成功,证明了这个"不可演奏"的作品在一个地方剧院的手中也是可以胜任的。贝尔格出席了这次首演并作了有关的演讲(这是随后多次随演出而作的演讲中的第一个,后来发表在雷德里希关于贝尔格的专著中)。到1932年底,德国已有17个城市上演了该剧。据统计,1927-1936年间,在欧美几十座城市共上演了100场,创下了20世纪创作的大歌剧上演次数的最高纪录。

然而,贝尔格的故乡维也纳对这部歌剧的接受却依然是姗姗来迟。1930年3月30日,《沃采克》才在那里首演,只比美国费城(斯托考夫斯基指挥)的首演早一年。一直对贝尔格拒绝承认的保守的维也纳似乎是迫于国外的形势才肯上演这部歌剧的。贝尔格在3月1日写信告知勋伯格:"说到维也纳,已有越来越多的证据表明,有人反对《沃采克》的上演,领头的是利勃施托克和《新维也纳杂志》,它一贯地发表一些最无耻的谎言,后台无疑是沙克尔……"原来,《新维也纳杂志》发表了几篇文章批评《沃采克》一剧的开支与时间的花费,甚至还编造笑话说,一个乐队队员问另一位同事身体可好时,得到的回答是"但愿我们能尽快越过这座山。"("贝尔格"在德语中是山的意思)首演前,贝尔格几乎整天泡在维也纳歌剧院监督着排练,他写信告诉勋伯格:"他们真的努力要在这里演好《沃采克》。不过我当然经历着一次首演前几周中常有的一切酸甜苦辣,因为是在维也纳演出,这种酸甜苦辣更为加重了。"② 正如韦伯恩后来给勋伯格的信中所说,维也纳的首演取得

---

① 实际上,拉普姆的统治也是短命的。1932年,苏共中央决议解散并批判了它,离开极左,但仍反右,与当时政治形势的转折是吻合的。

② 贝尔格致勋伯格,1930年3月14日,《通信选》第396页。

了巨大成功。贝尔格谢幕13次。韦伯恩首次看了这部歌剧,承认"对他震撼极大"。

《沃采克》在几年内的成功使贝尔格不仅开始名声远扬,而且有了一笔可观的收入,从而使他能专心作曲而免遭谋生之苦。他的《沃采克》总谱的股份卖了大约1000先令,分谱租金约2000先令。柏林与布拉格的演出税(1925/1926)已超过了5000先令。但是,德奥的政治局势随着1933年希特勒的上台而急转直下,《沃采克》在这时被作为"文化布尔什维克"的一个例子而遭到了禁演。在纳粹看来,《沃采克》也是一部堕落的作品,它有着使伟大的德国艺术遗产面临毁灭的危险。他们就是这样把极端的民族主义思想扩张成赤裸裸的沙文主义,并和苏联一样硬把一部艺术作品和政治扯在一起,只不过一个从极左,另一个从极右出发罢了。

通过《沃采克》几次首演的回顾,不禁会引发我们作一些更深的思考。对于我们中国人来说,这部歌剧曲折而奇特的历史并不是难于理解的,甚至还会有某些似曾相识之感。它在历史上所经历的种种侵袭和干扰,无论是狭隘民族主义、文化保守主义、还是处于"左"或右的政治思潮下的文化专制主义,都丝毫未能有损于它本身的固有价值,相反,人们对这种价值的认识却因此而日久弥深。

(四)《沃采克》的结构特征

贝尔格在1928年的《歌剧问题》一文中曾这样写道:

当我决定写一部歌剧时,我惟一的企图(包括作曲技术)就是把属于戏剧的东西给予戏剧,换句话说,音乐的写作在任何时候都应该有意识地去完成它服务于戏剧情节的职责。音乐甚至应为把剧情在舞台上转化成现实所需的任何表演服务。作曲家的作用就是去解决一个理想的舞台导演所面临的各种问题，同时，这个目的一定不能损害音乐作为一种绝对的、纯粹的音乐实体的发展。不要用个别的东西从外部去干预它。[①]

本着这样的原则，贝尔格首先对毕希纳原作的 25 个松散而不甚连贯的场景作了一次选择，删去了他认为"无助于音乐产生变化"并有可能使音乐陷入令人生厌的单调的十个场景。保留下来的 15 个场景被分为三幕，每幕五场，对称的第一、三幕跨越较长的第二幕而形成了一个"拱门"，依次表现了戏剧的呈示、发展和结局。这种戏剧结构的布局可以叫作歌剧的第一布局，它使原作中潜在的戏剧逻辑更加清晰，并为解决好戏剧结构与音乐结构之间的矛盾打下了良好的基础。

在进而考虑如何用音乐把这些经过挑选和集中的场景恰当地组织起来时，贝尔格采取了大量运用传统的纯音乐形式的办法。这些多少有些古老的形式包括古组曲、赋格曲、帕萨卡里亚、奏鸣曲、回旋曲、创意曲等等。贝尔格对此写道：

我按照需要，给予每一场和每一段幕间曲（前奏、后奏、连接或者间奏）以一种明确的面貌，一种丰满而完美的性格。因此绝对必要去使用各种有保证的手段，以达到个性化特点和前后一贯。"[②]

他认为,如果以惯用的贯穿式的音乐写法按照文学内容来发展音乐,便不可能保证音乐的统一性和独立性,并不可避免地会造成音乐的单调,因此,作为一种自然的结果,我们在这部歌剧中看到了一个严谨的、纯音乐的、与戏剧结构这个第一布局相平行的第二布局。在这个布局中各种曲式的运用与戏剧情节的需要是紧密相连的。第一、三

---

① 转引自摩根斯坦：《作曲家论音乐》，纽约 1950 年版，第 481 页。
② 同上，第 462 页。

幕分别为五首特性乐曲和五首创意曲,第二幕则是一首五个乐章的交响曲。每幕的各乐章之间均有幕间曲相连。(详见附录的脚本)

贝尔格曾多次表示想在歌剧中表现比沃采克个人的悲剧命运更多的东西,并且提醒人们忘掉第二布局中的各种曲式结构,而去注意这部歌剧的远远超乎于沃采克个人命运之上的主题思想。但是我们仍然看到,这种深刻的主题思想往往正是通过第二布局才得到更加充分的体现。尤其是这部歌剧中比原作更为浓厚的宿命的、虚无主义的色彩,更是通过音乐结构而得到强调的。

在第一幕第一场中,贝尔格首次运用了较长的、明确的逆行结构。组曲的两端是引子及其再现,形成了一个"拱门"。引子的再现采取了逆行形式,形成了一种回文结构,而且引子自身也是一个对称结构。

引子:(以线相连的小节的音乐相同)
1-6,　12-16,　16-17,　21-22,　22-24,　24-29

当上尉神秘地谈起"永恒"时,乐队用五度循环圈的片断来伴奏,当他谈到"水车轮子旋转"的意象时,乐队又奏出了这个片断的逆行。在"我们穷人"这一高潮段落过后,引子的逆行再现使一切逐渐倒回到这场戏开始的气氛中。被贝尔格挪到句尾的最后一句台词"慢一点儿!"与开场的第一句相同的台词相呼应,加强了整场的对称感。这种结构暗示了时间的轮回——一切终将返回到它的开始处,一切都是无意义的。

全剧的最后一场,第三幕第五场是现代歌剧最令人心碎的一个终场。可怜的孩子对父母的死一无所知。和全剧的开场一样,这发生在一天的清晨，它使人感到主人公的死丝毫改变不了日常生活的无情的运转。整个悲剧在本质上是无意义的，特别是这个终场加强了这种"虚无"的寓意。一场新的悲剧又开始了。正如贝尔格在1929年关于《沃采克》的讲演中所说："虽然音乐进入了终止，却仿佛还要继续，而且确实继续！实际上，这部歌剧的开始小节可以很容易地与这些终场的小节相连，从而形成一个循环。"[①]

处于全剧中心的是第二幕第三场，在它的两边各有对称的七场。它首次表现了男女主人公的正面冲突，也是全剧一个重要的转折点。在音乐结构上它是一个减缩再现的三部曲式，这种具有中心性的"拱门式"的结构还由分别位于这一场前后的两段幕间曲给予了强调：这场戏落幕时的幕间曲（第406－411小节）正好是这场戏开幕前的那段幕间曲（第363－368小节）的逆行形式。当沃采克喃喃地道出下场前的最后一句台词："人是一个深渊，当你往下看的时候，会感到头晕目眩"时，乐队中出现了由上行琶音似的音型及其逆行所构成的局部的回文结构。在第一幕第四场中，当沃采克在医生面前产生了幻觉，在谈到"如果世界如此黑暗……"和"毒蘑菇，你见过地上长出的毒蘑菇吗？"时，贝尔格也用类似的音乐结构给予了象征。

在第一幕第二场和第三幕第四场这个全剧的倒数第二场之间，也存在着结构上乃至主题思想上的呼应关系。它们都表现了沃采克在大自然中产生的种种幻觉，以及对死亡的无法摆脱的预感。这些幻觉都是红色的，旷野一场是由落日引起的对于火的幻觉："火！一片大火！它从地下升起，直冲云天，还带着一声巨响，象是号角声，多么响亮！"随后，乐队渐渐静下来，随着太阳的落下，整个

[①] 雷德里希：《阿尔班·贝尔格：其人及其音乐》，第264页。

宇宙仿佛落入冰冷的虚无之中,沃采克带着对世界末日的幻想说道:"平静了,一切都平静了,整个世界都死去了。"在湖边一场,沃采克的幻觉是由升起的红色月亮所引起的对于血的幻觉:"看来月亮也会使我败露,月亮是血红的!……我在用血洗我自己,这水都是血……血……"。这两场戏都是用某种和弦来象征这些幻觉,并以之作为全场的结构因素。旷野一场是以特定的三个和弦组成的和弦系列为基础的,而湖边一场则以一个六音和弦为基础。(见例14B)

例 14B

它的基本形态及其各种换位成为这一场音乐结构的主要支柱。X-Y-Z这三个和弦仿佛成了传统和声中T-D-S的替身。其基本形态是X-Y-X、X-Y-Z-Y-X,主要换位形态有X-Y-X、X-Y-Z-X-Y-X、Z-X-Y-Z等等。它们都暗示了一种循环,使人联想到该场中神秘的毒蘑菇圈。而且,这个和弦系列在该场尾部(302-304小节)作了逆行再现Z-Y-X,从而与开头形成了一种对称的回文结构。

这个象征着"大自然的声音"(贝尔格语)的和弦系列以多种变体伴随着沃采克在这一场中的每次幻觉。其中最扩展的一种变体出现在幻觉的最高潮"一片大火……"时(285-293小节)。

贯穿于第三幕第四场的六音和弦（上例2）在谋杀过后的第一次B音巨大渐强的终点便被引入了。与B音和主导节奏一样，它也象征着沃采克无法摆脱的犯罪与死亡的意念。

在这一场的第一部分（220－257小节）中，这个六音和弦始终在原音级上（S－0）。从第二部分起它开始在各种音高上出现，例如第267小节在S－3上。"溺水音乐"从284小节开始，这个和弦沿半音音阶作平行的上行滑奏，象征血水的涌来。在302小节它返回原音级（S－0），作为"蛙声"和"月亮"音乐的背景，在弦乐声部微弱地持续着。

贝尔格在1929年关于《沃采克》的讲演中，一开始便谈到他为了保证音乐的统一和连贯（毕希纳的剧本和无调性音乐都不能保证这一点），在探索的过程中找到了适当的手段。首先是每幕结尾处所使用的类似终止和弦的和声。这是两个建立在G-D基音上，中声部均有三全音音程的和弦。它们在每幕中的不同形式（持续或断续的震音），除了符合戏剧上的要求外，还体现了音乐所需要的统一中的变化。（见例15）

例15

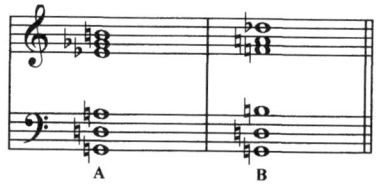

它们作为全剧结构的重要支柱出现在三个剧中人命运悠关的时刻：玛丽被引诱，沃采克遭毒打和孩子被遗弃。因此可以说，这两个重要的和弦的意义是清楚的，它们是宿命的象征。

这两个基本和弦的片断（横向和纵向形式）还成为这部作品中

许多音乐材料的源泉,例如它们构成了沃采克和玛丽的许多重要的音乐动机。尤其是第二个和弦,它与更多的主导动机有关。如沃采克上场的动机和玛丽哀叹的动机,分别来自基本和弦 B 的倒影 T-0 和基本和弦 A 的 T-5。它所含有的增三和弦 F-A-降 D 和 B-F 三全音音程在这部作品中也有重要的结构与象征的意义。(见例 16)

例 16

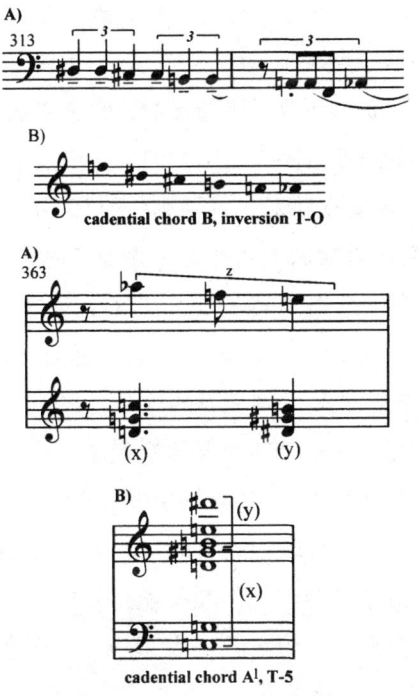

《沃采克》中还有一些带有神秘主义色彩的,听不出来的结构因素,如对数字象征手法的运用。这是贝尔格一生偏爱的手法,在第一幕第四场这个自传性因素很强的场景中,贝尔格把这种手法第一次运用于作品中。在这里,7 小节的帕萨卡里亚 12 音主题作了 21 次

变奏,分为三部分,前两部分的14个变奏均各为7小节,最后7个变奏除了紧接段高潮处的两个例外,也都是7小节,以此表达沃采克与医生各自驱之不去的"固定观念"。另一个刻画玛丽的场景,第三幕第一场也运用了变奏曲的结构原则,而且也与7这个数字相关联。7小节的主题作了七次变奏,每次7小节。随后的二重赋格曲的两个主题也由7个不同的音组成,长度为3×7小节。全场的长度为70小节,甚至每个变奏与赋格曲的速度标记也都是7的倍数。这个7究竟象征什么,贝尔格未作说明,他只是在谈到这部作品结构的严谨时提到这一点(见1929年讲演),仿佛只是为了追求一种结构美。实际上,正如不少学者指出的,它更多地与作曲家个人生活中的某些隐秘的东西有关,但确实的意义仍是个谜。

戏剧家J.L.斯泰恩曾对比过话剧《沃伊采克》在战前和战后的两次演出,认为存在着情调上对比。由莱因哈德执导的战后的演出"重点在于突出该剧藏而不露的那种受苦受难感",而不是像战前(1913年的首演)那样使革命的政治性成份更加突出。他认为这样才能更加深刻地把握住毕希纳笔下的这个人物。[①] 贝尔格似乎也是对原作中体现的宿命论的悲观哲学更感兴趣,他用音乐突出了这一点。通过战争的苦难经历,贝尔格越来越把沃采克看作人类苦难的象征。从沃采克身上他看到了人类的悲惨处境:人毫无希望地卷入了这个既非他们造成又与他们的利益和努力相敌对的世界,无法改变注定的命运和摆脱死亡的陷阱。从《沃采克》开始,这种悲观主义的人生观便开始在贝尔格的作品中更加强烈而鲜明地体现出来。

---

① 参见J.L.斯泰恩:《现代戏剧的理论与实践》(三),第27-28页。

第四章 悲观与幻灭

从战争结束到贝尔格逝世的这十多年间，贝尔格既达到了他音乐事业的高峰，又遭到了政治上的迫害和生活上的艰辛。《沃采克》在歌剧领域里的成功，使他被公认为当代第一流的作曲家之一。在新维也纳乐派的三人中，他是惟一在生前和死后都赢得了很大声誉的人。但是，随着希特勒法西斯的上台，他的恩师勋伯格被迫离开德国，他的作品（包括用12音手法创作的另一部大型歌剧《露露》）也被攻击为"文化布尔什维克主义"而在德国遭到了禁演。他自己也感到是一个"在自己的祖国并不被看作本国人，因而完全成为无家可归的人"。他就是在这种深刻而持久的幻灭感中悲惨地逝去的。

（一）关于《室内协奏曲》的公开信与秘密标题

1925年初，继《沃采克》之后，贝尔格又完成了一部新作品：为小提琴、钢琴和13件管乐器而作的《室内协奏曲》。这部作品原是为了献给勋伯格的50寿诞的（1924年9月13日），但直到1925年2月9日，也就是贝尔格自己40岁生日那天才完成缩谱。[①] 尽管如此，贝尔格还是恳请勋伯格接受他的题献，因为在贝尔格看来，

---

① 总谱完成的日期是1925年7月23日。

这部作品是"20年友谊的一个小小的纪念碑。"20年前,也就是1904年,贝尔格和韦伯恩成为了勋伯格的作曲学生,从而开始了新维也纳乐派三个中心人物之间的友谊的进程。

关于这次题献和对这部作品的一些解释,贝尔格给勋伯格写了一封"公开信",① 在这封信里,他首先对这首乐曲的引子作了解释。这个引子中的三个动机实际上是一个音乐题词,它包含了勋伯格、韦伯恩和贝尔格三人名字中某些字母所代表的音高:(见例17)

例 17

ArnolD SCHönBErG - Aton wEBErn - AlBAn BErG ②

贝尔格在这段引子的手稿上还写有"一切美好的事物……"的字样。他在公开信中说,在这首作为生日礼物的乐曲中,"我对您的一切美好的祝愿,都用'三'来表示。"不仅引子中的三个动机在作品中地位重要,而且,整个作品都是以数字"三"为基础的。也就是说,这首协奏曲的结构的每个方面,包括乐章的数目、长

---

① 这封"公开信"发表在1925年初的维也纳杂志《乐谱架与指挥棒》(Pult und Taktstock)上。

② 在德语中,"S"指降E,"H"指B,而"B"指降B。

度、主题、节拍节奏、时值、配器、和声等诸多方面都具有一种三联性。它象征着这三位作曲家的友谊和精神的统一体。

在这部作品中，贝尔格首次对 12 音序列的所有线性方面的手段加以集中的应用，而不是象过去的某些作品那样孤立分散地应用。这些 12 音体系中的基本变形手法（原形、倒影、逆行和逆行倒影）保证了这首协奏曲在结构上的整体性。[①] 因此，贾尔曼认为这部作品是贝尔格早期作曲技术和后来运用 12 音手法之间的一座桥梁。[②] 波尔也指出这部作品体现了贝尔格在《沃采克》之后音乐语言上的变化，成为逐渐向《露露》的音乐语言演变的一个起点。它所具有的一种更客观、更"古典"的风格是勋伯格十二音体系影响下的结果，但是贝尔格此时显然还未完全弄懂那些法则的含义，因为他在这里还没有运用移位。[③] 从另一角度看，贝尔格对 12 音方法的运用实际上始终没有干扰和改变他固有的音乐风格和某些惯用的作曲手法。在这部作品中，这些手法（如第三乐章的结构性节奏）得到了进一步的开拓性的运用，并为后来的一些作曲家的作品提供了样板。

不过，这首《室内协奏曲》与他的其他作品一样，也并非一首纯音乐作品。实际上，它仍然是一部浪漫主义气息和标题性很强的作品。关于这一点，贝尔格在"公开信"里曾这样谈到：

[①] 第一乐章的主题分为三句，共三十小节，由管乐器奏出。其中第一句由勋伯格动机的八个音加上另外四个音构成了一个完整的 12 音音列。随后它作了五次变奏，第一次变奏是钢琴对管乐主题的变化重复，构成了类似奏鸣曲式呈示部及其反复的结构。中间的三次变奏，也就是第二到第四次变奏分别运用了主题的逆行，倒影和倒影逆行，其地位犹如一个展开部。而最后一次变奏则是主题原形的再现，在这里，钢琴与管乐器之间的紧接段同时具有尾声的结构功能。

[②] 参见贾尔曼：《阿尔班·贝尔格的音乐》，第 73 页。
[③] 参见波尔：《阿尔班·贝尔格的歌剧》第二卷，第 9 页。

如果我在这儿讨论了几乎一切有关三联性的事情，那是因为：……作者谈论这种外在结构的事情，要比谈论内心的历程容易得多，虽然这部协奏曲在这方面肯定不会比其它音乐作品更逊色。亲爱的朋友，请让我告诉您，如果有人认识到，我把多么深厚的友情、爱和人类感情交往的世界注入了这三个乐章，那么，标题音乐的支持者们——如果还真的有这样的人——将会感到高兴，而"线条学家"、"生理学家"、"对位学家"和"形式主义者"将会责骂我，并被这种"浪漫主义"的倾向所激怒。①

但是，贝尔格在公开信中并没有进一步说明这部作品的标题内容。近年来，耶鲁大学的布兰达·戴伦研究了贝尔格品手稿和有关材料，向我们揭示了其中的一些秘密标题。这无疑有助于我们对这部作品的深入理解。

这首乐曲的三个乐章分别是：

1. 带变奏的主题谐谑曲
2. 柔板
3. 带引子的节奏回旋曲（综合了前两个乐章）

但是，在和公开信大约写于同一时期的另一手稿上，贝尔格曾分别给予这三个乐章以如下的标题："友谊"、"爱情"和"世界"。②

第一乐章表现的是勋伯格圈子内的友谊。除了用三部分的主题描述了三位中心人物之外，按照这一手稿提供的标题大纲，前四个变奏还分别表现了施托尔曼（Eduard Steuermann，1892-1964）、科利施（Rudolf Kolisch，1896-1978）、波尔瑙尔（Josef Polnauer，1888-1969）和施泰因（Erwin Stein，1885-1958）这几个勋伯格

---

① 贝尔格致勋伯格，1925年2月9日，公开信，《通信选》第337页。
② 参见《贝尔格手册》第143页。

的前学生和密友。他们在战后与贝尔格和韦伯恩一起积极参与了勋伯格的私人音乐表演协会的工作。韦伯恩、贝尔格、施托尔曼以及后来的施泰因任排练指导,波尔瑙尔是档案管理员,施泰因在勋伯格1921年去荷兰时也曾任过协会的主席。作为钢琴家的施托尔曼和小提琴家科利施对演奏勋伯格学派的作品不遗余力。贝尔格认为,在战后维也纳越来越糟糕的音乐生活中,他们二人所举办的音乐会"是日益成功的,并被广泛认为是维也纳惟一值得严肃对待的音乐会。"[①] 1927年3月31日《室内协奏曲》在维也纳的首演便是由他们二人任独奏并由韦伯恩指挥的。贝尔格将第一乐章的前两个变奏(小标题是"钢琴"和"圆舞曲")分别献给了这两位表演艺术家。

  表现爱情的柔板在定稿中强调了回文结构,即在乐章的后半部分运用了前半部分(三部曲式)的逆行。图式为:$A^1 - B - A^2 - A^2 - B - A^1$。在《沃采克》中我们已经看到回文结构的局部运用,如第一幕第一场和第二场中的例子(见第三章第四节),而这首柔板的回文结构规模更大,也更严格。在贝尔格以后的几部重要作品中,如《抒情组曲》的第三乐章,《酒》的第二段和《露露》第二幕中的固定音型间奏曲等处,我们都能找到这种回文结构的运用。值得注意的是,它们的象征意义几乎都与对时间或宿命的悲观看法有关。雷德里希在谈到贝尔格对这种结构的迷恋时,认为它与一种渴望时光滞留和逆转的精神上的幻想有关,他写道:"贝尔格根深蒂固的对于生命转瞬即逝的恐惧,从一个音乐结构的尾部返回到它的最开始处以及倒影、逆行运动的应用中找到了一种安全的阀门。"[②] 这种精神上的幻想似乎发端于尼采的"永恒循环论",在20-30年代的文学艺术家中传播极

[①] 贝尔格致勋伯格,1928年4月26日,《通信选》第369页。
[②] 转引自《贝尔格手册》第146页。

广,反映了一种不断增长的由于政治、经济、社会的不安定而产生的幻灭感。米莎·多纳特指出,逆行在贝尔格的音乐中几乎代表了一种人生观。贾尔曼则认为这"不仅是一种技术上的奇想,而是像他的密码和数字象征主义的运用一样,是隐藏着一种深刻的主观意义的客观的理智的约束。"①

在《室内协奏曲》的那份标题大纲中,贝尔格在"柔板"的下方写有 Ma 的字样,据布兰达·戴兰的考证,这是指代表勋伯格夫人玛蒂尔达的主题,亦称 Math 主题。② 它首次出现在回文结构的转折点处,由圆号吹出:A-h-d-e-e-d-h-A。(见例 18)

例 18

① 转引自《贝尔格手册》第 147 页。
② 参见布兰达·戴兰(Brenda Dalen):《友谊、爱情与世界:〈室内协奏曲〉的秘密标题》,载《贝尔格手册》第 141 – 174 页。

第四章 悲观与幻灭 101

贝尔格非常重视这个转折点，为了回文结构的醒目和清晰，他要求抄谱员和排版工一定要把转折点置于两页的中间，使环绕此点两边的小节取得类似镜面的对称与平衡。在上述那些也运用了回文结构的作品中，贝尔格同样曾要求这样做。这当然不仅仅是为了一种视觉上的美观，而是想强调这种对称所暗示的深层涵义。

玛蒂尔达于1923年10月18日因患胆囊及肝病而逝世。在她病重期间，贝尔格对她十分惦念。当听到恶耗时，他正在创作这部协奏曲。于是，他便以这样一个主题象征了玛蒂尔达的死。整个乐章包含了12次Math主题的陈述（包括逆行和移位逆行）。此外，还有一个梅丽桑德的主题，它在乐章中的六次呈示（也包括各种变形），都与Math主题相伴随。这个梅丽桑德主题显然来自勋伯格的交响诗《佩里亚斯与梅丽桑德》。1912年2月29日贝尔格在布拉格听了勋伯格亲自指挥的这首乐曲。他觉得沉迷在这部作品的音响中是一种"人类体验的顶点",而"从这个顶点返回到这个乏味的世界"后,他总觉得十分沮丧。① 在积极筹备《古雷之歌》在维也纳首演的同时,他也在争取着《佩里亚斯与梅丽桑德》的演出。他在给勋伯格的信中说:"您所写的关于《佩里亚斯》的演出的事只是加剧了我对这部作品的强烈的渴望。当我在科尼格的课上与他看了一下总谱时,这种渴望更加增长了。它唤醒了我对一个拒绝我接触这样的珍品的世界秩序的巨大怨恨。"② 1919年底贝尔格还为勋伯格的这部交响诗撰写了欣赏指南,下例是贝尔格在指南中加以分析的梅丽桑德的主导动机以及柔板中第350-355小节处对它的引用,贝尔格在手稿上标着"梅丽桑德的回首"的字样。在这里,该主题的原形与倒影同时在主、次声部中出现。伴奏的三连音音型也是引自勋伯格交响诗中"梅丽桑德之死"的主导动机。(见例19)

根据梅特林克戏剧改编的另一部音乐作品——德彪西的歌剧《佩利亚斯与梅丽桑德》,在柔板中也被引用。像例18的转折点处伴随着玛蒂尔达主题的钢琴低音升C音上的12响钟声,正与《佩利亚斯》第二幕中梅丽桑德在泉边将耳环落入水中时所听到的正午的钟声相吻合,而剧中的高罗也正是在此时从马背上摔下来的。雷德里希在他的研究专著中也曾提出柔板的第二主题与德彪西歌剧之间可能存在的联系。他以柔板的第265-269小节为例,认为这里有德彪西那部歌剧的隐约的回声。③

---

① 贝尔格致勋伯格,1912年3月10日,《通信选》第75页。
② 贝尔格致勋伯格,1912年12月6日,《通信选》第133页。
③ 参见雷德里希:《一种评价的尝试》,第170-71页。

例 19

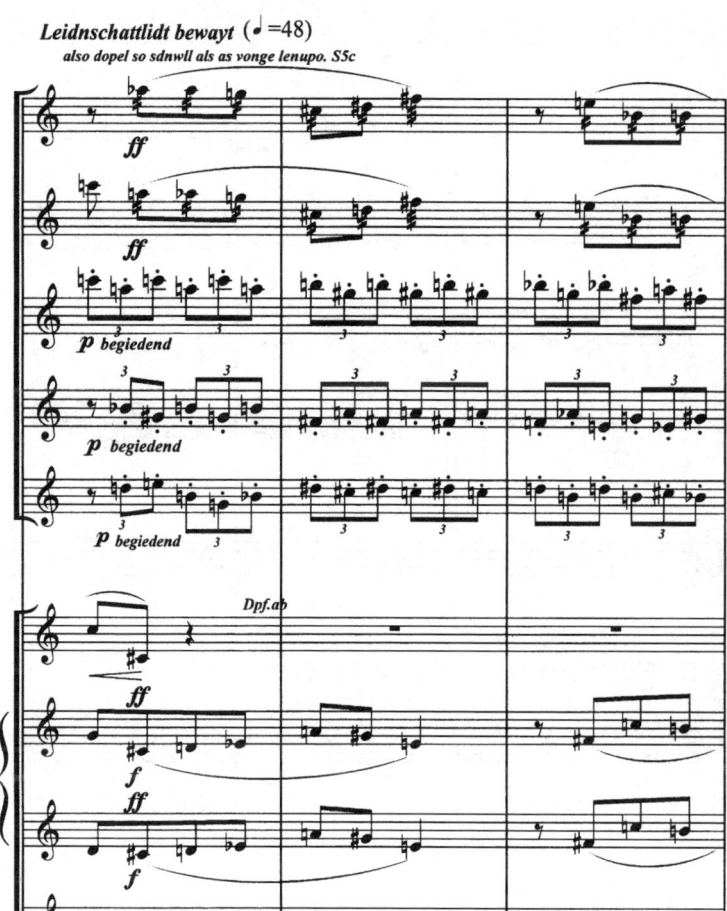

贝尔格在这里把玛蒂尔达与梅丽桑德联系起来,似乎是为了暗示玛蒂尔达与表现主义画家理夏德·戈斯特(Richard Gerstl, 1883－1908)之间的悲剧性的恋爱事件。勋伯格一家是在1907年通过策姆林斯基(玛蒂尔达的哥哥)认识戈斯特的。戈斯特在勋伯格和策姆林斯基居住的公寓里租了一间画室,在那里教勋伯格绘画,并为之画了一些很好的家庭肖像画。不料在此期间,勋伯格却经历了

婚姻的危机。玛蒂尔达在1908年夏天抛弃了丈夫和孩子，与戈斯特浪漫地私奔了。在勋伯格的朋友，特别是韦伯恩的规劝下，玛蒂尔达才同意返回家中。然而，戈斯特却在焚毁了他的全部作品之后，在画室中绝望地自杀了。玛蒂尔达在这个事件中留下的心理创伤似乎始终没有复元，一直到她的逝世。

贝尔格对这一事件感慨良多。他大概觉察到，带有浓厚"世纪末"色彩的梅丽桑德的悲剧与发生在自己身边的玛蒂尔达的悲剧有些相似之处。它们都体现了爱情与社会惯例之间的无法调和的冲突。由于勋伯格在玛蒂尔达去世10个月后便与科利施的妹妹戈特鲁德再婚，更加深了贝尔格对玛蒂尔达的怀念。《室内协奏曲》既然是献给勋伯格的生日礼物，这种怀念便只能作为秘密标题而纳入曲中。它包含了在其他场合不便说出的一些看法和情感，或许这也属于在"公开信"中提到的那种难以谈论的"内心历程"的东西。

在第三乐章中，前两个乐章的性格完全不同的音乐材料被完美地结合起来。对这些材料，贝尔格运用了各种对位、并置或转换的手法，特别是节奏性结构的手法在这里发挥了更大的作用，在《沃采克》的第三幕第三场中，贝尔格首次运用了这种节奏性结构的手法，用一种节奏乐思担当了结构上的重要作用。在这里，贝尔格还受到了勋伯格的近作《小夜曲》的末乐章的一些影响，在基本的节奏乐思中，也获得了广泛的主题变形，从而构成了这首综合了前两乐章，并完美体现全曲三联性结构的"节奏回旋曲"。在考察了前两乐章的标题内容后，这个综合性的末乐章的内容也就不难理解了。它的确是友谊和爱情交汇在一起所产生的一个色彩斑斓的人类情感的世界。

总之，公开信和秘密标题都是研究《室内协奏曲》的重要依据。它们所提供的涉及作品内涵的一些线索，还有待于研究者做出进一步的解释。

（二）"屈服于命运"

在 1930 年 2 月份的《音乐》杂志（Die Musik）上，贝尔格发表了自己作于不同时期的两首歌曲。这两首歌的歌词采用的是同一首诗，即奥地利现代诗人特奥多·施托姆的《闭上我的双眼》。这两首施托姆歌曲之间的风格对比极为显著。歌曲 I 作于 1907 年，是有舒曼、瓦格纳遗风的高度浪漫主义风格的作品，在贝尔格一大批未编号的早期作品中，这首最早得以发表的歌曲颇具代表性。歌曲 II 作于 1925 年，是贝尔格运用严格 12 音序列手法作曲的最初尝试。它标志着贝尔格音乐语言的一个新的开端。贝尔格把这两首歌曲题献给维也纳环球出版社的社长埃米尔·海尔兹卡，作为对该出版社成立 25 周年的祝贺。在同时发表的简短献词中，贝尔格肯定了以海尔兹卡为首的出版社在促进新音乐发展中所取得的成就，并指出在过去的 25 年中，音乐从调性写作到 12 音写作的巨大变化可以从这两首短小的歌曲中得到印证。

这首歌的歌词是这样的：

> 用你可爱的双手，
> 闭上我的双眼，
> 我的一切苦难，
> 都在你手下消散，
> 奔涌如潮的痛苦，
> 现已温柔地退去。
> 当我最后一次心跳时，
> 你充满了我整个的心。

第四章 悲观与幻灭

1907 年,贝尔格曾把这首诗送给了海伦娜。58 年后,当《贝尔格致妻子的信件》出版时,海伦娜又选择了这首诗放在卷首。然而,贝尔格之所以要在将近 20 年后为这同一首诗重新谱曲,的确是另有深意的。实际上,歌曲 II 也标志着贝尔格感情生活中的一个新的开端。

尽管这首歌的公开的被题献者是海尔兹卡,但它实际上还有一个秘密的被题献者,那就是汉娜·富克斯－罗贝廷这位年轻的姑娘。

贝尔格是经阿尔玛·马勒的介绍而认识富克斯一家的。赫伯特·富克斯－罗贝廷是布拉格的一位企业家和音乐爱好者,他与作家费朗兹·韦费尔(Franz Werfel)的妹妹汉娜结了婚。因此阿尔玛是汉娜的小姑,同时她又是海伦娜的密友。1925 年 5 月,贝尔格去布拉格参加第三届国际当代音乐协会的音乐节,策姆林斯基在音乐节上指挥了《沃采克》的三个片断。当时,贝尔格作为客人曾在富克斯家住了几天。他对这个家庭的友好热情的招待,特别是对迷人的莫平卡(汉娜的爱称),留下了深刻的印象。6 个月后,他去柏林参加《沃采克》首演彩排时路过布拉格,又在富克斯家留宿。他在途中曾写信给海伦娜,信中重申了自己的忠诚,请她对自己与莫平卡之间的关系放心。

歌曲 II 所使用的音列不仅包括了 12 个半音,而且还包括了全部 12 种音程。它是由贝尔格的学生克莱因(Fritz Heinrich Klein, 1896－1977)发现的。克莱因在 1924 年为他自己的变奏曲(作品第 14 号)所写的前言中曾讨论了这个音列。(见例 20)

例 20

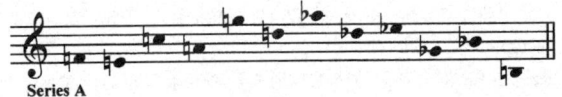

Series A

这个音列的起始音和结束音分别是 F 和 H（即 B 音），而这正是汉娜·富克斯－罗贝廷姓名的头两个字母。雷德里希在分析这首作品时，指出贝尔格在这里对音列的运用技术还比较原始，在全曲 5 次变体中从未背离音列的基本秩序。但是否也可以认为，贝尔格之所以这样做，正是为了保持 FH 这两个音的突出呢？歌曲的上半段结束于来自原形音列的一个 12 音集合（克莱因发现了这种集合并称之"母和弦"（Mutterakkord），这种 12 音和弦也包括了全部 12 种音程），下半段则结束于来自倒影音列的另一个 12 音集合，而这两个集合的最高音和最低音都是 F 和 H。此外，全曲的小节数为 20，这是代表汉娜的数字 10 的两倍。

贝尔格的下一部作品《抒情组曲》几乎是与施托姆歌曲Ⅱ同时创作的。1925 年 10 月 12 日他写给韦伯恩的一封信中谈到他用 12 音手法作曲的最初尝试。在信中他除了把两首施托姆歌曲也送给了韦伯恩之外，还告诉他，他正在写一部"为弦乐四重奏而作的组曲"，包括"六个抒情性的而不是交响性的乐章"。这部《抒情组曲》运用了在施托姆歌曲Ⅱ中所使用的同一个音列，只是运用的规模更加庞大和复杂。因此，人们往往把施托姆歌曲Ⅱ看作是《抒情组曲》的准备练习。雷德里希曾把二者的关系比作瓦格纳的《魏森东克歌曲》(1857)和《特里斯坦与伊索尔德》(1859)之间的关系。[①]

威利·莱希认为，《抒情组曲》"肯定是贝尔格最涉及其个人的一部作品。"[②] 六个乐章的速度标记前均加有值得玩味的形容词：

1. 欢快的小快板

[①] 参见雷德里希 1953 年 12 月 24 日为两首施托姆歌曲《闭上我的双眼》所作的说明，环球出版社 1955 年版，第 8 页。
[②] 参见莱希为《格罗夫音乐与音乐家词典》第 5 版撰写的贝尔格条目，第一卷，第 637 页。

2. 温柔的行板

3. 神秘的快板

4. 热情的慢板

5. 狂乱的急板（中段：阴沉地）

6. 凄凉的广板

贝尔格在为首演这部作品的科利施四重奏团所写的说明中指出，乐章之间存在着"情绪的强化"。奇数乐章的速度越来越快，偶数乐章则反之。因此乐章间的对比越来越强烈，阿多诺认为它是一部"潜在的歌剧"。不断强化的情绪构成这部由贝尔格任主角的主观的心理剧的相继阶段。在第五乐章的一场结局性的灾难之后，末乐章沉溺在无尽的悲哀之中。①

在出版社的《抒情组曲》总谱的扉页上印有"献给亚历山大·冯·策姆林斯基"的字样。策姆林斯基这位奥地利作曲家曾是勋伯格的教师，又是勋伯格第一个妻子玛蒂尔达的哥哥。贝尔格对他十分敬重。《抒情组曲》的标题显然受到策姆林斯基的一部作品《抒情交响曲》（作品14号，1923年）的启发。那是一部带有男低音和女高音独唱的交响曲，歌词是印度诗人泰戈尔的作品，在风格上似乎与马勒的《大地之歌》一脉相承。贝尔格在《抒情组曲》的第四乐章第32-33小节和第46-50小节，引用了那部交响曲的第三乐章的一个主题，这个主题原有的歌词是："你是我独有的，独有的！"

1976年，美国音乐学家M.格林在奥地利国立图书馆发现末乐章的手稿上写有神秘的速记词，经过破译，认为是德国诗人S·格奥尔格翻译的一首波德莱尔的诗《深谷怨》（De profundis cla-

---

① 参见阿多诺：《阿尔班·贝尔格》，维也纳1968年版，第111、117页。

mavi，选自《恶之花》，中文译文见本文附录）。格林倾向于假设贝尔格起初并未计划在末乐章加入声乐，但在写作过程中改变了初衷而为该诗写下了声乐旋律，随后又将歌词隐藏了起来。波尔认为这个声部应理解为一种标题而不必演唱出来。

贝尔格之所以被波德莱尔的诗所吸引并不是偶然的。1910年，当他第一次读到波氏的散文诗时，曾写信给海伦娜谈到自己的喜爱并惊奇地发现自己的思想在这里得到了表达，他写道："总之，这些不就是我的话，我的思想吗？"①

波德莱尔的那首诗描绘了一片梦魇般的凄凉而恐怖的景象，由此象征爱情的死亡，绝望的情绪笼罩了一切。而且由于贝尔格在第26-27小节处把这首诗的"没有溪水和树木，也没有田野和羊群。"一句与对《特里斯坦和伊索尔德》前奏曲的引用结合在一起，更使作品的内涵得到了深化。格林曾特别指出，波氏此诗与《特里斯坦》第三幕第一场在总的气氛上的相似之处，以及二者之间的明显联系。②

从作品的速度标记，对策姆林斯基主题和《特里斯坦》的引用，特别是末乐章的秘密标题来看，都说明这首乐曲与爱情经历有关。格林就此推测道："《抒情组曲》的前四个乐章不是表现一种抽象的爱，而是贝尔格个人所经历的爱情的表现，第五乐章的'灾难'和末乐章的'绝望'也是他个人的。"③

另一个美国音乐学家乔治·波尔在1977年1月24日发现了一本带有贝尔格亲笔注释的《抒情组曲》袖珍总谱，进一步揭开了围

---

① 《贝尔格致妻子信》，德文版，第184-5页。
② 格林：《贝尔格的 De profundis：〈抒情组曲〉的末乐章》，国际贝尔格协会通讯第5期，第20-22页。
③ 同上，第18页。

绕这部作品的谜团。

　　这是一本保存得很好的 1927 年第一版总谱。贝尔格的注释用了红、蓝、绿三种颜色的墨水，字迹小而清晰。作者的照片下方有其亲笔签名，标题页的上方写着这样的题献："为了我的汉娜"，对施泰因所作的总谱前言，贝尔格对某些地方，如乐章之间对比的逐渐加大，通过主题呼应取得联系等处用括号或划线给予了强调。在"12 音作曲这个似乎很受限制的体系允许作曲家自由地引用了《特里斯坦》的开始小节。"一句后，贝尔格补充了如下注释：

　　我的汉娜，它也允许我有另一些自由！例如，在音乐中秘密地插入我们名字的第一个字母，H. F. 和 A. B，并把每个乐章和其中的每个部分与我们的数字 10 和 23 相联系。

　　我在这本送给你的总谱上写下这些，其中有许多是另有意义的。

　　这部作品的每个音符都是为你，仅仅为你而写下的——尽管下一页上有公开的题献。

　　但愿它是一次伟大爱情的一座小小的纪念碑。

　　在第一乐章之前，贝尔格强调了作为全曲基本音列的 12 音主题对汉娜名字的第一个字母 H–F 的暗示。在这个乐章的最后一小节的小节数 69 上，贝尔格划了圈，并写上了"3×23 小节"。

　　第二乐章集中刻划了汉娜和她的两个可爱的孩子，注释很详细。贝尔格首先写到："对你和你的孩子们，我献上这首'回旋曲'，这种曲式中的主题（特别是你的主题）不断地再现，并结束那种可爱的循环。"在多多即汉娜的女儿多萝西（Dorothea）的主题（重复 C 音的音型 "do do"）上，贝尔格划了绿色的线，而对汉娜的小儿子门佐的主题则用蓝线标出。对这两个主题的每次出现都加写了简短的文字注释，对汉娜的主题更是如此。例如，在第 81

小节的再现处，贝尔格用红笔圈住了汉娜的主题，并写有"再一次，你。"的字样。在第131小节全乐章的高潮处，贝尔格写道："现在你站在他们俩之间。"在最后几小节大提琴的C弦拨弦处写有："像从远方呼喊：多——多"。

第二乐章共有150小节，贝尔格标上了"10×15小节"，以此突出汉娜的数字。

第三乐章前有一个日期："25年5月20日"（这是他们邂逅的日子）并在下面划了红色双线。在"神秘地"速度标记处加了一段题词："神秘的快板，因为一切都仍然是一个秘密—— 一个我们的秘密——"。

四音组B-F-A-降B，是由两个人姓名的头一个字母结合而成的。它构成本乐章音列中的一个重要细胞，也是整部作品的一个基本细胞。在第34和37小节处分别标有"如同耳语"和"再次如同耳语"。A段共有69（3×23）小节。突然爆发的中段前标有："中段（总是尽可能强，但有抑制，仍用弱音器）"。第89小节处引用了《沃采克》中玛丽摇篮曲的最末一句，贝尔格在音符上标上了歌词："那一定是最清最凉的美酒！"。这可能是作品中唯一暗示汉娜丈夫的地方，他在布拉格有一座著名的酒窖，贝尔格曾对用来招待他的美酒赞不绝口。中段共有92小节（4×23）。A段逆行再现处标有"突然又如同耳语。"贝尔格用"忘掉它——！"的注释暗示了这段再现的含义。

第三乐章共有138小节（6×23）。

第四乐章前标有"第二天"的字样。这是一个表现爱情高潮的乐章。前一乐章中段的材料，几乎全部都在这一乐章被直接引用了。贝尔格在施泰因前言中的"第三乐章的中段同时是第四乐章的呈示部"一句话下划了线。第24小节的中提琴和第一小提琴的近似卡农式模仿分别代表了"我和你"。在第 30 小节出现第二乐章汉娜主题的片断时,贝尔格写道:"总是你——"。随后便是对策姆林斯基《抒情交响曲》的引用,在那里贝尔格注上了原歌词:"你是我独有的,独有的!"他将第 44 小节出现的的基本细胞 H-F-A-B 标上了音名。在策氏主题再现后,以基本细胞的陈述为主将乐曲推向高潮,而基本细胞的音高总是保持了与两人姓名字母的一致。乐章尾声的注释是:"完全是虚无飘渺的,超越世俗的,超越宇宙的"。

第四乐章共有 69 小节 (3×23)。

在第五乐章前的一大段注释中,贝尔格写道:"这个狂暴的急板只能被一个对即将到来的恐怖与痛苦有着一种预感的人所理解"。前一乐章对爱情的祝福似乎必定要让位于这一乐章的痛苦的灾难。贝尔格在多处剧烈的、有冲击力的"心跳"动机上划了斜线或括号,这些咄咄逼人的动机似乎要粉碎一切幸福的希望。

在末乐章前,贝尔格写上了歌词的标题和作者及译者的名字。大提琴 C 弦要求调低至 H(即 B),以便在最低音处象征汉娜。第 26-27 小节所引用的特里斯坦动机用蓝笔划上了圈并在每个音符下作了标记。声乐从第 12 小节弱拍开始后,所有的"声乐部分"都用红笔重画了符杆,避免了一些 8 度移位以适应声乐的音域。在第 34-35 小节,第一小提琴最后一次陈述了基本细胞,表达了两个恋人对最后的解脱——死亡——的认同。在最后的小节数 46 上划有圆圈,并写着"2×23 小节"。在最后一个逐渐消失的音符后,贝尔格用蓝笔写道:"在爱情、渴望与痛苦中死去。"[①]

[①] 以上注释总谱的资料来自乔治·波尔:《〈抒情组曲〉的秘密标题》,国际阿尔班·贝尔格协会通讯,第五期,第 4-12 页。

这份带注释的总谱作为音乐史上一份难得的独一无二的文件，十分有助于我们认识作曲家的创作心理和创作动机。同时，这些秘密标题的揭示也进一步说明和印证了贝尔格对这部作品的一些公开论述。

1926年7月13日，贝尔格在致勋伯格的信中谈到自己正在紧张地创作《抒情组曲》。他在这部首次运用12音手法的较大的作品中，便不得不为了内容的表现而灵活地运用勋伯格的方法。他对勋伯格说："我正在逐渐地熟练掌握这种方法……如果这种方法拒绝我在音乐上表现自己，那么我将非常痛苦。……请原谅我，世界上除了您，我亲爱的朋友，没有人能想象出我在为这四种音列形式作出各种四部卡农时所遇到的困难。这就是为什么我写得很慢并偶尔会滑回到我已习惯的自由风格上去的缘故。"①

在这封信后附有贝尔格对《抒情组曲》在音列的运用上的一些论述。他首先向勋伯格分析了这个由克莱因发现的音列。指出这个对称的音列既有其有利之处，如对某些调性的明显倾向等等，也有一个严重的不利之处，那就是它们的后一半恰是前一半的相距减五度的倒影，因此这个音列没有独立的逆行形式。他写道："我直到开始创作时才注意到这一点。所以我决定在随后的段落中按照下述方式改变这一音列。"

于是，他在第一乐章后便将这一音列的第四音与第十音互换了。（见例21）

例21

Series B

---

① 贝尔格致勋伯格，1926年7月13日，《通信选》第351页。

这样做不仅是为了音乐手法上的便利，更重要的是，它使这个音列在第三乐章形成作为全曲核心的四音组成为可能。他在上述那封给勋伯格的信中继续写道："在我作曲的过程中，头四个音被证明是一个特别重要的动机。为了在移位和倒影中象一个固定反复音型那样保持这4个音（最好叫它"四音组"）的连续，我寻找准确的移位并发现这个音组（次序肯定重排）只在其它三种形式中得以保存，加上一种逆行共有四种。"为了保持四音组的突出，他在第三乐章中只用了这4种音列形式。（见例22）

例 22

这一音列在最后两个乐章中做了进一步的变化，但突出了四音组和首尾音 FH 的不变，直到末乐章出现第二个音列，即源自第一个音列并把它分作两半陈述的那个音列时，四音组和首尾音才有所改变。（见例23）

例 23

对于这种作法，贝尔格在为科利施四重奏团首演此曲所写的说明中还有一段重要的论述："音列在这四个乐章（小快板、快板、急板的中段和广板）中，通过改变某些音的位置而改变。这种改变对于旋律线条并不重要，但对于作品的性格——'屈服于命运'，则是重要的。"①

从上面的分析中我们或许已可以断定，贝尔格在这里所说的"命运"，就是指他和汉娜之间的无法实现的爱情。他们两人就是这部"潜在的歌剧"（阿多诺语）中的主角。贝尔格在完成这部作品后曾把手稿也送给了汉娜。直到贝尔格逝世后，阿尔玛才劝汉娜放弃了手稿并派人转送给了海伦娜。而海伦娜为了掩盖贝尔格与汉娜的关系，却一直声称贝尔格把这份手稿赠给了策姆林斯基，并和威利·莱希一起维护了贝尔格的家庭生活十分美满的神话。实际上，她知道贝尔格与汉娜的关系，在后来写给阿尔玛的一封信中她强烈地谴责了那个布拉格女人。同时，她认为贝尔格这样做只是为了满足个人的浪漫的幻想。② 但是，从《抒情组曲》的秘密标题中，我们看到的却是贝尔格思想深处富于悲剧性的一面，在那里，他仍然被一种更为复杂的情结——世纪末的情结所困扰着。

（三）《露露》写作始末

对于魏德金的《露露剧集》中的第一部《地灵》，贝尔格早在18岁或19岁时便已熟知了。他当时结识了一位名叫弗丽达·塞姆

---

① 转引自格林：《贝尔格的 De profundis：〈抒情组曲〉的末乐章》，第20页。贝尔格的《抒情组曲》只在这四个乐章中运用了12音手法，但12音形态在那些非序列的乐章中也存在。

② 参见波尔第二卷，第261页及《贝尔格手册》第27页。

勒的美国姑娘，1903年和1904年的夏天，这位美国姑娘因随父亲去维也纳料理商务而借住于贝尔格家。当时，她常和酷爱文学的贝尔格一起阅读一些剧本。她在回忆录中写道："晚上我们按分配好的角色朗读易卜生的剧本，1903年，易卜生对我们是一大发现，我们被建筑师索尔内斯和海达以及《群鬼》震惊了。那是在第二年的夏天，我们全都悄悄阅读了施尼策勒的《轮舞》和魏德金的《地灵》。"①

1905年，卡尔·克劳斯在维也纳组织了《露露剧集》的第二部《潘多拉的盒子》的排练。5月份和6月份，这部仍被当局以淫秽的罪名加以禁演的戏在特里亚农小剧场作了两次"内部"演出。魏德金和他未来的妻子蒂丽·内佛斯分别担任了杰克和露露的角色。20岁的贝尔格观看了其中一场演出，对戏剧本身和克劳斯在开演前的介绍性讲演留下了很深刻的印象。

两年多后的1907年11月份，贝尔格在一封写给弗丽达·塞姆勒的信中还在热情地谈及对于这出戏的观感：

魏德金在现代作品中强调肉欲，这的确是新的方向！！……我们终于认识到，肉欲并非一种弱点，也不意味着是一个人意志力的投降。勿宁说它是我们身上的一种巨大的力量——一切存在和思想（对，一切思想！）的支点……只有通过对肉欲的理解，只有通过对"人类深渊"（是不是应叫它"人类顶峰"？）的基本上的洞察，人们才能真正理解人类的精神……像斯特林堡和魏德金这样的人都是伟大的心理学家在这个词的最真实的意义上的人类的智者。他们能否也被认为是"伟大的诗人"，这要让后世子孙们去决定。但我对

---

① 引自《新格罗夫音乐与音乐家辞典》第二卷，第534页。

这一点却是深信不疑的。①

弗朗克·魏德金1864年生于汉诺威，父亲是个医生，母亲是个歌剧演员。虽然魏德金20岁时遵从父命去慕尼黑学了法律，但他实际上早已立志从文，他在慕尼黑这个当时的文学先锋聚集之地加入了德国自然主义运动先驱们的圈子。但是他并不赞成左拉的门徒们所主张的"科学的客观性"和狭隘的社会观。尽管当时自然主义在新的剧作家中已成为主导倾向，G.豪普特曼以其社会剧《日出之前》而成为这一倾向的主要代表。但是魏德金却始终不愿顺从这一倾向，为了全身心地投入对一种新道德的呼吁，他更向往表达一种"内在的真实"，这种真实不必反映如实的生活意象。相比之下，他感到自然主义语言的那种冷静的超脱是毫无诗意和单调乏味的。他经由豪普特曼的介绍而接触了毕希纳的剧作，尽管豪普特曼也是毕希纳的推崇者，但魏德金却从毕希纳身上发现了另外的东西，那就是他渴望已久的风格化手法。这种手法包括片断化的对白与场景，高度主观化地将客观现象加以扭曲以便突出该现象的本质等等。魏德金利用这些手法，大胆地抨击了资产阶级社会的种种虚伪的道德，并将"性"这一难以想象的题材引入了戏剧。

魏德金出版的第一部戏剧《春醒》（1891）表现了青少年在青春期对性的真实感觉，以及这种感觉与资产阶级刻板而虚伪的社会信条和道德价值观念之间的悲剧冲突。因此，这出戏被长期指责为色情作家的淫秽之作而禁止演出。虽然1906年得以上演了删节本，但禁令直到1912年才解除。在完成《春醒》之后，魏德金便去了巴黎。1892－1895年间，他在那里完成了《露露》的初稿。尽管在巴黎的放浪生活损及了他的健康和财力，但却也使他获得了写作

---

① 转引自波尔：《阿尔班·贝尔格的歌剧》第二卷，第33页。

《露露》的真切的生活体验。

《露露》最初是作为一部戏构思的,但后来由于篇幅太长而分成两部。在这里,露露作为一种性欲的象征而出现,她所代表的纯粹的天性的力量,使她近乎神话人物。这种自然天性的力量同资产阶级社会的不自然的虚伪的道德标准发生了冲突。露露生活于其中的男人的世界正是以这种虚伪思想为前提的:一个男人的名誉来自他对其女性伴侣的独占。因此,露露成了这个男人世界的摧毁者,而且,她也注定要被这个世界所摧毁。这里所产生的爱欲与社会(特定的世纪末欧洲资本主义社会)之间的冲突,仿佛是爱欲的本质所固有的。关于这一点,波尔在他的著作中指出:本剧暗含的冲突是弗洛伊德式的(尽管魏德金并未受弗氏理论的直接影响),即:在人类的直觉与文明之间存在着的冲突是不可避免和无法解决的。[①]

《地灵》在出版三年后的 1898 年在莱比锡首演。这是魏德金首次被搬上舞台的作品。剧作者在戏中扮演舍恩博士一角,演出十分成功。特别是 1902 年 12 月,M·莱因哈特在柏林导演了此戏,促使魏德金终于作为一位严肃而具有深远意义的戏剧改革者而获得承认。尽管他的其他一些作品继续遭到官方的攻击和禁演,如对《潘多拉的盒子》的禁令(虽有 1905 年的内部演出)一直持续到作者逝世,但是人们已越来越清楚地认识到:从《春醒》到《潘多拉的盒子》这十五年间,魏德金的确创造了一种新型戏剧,它直接地预示了表现主义戏剧、布莱希特的史诗剧和后来的荒诞派戏剧的诞生。

弗洛伊德关于性冲动是人类本质和文化的基本动力的理论产生

---

① 参见波尔:第二卷,第 34 页。

于维也纳并不是偶然的。世纪末的维也纳普遍地被性的问题困扰着。当时，如何认识性的本质和对一种新道德的需求正是人们热烈而广泛地讨论着的问题。而且，对于妇女在社会中的性质和作用这样的问题，争论尤为激烈。

19世纪末，在维也纳这个尊重传统的社会里，对性的态度具有着两重性。大部分年轻的女性缺乏性教育，并受到各种清规戒律的压抑。而男性则享有更多的自由，他们可以放纵于许多情妇或妓女之间，并以博得相识的中上层已婚女士的欢心为荣。对此，威廉.M.约翰斯顿在《奥地利的文化与精神的历史》一书中写道："对妇女和性爱的态度，维也纳走两个极端。当一些父亲把自己的女儿引入卖淫事业时〔如1907年的米奇·维特（Mizzi Veith）事件〕，大多数姑娘已因性的压抑而凋萎了。弗洛伊德、施尼策勒和魏宁格对性爱的偏见产生于一种放荡的男人和被压抑的女人的社会之中。而在这种社会中，骑士式的吻手礼掩盖了男性的放纵。其实对大多数男人和不少不受习俗约束的女人来说，性爱提供了审美享受的另一条出路。"[①]

剧作家施尼策勒在像《轮舞》这样的戏剧中描述了维也纳光怪陆离的性习俗。其中一场表现一个中产阶级家庭的少爷对一个女仆的引诱（这使人想起贝尔格17岁时便与一位女仆生下一私生子的事）。所有这一切都发生在严格的资产阶级道德的幕布后面，发生在贝尔格的好友、作家S.茨威格在他的回忆录《昨天的世界》中所说的"充满了湿热、艳香、淫荡和不健康空气"的社会环境中。在这种环境中，"不诚实的、非心理的、秘密状态的道德就像一场

---

① 约翰斯顿：《奥地利的文化与精神的历史：1848-1938》，加州大学伯克利1972年版，第118页。

恶梦笼罩着我们。"①

1900年前后，长期被压抑和误解的女性世界越来越明确地表达出对于自由与解放的渴望。这种妇女解放的梦想首先在文学中，特别是像易卜生的《玩偶之家》和魏德金的《弗朗切斯卡》② 这样的戏剧中得到了实现。魏德金在1884年读了易卜生的作品后曾与母亲和妹妹讨论过娜拉问题和有关的妇女问题。他认为存在着一种女性固有的本质，一种女性性欲的最纯粹的形式。露露作为其化身是一种"自然"的女人。她对现实社会是一无所知的，所以当她不知疲倦地释放出魔鬼般的诱惑力时，便不可避免地与社会和文化发生了冲突。于是，这个看似邪恶的女人便成为最无辜的受害者。

在露露身上的确反映出当时的人们对妇女问题的一种认识。卡尔·克劳斯也认为女人代表了一种本源的东西。这是男人生活中所缺少的。精神上堕落的出版物、虚伪的唯美主义、资产阶级道德和对性的误解已使这种本源的东西受到了威胁。他相信，魏德金要塑造的女人形象，在露露身上得到了很好的体现。在1905年5月首演《潘多拉的盒子》时所作的幕前讲演中，他说，露露是"被折磨的、永远被误解的女性魅力的悲剧。一个肮脏的世界只有在它强求一律的严厉的道德观下才会容忍这种魅力。一个女人，只要造物主没有打算把她变成她的主人的私有物，只要她处在自由状况下才能升到较高地位，那么这个女人就要受到夹道鞭笞。"③

克劳斯利用他的《火炬》杂志深刻揭露了这个社会的虚伪的道

---

① 转引自《新格罗夫音乐与音乐家辞典》第二卷，第524页。
② 1913年6月12日，贝尔格曾在维也纳人民剧院观看了魏德金亲自主演的《弗朗切斯卡》。
③ 转引自阿多诺："关于阿尔班·贝尔格的《露露》的一次谈话"。此处"夹道鞭笞"原文为Spiessrutenlaufen，指旧时军中的一种刑罚。

德。比如他曾撰文抨击司法界存在着的双重标准：一面迫害和监禁妓女，一面又让她们的嫖客逍遥法外，以及许多出版物一面在社论中鼓吹贞操与纯洁，一面又在封底印妓院广告而大赚其钱等等。克劳斯在《火炬》上发表的关于妇女问题的文章，曾多次引起深受《火炬》影响的贝尔格的注意。

1908年，克劳斯出版了第一卷选集《道德与犯罪》，其中包括了他从1902年9月到1907年11月发表于《火炬》上的文章，据考证，贝尔格曾摘录和研究了其中的六篇。[①]

阿多诺曾指出，贝尔格是根据克劳斯的精神来处理魏德金的《露露》的。[②]

尽管贝尔格早就通过阅读而熟知了易卜生的剧作，但他对于易卜生对妇女问题的看法，从一开始便怀有自己独到的见解。他在1906年10月18日致瓦兹瑙尔的一封信中谈到易卜生的《玩偶之家》时，认为最后一幕的娜拉在实际生活中"是不可能找到的"。他说："我熟知许多玩偶之家，也熟悉一些出走的妇女，但我不认识娜拉！易卜生也并不认识她。她是一个'正常女人'——一个普通女人！……而不是一个自然女人（Natur-Weib）。是的，易卜生实际上也不相信存在这种真实的女人。她们只存在于各位深刻的思想家的观念中（尼采、叔本华、魏宁格）。"[③]

从1907年夏秋起，贝尔格开始通过《火炬》杂志接触了斯特林堡（他和易卜生在妇女问题上代表了相反的两种看法。）的观点，他研究了斯特林堡在《火炬》上发表的关于妇女问题的文章，其中有这样的关于道德的表述："如果她要变成一个有道德的人的话，

---

① 参见罗德：《阿尔班·贝尔格与卡尔·克劳斯》，第86页。
② 同上。
③ 罗德：《阿尔班·贝尔格与卡尔·克劳斯》，第115页。

那她就是对自然的犯罪,于是我的书也就是不道德的了,因为这书是根据自然写成的。"当斯特林堡认为易卜生的《玩偶之家》带有一种过时的浪漫主义和理想主义的弱点而给予批评时,贝尔格也有同感。他在1907年秋致弗丽达·塞姆勒的那封信中还这样写道:"我完全相信,自易卜生以来,文学上有很多东西在错误的道路上运行……今后的诗人有了更新、更现代和更神圣的真理,他必须为之奋斗!现在有足够的人以其或多或少的文学天才和大大小小的戏剧能力维护他们的思想。我只想举斯特林堡、阿滕贝格、梅特林克、热耶斯坦、① 格哈特·豪普特曼和魏德金的名字。"②

在这场关于妇女本质争论中,一个很重要的问题是如何看待妓女。克劳斯、魏德金和阿滕贝格都认为妓女是一种最少伪善的女人。在自由和公开地解决性欲这个方面可以说她们是被解放了的。③ 特别是克劳斯,他坚决反对这个社会一方面惩罚妓女,另一方面又在鼓励男人们在精神上的卖淫,即为了权力和金钱的利益而出卖自己的灵魂和才能。在这个问题上,贝尔格也是尽量把自己的态度和克劳斯与魏德金联系在一起。1910年夏天他给海伦娜父亲的一封信中提到"我妹妹现在的朋友是一个妓女"。还说他发现"与一个妓女的接触并不比与很多被您和其他人认为相当无可指摘的人的接触更令人不快"。贝尔格的妹妹斯玛拉格达是个像戈施威兹伯爵夫人那样的女性同性恋者。据说她的生活经历同这位露露的崇拜者极为相似。在一次与海伦娜违约后,贝尔格解释道,那是因为"昨晚斯玛拉格达想开煤气自杀,显然她中毒还不深,但精神上

---

① 热耶斯坦(Gejerstam, 1858 – 1909),瑞典作家,写有自然主义的小说。
② 罗德:《阿尔班·贝尔格与卡尔·克劳斯》,第117页。
③ 参见《贝尔格手册》,第7页。

完全垮了,可怜的灵魂。"① 在1910年的那封信里,他也谈到他妹妹的同性恋倾向:"天哪,没有可以治疗她的疗养院,不能把她从人们带给她的危险和可怕的议论中解救出来……如果我有时间,我会写一封两三倍长的信,详细谈谈同性恋:那些被它折磨的人和那些由于未受此折磨而把这些病人视同罪犯的人。"②

贝尔格对《露露剧集》的早期接触,发生在他的性格与社会观念形成的重要阶段。因此,他对魏德金的兴趣是持久的。正像《沃采克》的写作曾经成为贝尔格的精神需要一样,《露露》也似乎成为贝尔格必然要写的一部作品。从魏德金把毕希纳视为自己的先行者而加以推崇,到克劳斯对介绍和排演魏德金戏剧的热衷,无疑都对贝尔格的趣味与爱好的形成产生了作用。

1926年,贝尔格在阅读和观看《露露》戏剧二十多年后(这时,他的《沃采克》已大获成功),开始为一部新歌剧的脚本寻找一部戏剧作为基础,他曾在改编格·豪普特曼的童话剧《碧芭在跳舞》和魏德金的《露露剧集》之间犹豫。1927年10月,他写信向他的学生、哲学家阿多诺征求意见,询问这两部戏的相应价值和歌剧的潜力,阿多诺建议他选择魏德金的《露露剧集》。当1929年7月贝尔格终于与魏德金的遗孀就改编权达成协议时,他实际上已经写出这部歌剧的300多小节的草稿。随后的写作持续了数年。1931年8月完成第一幕的缩谱时,他顶住了出版商为保证早些在美国首演此剧而催促他的压力。直到1934年4月底,整部歌剧的缩谱才告完成。配器是在他生命的最后的19个月中进行的。到他1935年去世时,他不仅完成了第一、二幕的配器,而且第三幕的前268小

---

① 波尔:第二卷,第40页。
② 同上,第39页。

节，以及编入《露露组曲》① 的第三幕的那些部分也都完成了。

1934年缩谱完成后，适逢克劳斯的60大寿，贝尔格送去了一封贺信，随信附上了《露露》第二幕第一场中的六小节片断的乐谱，其中那句阿尔瓦的唱词："一个来世的精灵，使人睡意顿消……"，正是29年前克劳斯在《潘多拉的盒子》首演的幕前演讲中用来开头的引句。贝尔格以此强调了那次难忘的经历对后来的《露露》歌剧计划的意义，以及他对克劳斯的感激之情。

同年8月，贝尔格还将刚刚完成的《露露》的序幕（这是全剧中最后完成的部分）题献给了远在美国的勋伯格。他打算把整部歌剧献给勋伯格，作为对其师60大寿的贺礼，但由于合同规定该作品的手稿由出版商占有，贝尔格只好先将序幕的一份抄本寄给勋伯格。他在信中写道："请您接受它，不仅是作为最真诚地奉献给您的经营多年的一件产品，而且也作为一个公开的文件：使全世界（包括德语世界）都从这部德国歌剧的题献中认出它像我所有的作品一样是在德国音乐的领域内土生土长的。它将带着您的名字而长久流传。"② 对此，勋伯格回信道："我已读了序幕几遍，不断地被这部作品的独创和丰富所打动。我绝对相信，你的第二部歌剧将达到你第一部歌剧已预示和达到的水准。我再次希望上演的时刻早日到来！"③

---

① 贝尔格首先完成了那些编入《露露组曲》（后称《选自〈露露〉的交响片断》）的段落的配器，它们是第二幕第一、二场和回旋曲、固定音型间奏曲（电影音乐）、露露之歌、第三幕第一、二场的间奏曲（变奏曲）和第三幕的最后部分。
② 贝尔格致勋伯格，1934年8月28日，《通信选》第452页。
③ 同上，第460页。

（四）《露露》的艺术特色

在完成这部"经营多年"的作品的过程中，贝尔格的确遇到了比写作《沃采克》时更大的困难。1930年8月7日他写信告诉勋伯格："至于我的新歌剧，我只能告诉您，我仍在写第一幕，除了作曲，它的12音风格仍然不允许我写的很快，脚本也拖慢了我许多。因为要使歌词最后定下来，以便同歌曲紧密结合。由于我删了魏德金原作的五分之四，选择剩下的五分之一是相当苦恼的事。当我试图使词适应音乐形式（大型的和小型的）又不损及魏德金的有特点的语言时，我做得多么糟糕啊！"[①]

对于把魏德金的两部戏《地灵》和《潘多拉的盒子》合成一部歌剧脚本的作法，贝尔格在信中说，其"主要轮廓我当然是早已完全清楚的。"他将四幕话剧《地灵》中的前三幕变为歌剧第一幕中的三场戏。歌剧的第二幕结合了《地灵》的最后一幕和《潘多拉的盒子》的第一幕，分别成为第二幕中的两场戏，在这两场中间有作为连接两剧的桥梁和全剧的一个转折点的固定音型间奏曲（电影音乐），随后是三幕话剧《潘多拉的盒子》的第二幕和第三幕，它们变成了歌剧第三幕中的两场戏。魏德金起初是把两部戏作为一部来构思的，后来也曾把两部戏压成一部来演过，贝尔格1913年在维也纳可能看过一场这样的演出。但是魏德金的作法是删去了《地灵》的第二幕和《潘多拉的盒子》的第一幕，使两剧压缩成了一部五幕剧。

贝尔格之所以要这样处理脚本的整体结构，目的正是在于突出

---

① 贝尔格致勋伯格，1934年8月28日，《通信选》，第405页。

露露个人的兴衰史,戏被分为上下两部,上半表现露露命运的上升阶段,它以舍恩博士被枪杀为终结;下半表现露露命运的堕落阶段,以露露沦为街头妓女并被杰克杀死而告终。位于两半中间的固定音型间奏曲是一个严格的回文结构,以至它所伴随的三分钟的无声电影也体现了这种结构(可参见本文附录的脚本)。克劳斯在《潘多拉的盒子》幕前演说中曾指出:"现在更清楚了,她的魅力是这部戏剧的真正受难的主角。她的画像,即她昔日走红的形象,比她本人还起到更重要的作用。她的迷惑力过去是戏剧情节的主要动力,但现在感动观众的却是她过去的辉煌同她目前被迫走上苦难历程中每一阶段的困境之间的强烈对比。"① 贝尔格对整体结构的处理就是为了突出这种强烈对比,这种结构有着一种对称的性质,并且暗示了一种循环。在贝尔格看来,露露的悲惨命运依然是处在一种永恒的循环之中,她和沃采克一样成为不能摆脱死亡陷阱的苦难的人类的代表,而这种宿命的永恒循环,正是以那首固定音型间奏曲作为象征的。

为了进一步强调这种对称与循环的结构,贝尔格指定了剧中的双重角色,即:上半出戏中露露的牺牲者们和后半出戏中她的嫖客们要由同一演员来扮演。这样,医学专家和教授、画家和黑人以及舍恩博士与杰克之间便产生了奇妙的联系,给观众造成了记忆幻觉式的效果。这又使人想起克劳斯在幕前演讲中的话:"报应开始了。男人世界的复仇,其目的就在于清洗自己的罪恶。"

贝尔格在1930年8月7日的那封信中首次向勋伯格谈到了以上这些戏剧结构上的设想,他说:"我相信这是我能告诉您的最有趣的戏剧方面的东西。"

---

① 转引自阿多诺:《关于阿尔班·贝尔格的〈露露〉的一次谈话》。

戏剧结构的再处理也直接影响到了音乐的结构。终场因此而成为全剧音乐的一个再现部。它是通过医学专家、画家和舍恩博士的音乐（他们与教授、黑人和杰克使用了共同的音列）[①]在终场中与第一幕的巧妙呼应来实现的。阿多诺曾指出，这种再现结构的含义在于，"舞台事件似乎被它自身的影子伴随，其中歌剧的头一半，以舍恩之死为其顶点和终结，用一种梦魇般的变形加以重演。"[②]

贝尔格在《露露》中继续采取了《沃采克》中的运用大型纯器乐曲式的作法，但是走的更远。三幕戏各自被一种主导曲式所占有而形成三个结构的独立体。第一幕是奏鸣曲式，它代表着露露与舍恩博士之间的冲突。第二幕是回旋曲式，它代表了阿尔瓦对露露的感情。第三幕是主题与变奏，代表了露露生涯的最低点。这些主导曲式中间由于剧情的需要而经常插入一些与之无关的独立段落（这种作法实际上仍然来自勋伯格的一些早期作品，如《第一弦乐四重奏》和《第一室内交响曲》），例如第二幕的回旋曲，如果像在《露露组曲》中那样删去插入部分，它们的典型结构便显现出来了。在细部结构上，贝尔格采取了与《沃采克》不同的作法，把《露露》搞成了一个编号歌剧。他将"宣叙调"、"谣唱曲"、"二重唱"等等古典歌剧的传统程式与魏德金富于特性的散文语言结合起来，其目的仍然在于促成音乐与戏剧之间的平衡。

一些音乐上的主导部分也为整体结构的统一作出了贡献。它的运用也比《沃采克》更为扩展。全剧有两个最重要的主导部分，一个是"露露的入场音乐"，另一个是第一幕奏鸣曲式的"结束部主题"。它们分别象征着露露不可抗拒的"爱"和这种"爱"的致命

[①] 另外一些使用共同音列的多重角色，如亲王—男仆—侯爵，便不是出于戏剧上的考虑，而只是为了演出人员的节省和音乐材料上的简洁。
[②] 转引自波尔：《阿尔班·贝尔格的歌剧》第二卷，第84页。

的结局。"露露的人场音乐"首次出现于序幕中,贝尔格似乎想用这段音乐来象征他所谓的"人类的顶峰"。在第二幕第一场中,露露在这段音乐的再现中出来迎接她的崇拜者们。当下一场中她从狱中归来又用这段音乐高呼"啊,自由!"时,这个主导部分显得更加意味深长了。特别是在终场中杰克与露露一起走进里屋时,"露露入场音乐"的再现与序幕遥相呼应,同时令人心碎地回想起露露对"自由"的呼喊。

奏鸣曲式的"结束部主题"首次出现时,露露激动地回答舍恩博士:"如果我属于这个世界的任何一个人,那么我就属于您。"这个以降 D 大调为中心的令人荡气回肠的柔板段落,在第一幕第二至第三场的间奏曲中作了较充分的展开,第三场的结尾处这个结束部主题以较短的形式再现,仿佛成了一个主导动机,舍恩博士用它唱出预示"爱情"的致命结局的句子:"现在处决开始了!"这个主导段落最重要的再现是在终场的尾部。当杰克走进来时,乐队几乎原样再现了第一幕第二至三场的间奏曲,这里不仅产生了极强的讽刺意味,而且进一步激发了观众对露露悲惨命运的深切同情。

作为一部用 12 音手法写成的大型歌剧,贝尔格对序列的处理手法依然是既来源于勋伯格,又鲜明地区别于勋伯格。贝尔格总是爱给每个序列以一种富于特征的旋律轮廓。这是不同于勋伯格的一种作法。他极少使用序列的逆行或逆行倒影,也是为了最大限度地保持旋律轮廓的可辨性。对此波尔曾经指出:"《露露》中的 12 音音列多与特定人物相联系,它们具有两种功能:(1) 形成类似瓦格纳式的主导动机的 12 音主题。(2) 形成有特色的和声与旋律的因素,共同创造一种为戏中每位主角所用的性格化的音乐语言。"[①]

---

① 波尔:第二卷,第 195 页。

这部歌剧有一个基本音列,它是全剧惟一严格的序列,代表着广义的露露的世界。但是贝尔格并未用它来遵循勋伯格的只能用一个单独的音列来支配一部作品的全部音关系的原则(虽然他曾力图借助威利·莱希的分析证实自己是遵守那个原则的)。尽管如此,这个基本音列仍然具有一种基本的贯穿的作用。剧中五个主要角色[①]的音列都是由它派生出来的。例如,露露的"画像和弦"是由基本音列三音片断的四个纵向形式构成的。它在终场中的运用十分突出。在那里,阿尔瓦面对露露的画像唱起最后的赞歌。(见例24)

例24

将三个"画像和弦"的横向因素依次陈述便形成了"露露的序列"。它常以一种类似主导动机的变体出现,以刻画露露诱人的魅力。它在序幕中驯兽师提到"毒蛇"的时候首次出现。(见例25)

例25

舍恩博士的音列与阿尔瓦的音列之间有着十分密切的联系。波

---

① 他们是露露、舍恩博士、阿尔瓦、戈施威兹伯爵夫人和施格尔希。其余角色均被贝尔格换成无名角色,连罗德里戈也称为 Athlet(原意为大力士,但实际上他是个杂技演员)。

尔认为，这不仅象征了他们的父子关系，而且还象征着艺术家为了自身的生存而对权力与金钱的依赖。从下例可以看出，舍恩博士音列的 I9 和阿尔瓦音列的 P4 在音高内容上是相同的。而且，它们都与基本音列保持了最大限度的不变性。其中，两个六音组的内容各有 5 个音是与基本音列相同的。（见例 26）

例 26

戈施威兹伯爵夫人对露露的真诚不渝的爱情与罗德里戈的虚伪多变形成鲜明的对照。他们的特罗普也各有特点，前者开头的纯 5 度（常作为低音）和五声性的五音片断使之具有较大稳定性，而后者则是用拳头奏出的黑键与白键的两个音串，用以刻画罗德里戈的粗野性格。这两个特罗普的共同特点在于它们都是由黑键音和白键音的两组音高内容组成的。这又与基本音列有着很大程度的同一性。（见例 27）

例 27

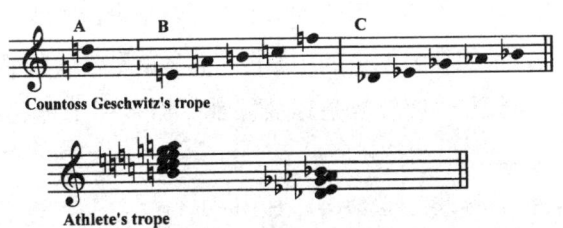

施格尔希的音列是一个"序列特罗普",也是片断性的,这个最了解露露,既像父亲又是情人的老人作为露露模糊的背景的一个象征,其音列是由四音片断的半音阶构成的。波尔认为,由于它只是半音音阶,所以可把它理解为所有序列的最终源泉。① (见例28)

例28

Schigolch's serial trope

基本音列实际上是一个可分为两半的全结缘序列,或巴比特所称的多种"源泉序列"之一。② 上述几个人物的音列或特罗普均出自这一源泉序列。12个半音在这里被划为黑键(五声)和白键(七声)的两个和声区域,决定着音列之间的关系的不是这个音列的音高次序而是两组六音片断的音高内容。因此,这里的基本音列与《抒情组曲》第一乐章的那三个序列使用了同一个源泉序列。贝尔格在创作中是否考虑到了这两部作品间的某种联系呢?

与《沃采克》和他的其他许多作品一样,贝尔格在《露露》中也加入了自传性的因素。他把阿尔瓦这个魏德金原作中的剧作家换成了作曲家,并代表贝尔格自己。在第一幕第三场中阿尔瓦唱道:"可以写一部关于他的有趣的歌剧"时乐队奏出了《沃采克》开始的和弦。在第二幕第二场,阿尔瓦将露露的身体各部分比作一部交响乐时,贝尔格把原作中描述各乐章的表情术语作了改变,以使之与自己的《抒情组曲》相接近。如将"然后就是你的膝部,那是一首随想曲。"改为"然后就是你的膝部,那是一个神秘的段落。"

---

① 参见波尔:《序列作曲与无调性》,第145-146页。
② 同上,第162页。

(指《抒情组曲》第三乐章"神秘的快板")。此外，在第二幕第一场（第227小节）处，阿尔瓦向露露唱道："我也是一个血肉之躯的男人"时，引用了沃采克在第一幕第一场咏叹调中的"我们也都是有血有肉的人"（Man hat auch nur Fleisch und Blut）一句。当施格尔希在第一幕第二场中向露露要钱时，乐队还奏出了《沃采克》第二幕中象征金钱的C大调三和弦。

在阿尔瓦看来，露露是典型的"艺术品女人"，是他艺术创作的灵感之源。他还认为露露是一个不能用资产阶级道德观念来衡量的女人，这种女人的生活即爱情，在屈服于露露的美色之后，阿尔瓦终于成为她的最后一个牺牲品。在终场中，他面对露露的画像赞美道："面对这张画像，我感到又恢复了自尊。我明白这是命中注定的。面对这两片引起欢快的嘴唇，面对这双天真无邪的眼睛，面对这粉白色的肉体，谁还能够保持布尔乔亚的信条，那就让他先拿石头打我们吧！"阿尔瓦的这些观点也正是贝尔格的一贯思想。

贝尔格对阿尔瓦的认同，还表现在他给予阿尔瓦一种以感伤为基调的抒情性音乐语言。这一点突出地体现在第二幕的回旋曲中。在序幕中，剧中的主要角色均被驯兽师喻为各种动物，这从陆续出现的各种音列中可以辨认出来：老虎是舍恩博士，熊是罗德里戈，猴子是侯爵，爬行动物是施格尔希，蜥蜴是医学专家，鳄鱼是戈施威兹伯爵夫人，骆驼或许是画家（没有明指），而毒蛇则是露露。只有阿尔瓦不是笼中的任何动物，他的音列是由驯兽师唱出的，这位驯兽师正在代表他向观众们说话。

《露露》的自传因素还体现在贝尔格对汉娜的暗示上。序幕中驯兽师唱到"从而歪曲了女人的真性"一句时，乐队中出现了F和H的大三和弦的并列。（见例29）

例29

在他自己改编的脚本上,贝尔格在"女人的真性"这几个字下划了着重线,显然是想强调它。在电影音乐间奏曲的转折点上,小提琴保持着 B 音(第 687 小节),随后便开始了逆行。贝尔格在手稿的这个地方加了一条边注:"多么巧合呀!最后一个场景!总是 H 音!"

1929 年 12 月 4 日,贝尔格致汉娜的一封信中提到了刚刚完成的音乐会咏叹调《酒》①中的一段:"当我提到《情人之酒》中的诗句:'妹妹,让我们比翼双飞,一刻不停,直到我的梦之乡'时,除了你,汉娜,还能是指谁呢?这句诗消失在最柔和的 H 和 F 大三和弦上!"可见,这两个和弦再次出现在《露露》的序幕中并非偶然。

在第一幕奏鸣曲式结束部主题出现时,露露说道:"如果我在这世界上要属于一个人,那么我就属于你。"这个结束部的小节数为 10 小节(总谱第 615－624 小节),而 10 正是代表汉娜的数字。在全剧的结尾处,垂死的戈施维兹向死去的露露表述了衷情:"露露,我的天使,让我再看你一眼!我在你身边,永远在你身边,永

---

① 1929 年贝尔格应女高音海尔林格的委托创作了被称为《露露》的准备作品的音乐会咏叹调《酒》,歌词仍然是选自波德莱尔的《恶之花》,在内容上,这些诗歌预示了魏德金对世纪末资产阶级的批判。

远!"贝尔格在这段音乐中也寄托了自己对汉娜的无法实现的爱：最后的结束和弦和高声部是 H，低声部是 F。(见例 30)

例 30

（五）无家可归的人

《沃采克》的成功使贝尔格获得了国际声誉，而且在经济上也获得了可观的收入。1930 年，他买了一辆福特牌小汽车，并高兴地把照片寄给所有的朋友，在他生命的最后几年中，驾车作短途游览是他闲暇时的一大乐事。《沃采克》在许多城市的上演，他都亲临指导并作有关这部歌剧的讲座。直到确信这部戏没有他在场也能演好，他才把更多的精力投入了《露露》的写作。为了得到尽快完成《露露》所需要的物质上的保障，他建议克莱伯再演几场《沃采克》，因为"从一部争议很多的歌剧的上演所得到的经济收益，要比从《抒情组曲》在 20 个大城市上演所得到的多一百倍。"[①]

然而，好景不长，随着纳粹势力的增长，很多剧院都开始屈服于政治压力而拒绝上演《沃采克》了。这样，贝尔格主要的收入来源便被切断了。尽管如此，为了能继续离开"浪费时间的"的维也

[①] 贝尔格 1931 年 7 月 1 日致克莱伯，转引自卢赛尔：《克莱伯传》第 139 页。

纳而去乡间专心创作，贝尔格1932年11月还是在卡林西亚买下了位于沃特湖上的"森林宅院"（Waldhaus）别墅。在这座最后的避难所中，贝尔格完成了他的歌剧《露露》的第三幕和《小提琴协奏曲》。

当纳粹党在议会取得了越来越多的席位时，贝尔格认为这是很可怕的事。1933年2月底至3月初，他去慕尼黑为"全德音乐协会"当曲目评委时正值狂欢节，整个城市沉浸在一片节日喧嚣之中，仿佛全然没有注意到希特勒已在一个月前成为德国的最高统帅了。贝尔格在给妻子的信中对此感叹道："在假面与糖果的上面是国会纵火的新闻，简直是在火山上跳舞！"贝尔格还发现他和评委们的会议很紧张，"纳粹考虑的很多，例如将勋伯格和像皮斯克与耶里内克这样的非德语名字排除在外，若在其他的环境中，他们肯定是会入选的。"[①]

不久，由于纳粹从公职中排除犹太音乐家，勋伯格失去了在柏林普鲁士艺术学院的教授职位而去了巴黎。贝尔格对此感到极端沮丧。在给韦伯恩的一封信中，他表达了对勋伯格的深切关怀："现在他已近六十高龄，却被逐出了他可以说其母语的国家，无家可归，飘泊不定，在一个旅馆的房间里，他又如何生活呢……"[②]

1933年底，贝尔格仍然坚持在"森林宅院"过冬而不愿回维也纳，他在给勋伯格的信中戏称这座乡间别墅为"自我流放的集中营"，只有在这里他才能集中精力作曲。为了换得一笔可观的收入以支付来年的生活而不必继续借债，贝尔格不得不决定卖掉《沃采克》的总谱手稿。他请已去了美国的勋伯格帮他把手稿卖给美国的

---

① 《贝尔格致妻子信》，第399页。
② 1933年7月初贝尔格致韦伯恩，转引自雷德里希：《阿尔班·贝尔格》，第239页。

一个富有的手稿收藏家。1934年6月,这三大本手稿最终卖给了国会图书馆,贝尔格所得的1140美元[1]后来又分给手稿的原拥有者环球出版社一半。阿多诺在他的回忆文章中也指出:"1933年以后,贝尔格出卖自己的手稿成为了一种收入的来源,我曾徒劳地试图唤起一个英国人麦斯纳斯对《抒情组曲》手稿的兴趣,在他给我的最后的一些信件中,详谈过这个计划。"[2]

《露露》在1934—1935年的演出季节中在柏林仍由克莱伯指挥首演的计划,由于政治形势的恶化而未能实现。尽管如此,1934年11月30日,克莱伯还是成功地在柏林指挥了《露露组曲》的首演。贝尔格虽然由于健康原因而未能出席这次被人们称作一次"示威"的演出,但是这对他来说也是一次难得的成功。在音乐会上有人别有用心地高喊:"莫扎特万岁!",克莱伯转过身来回敬他说:"你搞错了,这是阿尔班·贝尔格的作品。"这次演出引发了一些报纸对这部作品和克莱伯的恶毒攻击,《德意志报》的署名文章说贝尔格"围绕一个妓女而写的音乐"是"对罪恶的美化……这些可卡因式的音乐对我们来说是一种疾病,而且是不治之症,因为它是整个系统的一种疾病。……我们在莱茵文化中体验到了音乐上的布尔什维克主义。"[3] 四天后,克莱伯辞去了德国国家歌剧院总指挥的职务,并于1935年1月离开了德国,他对纳粹说,他不能继续生活在这个音乐已不能像空气和阳光那样自由传播的国家里。贝尔格的音乐从此被视为"非德意志"的"堕落音乐"而禁止在德国演奏,尽管他是个具有纯粹的亚里安血统的作曲家。

1935年初,贝尔格接受了美国小提琴家路易斯·克拉斯纳请他

---

[1] 约合当时的6000奥地利先令。
[2] 转引自波尔:第二卷,第261页注3。
[3] 转引自舍利思:《阿尔班·贝尔格》,第104页。

写一部小提琴协奏曲的委托。4月22日，贝尔格最亲密的朋友之一阿尔玛·马勒的18岁的女儿曼侬·格罗皮乌斯因患小儿麻痹症而突然去世。这件事触发了贝尔格写作小提琴协奏曲的灵感，他立刻中断正在进行的《露露》的配器而在三个月的时间内完成了这部作品。[①]

贝尔格将协奏曲题献给曼侬，献词是："怀念一位天使"。全曲四个乐章分为两大部分，第一部分是曼侬的音乐肖像，由"行板"和"小快板"两个乐章组成。在谐谑曲式的"小快板"中，贝尔格运用了兰德勒舞曲风格和一段克恩腾民歌的旋律。第二部分表现小姑娘与疾病的搏斗、死亡与升华，由"快板"和"柔板"两个乐章组成，快板由小提琴的华彩与命运节奏的对抗推向高潮。柔板则以巴赫的一首圣咏《够了》为基础，构成了全曲的结论和重心。

这首协奏曲的音列与贝尔格另外两部晚期作品《酒》和《露露》的音列一样，也强调了传统调性的因素。不同的是，贝尔格在这里强调的不再是自然音音阶展开的形式，而是连续的三和弦分解的形式。只是最后的四个音构成了全音阶的片断，而它正与此曲所引用的巴赫圣咏的开头四个音相吻合。（见例31）

例31

贾尔曼认为，这个音列开始处的 g 小调三和弦和随后的 D 大调三和弦在整部作品中起着很大的结构作用。在主要段落的一些结

---

① 贝尔格7月12日完成缩谱，8月11日完成配器。

构点上,我们可以看到对 g 小调和它的关系调降 B 大调的暗示。①这部作品最后结束在附加六度音的降 B 和弦,也就是 g 小调三和弦与降 B 大调三和弦的结合上。它的音响不禁使人想起马勒的《大地之歌》和勋伯格的《古雷之歌》的类似的结尾。1911 年 11 月 20 日,当贝尔格为勋伯格的《古雷之歌》改编钢琴谱时,曾被该作品的结尾深深地感动了。他当时刚刚得到一本首版的《大地之歌》的总谱。他发现《古雷之歌》的最后一小节和《大地之歌》的结尾使用了同样的和弦:附加六度音的 C 大三和弦。② 《小提琴协奏曲》的这个类似的结尾和弦正说明了它与上述两部作品在表现内容,特别是结论上有着某些共同之处,它们都借此表现了一种超脱尘世,虚无飘渺的崇高境界。因此,贝尔格在这里对调性的暗示便不仅具有结构的功能,而且也具有表现的功能。

贯穿于《小提琴协奏曲》的另一个重要因素便是数字象征,它也对这部作品的结构和内涵起到了决定性的作用。③

贝尔格对数字象征的迷恋由来已久。1915 年 6 月 10 日他写给勋伯格的信中便谈到他自己的命运"总是与一个决定性的数字有关,那就是'23'这个数字!"勋伯格的回信中劝他不要过于依赖这些幸运或不幸的数字。对此,贝尔格在 6 月 20 日的信中继续对勋伯格谈道:

我自己有大量证据证明 23 这个数字不仅是一个"恶运"的数字,而且也与好运有关……这个数字总是在我的生活中扮演一个重要角色……总之您对我从这些幸运和不幸的数字中解脱出来的劝

---

① 参见贾尔曼:《阿尔班·贝尔格的音乐》,第 102 页。
② 参见《通信选》,第 48 页。
③ 参见贾尔曼:《阿尔班·贝尔格、威廉·弗利斯及小提琴协奏曲的秘密标题性内容》,《世界音乐》1985 年第 2—3 期。

告，最终使我设想这种自由的可能，即：一个人战胜命运的可能，这也使我相信，我不仅能够而且会成功地去这样做的。①

接着，他向勋伯格谈到德国生物学家弗利斯的著作《论生与死》，贝尔格仿佛从这本书中为自己笃信神秘的数字找到了科学的根据。弗利斯认为：生命在各阶段的运动都是有一定周期的，而时间的长短都可以用28和23这两个数来除尽，这种周期也体现在人类身上，28是女人的数字，而23是男人的数字。

贝尔格的小提琴协奏曲的第一部分（前两个乐章）突出了28这个数字，例如，行板的速度标记是♩=56（2×28），小快板的速度标记是♩=122（4×28）。行板的引子和A段后的过渡段（"娇柔地"）是从第28小节开始的，与之相对称的A段与引子的减缩再现（"回原速"）则是从第83小节（3×28）开始的。此外，在贝尔格手稿的这一部分的页边空白处也标有一些有关28这个数字的计算式。

如果说第一部分的28这个数字是与作品的公开标题和细致刻划曼侬的性格相一致的，那么协奏曲的第二部分则更多地突出了23这个数字。例如：这部分的两乐章共有230小节。"快板"的速度标记是♩=69（3×23）。从第23小节起开始出现了象征死之命运的"主导节奏"。"柔板"的主题引用了巴赫的圣咏《够了》，它的长度（如果连同中提琴的引入）是23小节。在157小节，也就是"柔板"的第23小节处，开始了圣咏的变奏Ⅰ，它的表情标记是"神秘地"，由圆号吹出的B-A-G-E四个音符正是《室内协奏曲》的引子中代表贝尔格的音符。从这个变奏的独奏小提琴进入起（第164小节）到"柔板"的最高潮（第186小节）也正好是

---

① 贝尔格致勋伯格，1915年6月20日，《通信选》第248页。

23 小节。

这部协奏曲也没有遗忘汉娜·富克斯-罗贝廷这位贝尔格的秘密情人。"行板"的引子为 10 小节,与汉娜的数字相吻合,"柔板"的变奏 I(第 158—177 小节)和变奏 II(到"很平静地",第 178—197 小节)均各有 20 小节(2×10)。"兰德勒和克恩腾民歌的回忆"(再现)是从第 200 小节(10×20)开始的,它与"尾声",即变奏 III 相连直至第 230 小节(10×23)结束全曲。在第 222 小节,也就是"兰德勒"开始后的第 23 小节处,独奏小提琴奏出了代表汉娜的 H 和 F 这两个音。

由此可见,与小提琴协奏曲的公开标题并存的还有一个秘密标题。它主要体现在乐曲的后半,集中表现了贝尔格本人当时的心境。因此,这部作品可以说既是曼侬的安魂曲,也是贝尔格自己的安魂曲。①

贝尔格在写作小提琴曲时是否对自己的死有所预感,这仍然只能推测。据克拉斯纳回忆,海伦娜曾向他多次讲述贝尔格如何带病写作小提琴协奏曲,甚至发烧时,他也无情地挥动着他的手。"我要继续写下去",贝尔格回答她妻子说,"我不能停止写作,我没有时间了。"② 当时,他的身体状况已很不好。曼侬的死促使他以全部精力对死亡问题进行了思考,他在巴赫的圣咏中找到了答案。这首圣咏受启发于先知伊利亚的话:"现在已经够了,我的主,拿去我的生命吧!"我们不禁也会想起贝尔格最直接的前辈马勒的交响乐中的那种"告别人生"和"向往来世"的特有情绪。在马勒的作

---

① 参见康斯坦丁·弗洛罗斯:《阿尔班·贝尔格的〈安魂曲〉》,《世界音乐》1986 年第 2 期,第 13 页。

② 参见克拉斯纳《阿尔班·贝尔格创作小提琴协奏曲的起因》,1980 年维也纳阿尔班·贝尔格学术讨论会论文集,第 108 页。

品中这种世纪末的情感最为强烈,而贝尔格在这里也像他的前辈大师巴赫、莫扎特、勃拉姆斯或马勒一样,在自己最后的作品中,超越了个人对死亡痛苦的体验,而达到了一种体现人类的"终极"思想的境界。

与马勒写作《大地之歌》时的心境类似,贝尔格写作小提琴协奏曲的时候,也是他的心情最为颓丧的时刻。除了上述经济状况的恶化,贝尔格的健康状况在这时也几乎下降到了他一生中的最低点。写作《露露》时,哮喘病的复发已使他不堪重负。然而,最使他痛苦不安的还是政治气候的恶化。1935年1月30日,贝尔格给勋伯格的信中这样写道:

……我们的艺术被认为是异己的因而我们的物质存在也是异己的了——它像其他地方的情况一样,正受到被"攻击"为"文化布尔什维克主义"的威胁,人们大都在考虑和谈论如何反对这种看法,以便更好地保护自己。不幸的是,我们处于非常不利的境地,因为此时我们实际上不可能不被敌手们在政治上作这样的解释,而这当然恰恰是我们所不愿意听到的。对我们这些受到"威胁"的人来说,最需要的事就是建立某种非政治性的知识分子的共同战线。①

勋伯格在1935年2月9日贝尔格50岁生日的时候寄来一封贺信,并附有用露露的动机写成的一首卡农曲和一段贺词的录音。信中写道:

在你50岁生日的时候,我希望你继续有力和健康,这对我们的战斗是非常必要的。在我们的事业中,你要单枪匹马地设法去赢得普遍的承认。这是我们共同的事业,我们三人荣辱与共,即使不

---

① 《通信选》,第463页。

是由于同情，友谊和对真与善的重视，单是我们这个共同体的命运，也将保证我们会互相忠诚。"①

留在故土并感到日益孤独的贝尔格对勋伯格的祝贺倍感欣慰。但他也无法摆脱对自身处境的忧虑。在一张印有贝尔格出生地的照片的明信片上，贝尔格写道："1885年2月9日他出生于这座房子里并在祖国渡过了整整50个春秋之后，他获知自己已不再是一个本国的作曲家了。"②

在8月28日的一封信里，贝尔格向勋伯格报告了《小提琴协奏曲》的完成，并谈到他由于蚊虫叮咬而引起的感染已折磨了他半个月，可能还要很久才能治愈。因此而未能出席布拉格的国际音乐节。他在这封信的结尾写道："我们将在这儿（指'森林宅院'）呆两个月，我想最后完成《露露》的配器。到了那时，我也不得不去找份差事糊口。至于到时我会做什么，只有天知道了。不管怎样，除了物质生存问题外，我们两人都害怕……寒冷。谢天谢地，您至少可以不用害怕这个了。"③ 贝尔格在这里所说的"寒冷"，无疑便是指当时严峻的政治气候和令人窒息的文化气氛。

1935年11月30日，贝尔格再次写信给远在美国的勋伯格，详细地谈了自己的情况。这是他写给勋伯格的最后一封信，其中的苦闷之情溢于言表：

不管怎样，我的情况并不很好。财政上就不很好，因为我无法维持目前在"森林宅院"的生活方式（但还没有下决心卖掉宅院，我在这儿两年所做的工作，比以前十年所做的还要多）。我的健康也不很好，因为几个月来我一直在生疮疖（现在又复发了，而且是

---

① 《通信选》，第462页。
② 波尔：第二卷，插图23。
③ 《通信选》，第467页。

在身体躺卧的部位！)。最初，在我完成协奏曲后不久由于虫子的叮咬而生了可怕的疮疖，它立即毁掉了我在秋季弥补损失的任何可能性，而在夏季的艰苦工作和创作《露露》多年后，我是非常需要弥补一下损失的。最后，我在情绪上不很好。这一点是不会使你感到意外的，因为一个人突然之间发现，他在自己的祖国并不被看作本国人，因而完全成为无家可归的人。特别是，人们如果没有深刻而持久的幻灭感，是很难体会这种事情的。不过，我把这种事情告诉你们这样的人是不适当的，因为同我小小的体验比较起来，你们对此体验要沉痛得多，毕竟我还生活在我的祖国，而且还能说我的母语。①

贝尔格在去世前几周写给《酒》的委托人和首演者海尔林格的信中，也有一段意味深长的话："这么多的人面临今天这个问题。大多数人，包括我在内，找不到解决的办法。关于这个题目我可以从切身经历中告诉你很多，那是些令人不满和最近几个月特别使我们感到压抑的东西。……《露露》交响片断将在12月8日由门戈贝格上演，还有其它许多地方要演……在各地它都被称为奥地利音乐，唯独在奥地利它不被视为奥地利音乐，这不是很滑稽吗?"②

12月11日，《露露组曲》在维也纳首演，贝尔格抱病出席。一周以后，他病情恶化被送入医院。12月24日，圣诞节前夕，他因疮疖感染引起的败血症而离开了人世。他没有能活着听他的《小提琴协奏曲》的首演。③ 这部作品终于也成为作者自己的安魂曲。据阿多诺回忆，贝尔格最后的病可能与他的经济状况的恶化有关。

---

① 《通信选》，第463页。
② 波尔：第二卷，第257页。
③ 《小提琴协奏曲》于1936年4月19日在巴塞罗纳国际现代音乐节上首演。克拉斯纳独奏，舍尔欣指挥。

"这是贝尔格传记中悲惨的一页。他可能为了攒些钱而未能及早求助最好的医生给予彻底的治疗。虽然他有'对此已无能为力'的态度，但是，他自己的屈从和消沉，可能也是促使他死亡的因素。"[1]

---

[1] 波尔：第二卷，第261页注3。

第五章 结 语

贝尔格作为一位出生和成长在世纪末维也纳所特有的社会政治与文化氛围中的作曲家,在其思维定势、行为方式和审美情趣上都受到了世纪末思想的影响。他一生经历了奥匈帝国的衰落、解体,第一次世界大战,以及战后的各种巨变所带来的社会大动荡,这种大动荡所引起的焦虑和幻灭的情绪,也在他的作品中留下了深刻的印记。

如前所述,这种世纪末的思想,贯穿在贝尔格从早期歌曲到《露露》的全部创作中。它以神秘主义的、悲观的宿命论为核心,特别突出地体现在作品的结构上。例如对称的弓型结构、回文或循环结构,不仅萌芽于早期作品,而且越来越多地出现于成熟的作品,特别是《沃采克》以后的每一部作品中。这些作品往往都有一个中心点或中心乐章作为转折点,然后通过严格或不甚严格的逆行而终止于作品的开始处。贝尔格以此暗示了人所陷入的一种无限循环的困境。特别是在两部歌剧中,贝尔格用音乐的结构突出了原作中这一隐伏着的主题。正如贾尔曼在他的专著中正确地指出的,在这两部作品中,"结构即主题"。[①]

贝尔格对数字象征的兴趣也是十分突出的。在《沃采克》以后的所有作品都程度不同地运用了这种象征。它不仅是一种音乐的结

[①] 参见贾尔曼:《阿尔班·贝尔格的音乐》,第241页。

构手段，其中依然蕴藏着深刻的主观意义，而且它和上述的循环结构一样，也必须联系当时的整个文化气候来加以考虑，才能充分地理解它的含义。

大约从19世纪末起，通神学和降神术开始风行欧洲。不仅在艺术圈子里（如蒙德里安、康定斯基、叶芝和乔埃斯），而且在一些大科学家中间（如爱因斯坦和弗洛伊德）都有它们的信徒。在贝尔格身边的人物中间，海伦娜是一位唯灵论者，勋伯格也相信数字占卜，他的好友奥斯卡·阿德勒对占星术十分精通。贝尔格也深受这些神秘学说的影响。例如他对数字象征的兴趣，或许就是受到了弗洛伊德的朋友威廉·弗利斯的影响。后者提出的一种理论认为：整个人类、动物和植物的生命都受到以数字23和28为基础的循环圈的统治。

尽管贝尔格的作品中蕴含着这种绝望的悲观主义，但是却没有一般世纪末艺术所具有的那种为艺术而艺术的唯美主义倾向。相反地，他的作品中总是充满着一幅残酷而真实的"内心之画"和一种对现实的持久的否定性怀疑。这也正是阿多诺在他的《美学理论》一书中视为艺术发现真理的重要因素的那种否定性。这一点特别突出地表现在贝尔格的两部歌剧中（这是他全部作品中的两个最重要的支柱）。他明智地选择了这两部社会批判性很强的戏剧作为自己歌剧脚本的基础，从而创作出了雷德里希所谓的"社会抗议与同情的歌剧"。其中对悲观主义的宿命论的强调并未削弱原作中的社会批判性，反而强化了它。不难看出，在这些作品的绝望之中还隐藏着的一丝希望。那是对更美好的社会与人性的一丝顽强的希望。对于沃采克和露露这样的因受苦受难而走向堕落的人，贝尔格一向怀有一种极为深切的同情，甚至有着一种迷恋。他在作品中特别强调了作为牺牲品的沃采克和露露的悲惨命运，以及他们被社会吞食的过程。勋伯格在1949年纪念贝尔格的一篇文章中说：

> 我大大震惊于这位温柔、怯懦的青年竟有勇气冒这种招灾之险：创作了《沃采克》，一部好象不能入乐的奇特的悲剧性歌剧。更有甚者，它还包含与仍以风格化服装和传统角色占据舞台的歌剧的概念背道而驰的日常生活的场景。①

当贝尔格写作《露露》时，情况又何尝不是如此呢？但是他为了表达自己对时代与人生的巨大困惑，依然大胆地让妓女和勤务兵成为了歌剧舞台上的主角，并从中发掘出一种不规则的、分裂的、不和谐的美感。这说明他性格中的基本力量终于战胜了他对勋伯格依赖和附属的心理而走向了彻底的自立。他的这些作品在许多方面的确已经超越了勋伯格同时期的一些歌剧作品，如《期待》、《幸运之手》和《摩西与阿伦》，而具有更强烈的社会现实感和更深刻的人道主义精神。正如阿多诺在评论《露露》时所说的：

> 在我们这个时代里，没有别的音乐作品像贝尔格的作品那样富于人道主义精神，并使人们感到了震惊。这部变幻莫测的伟大作品（其中露露呈现在你的面前），在事实上是具有深刻人道主义的艺术作品中的典范。②

先锋派的文学艺术，总是表现出强烈的反叛精神和永无止境的探索精神。作为历史上的先锋派之一的表现主义，自然也具有这样的精神。贝尔格的两部歌剧之所以达到如此的成就，就与表现主义运动（特别是在戏剧方面）的发展历程有着密切的关联。当贝尔格1905年观看魏德金的《潘多拉的盒子》和1914年出席毕希纳的《沃伊采克》在维也纳的首演时，正值表现主义戏剧发展的初期。

---

① 《勋伯格论作曲家》，第94页。
② 阿多诺：《关于阿尔班·贝尔格的〈露露〉的一次谈话》，全集第18卷，第649页。

这些预示了表现主义特色的戏剧刚刚引起了人们的注意。歌剧《沃采克》的写作跨越了第一次世界大战,而这次战争对表现主义艺术的影响又是极其巨大的。"它破坏了新崛起的表现主义戏剧中的那种个人和主观性的内容,促进了在戏剧中微妙地引入对人和社会表示关切的内容。"①《沃采克》的写作正与这种潮流相一致。当这部歌剧在1923年完成时,表现主义的绘画在德国已经转向"新客观现实派",表现主义戏剧的发展也已经带有了现实主义的倾向。从魏德金逝世到贝尔格写作《露露》的十年,是德奥戏剧界紧张而繁荣的十年,也是表现主义戏剧的成熟期。贝尔格在歌剧中也吸取了一些这个时期发展的成果,如增加无名氏角色,引入电影音乐间奏曲,用双重或多重角色造成类似记忆幻觉的效果等等。这些都强化了原作中对表现主义手法的预示,并增加了一种荒诞的超现实主义的气氛。

贝尔格的音乐本身除了表现主义,的确还可以找到不少其它艺术流派,如浪漫主义、现实主义、象征主义、印象主义、甚至超现实主义的因素。他的突出特征是兼收并蓄,为我所用,并不是一个标签所能概括的。不过,表现主义无论如何仍然是他的主要倾向。这种艺术流派追求表现更深刻和更内在的东西,为此不惜放弃外在的美感,真诚地面对社会与人生,在作品中化丑为美,体现了时代精神和高尚的艺术趣味。贝尔格的音乐正具有这些特征。因此,我认为他的音乐比起一些印象主义音乐,特别是那些外在的,苍白的音画式的作品,有着更多值得我们学习的东西。

在第一章中我曾谈到贝尔格对维也纳有着一种又恨又爱的矛盾心理。对于这座城市所体现的伟大的德奥音乐的传统,他也经常怀

---

① J. L. 斯泰恩:《现代戏剧的理论与实践》(三),第9页。

有同样的心情。他热爱这种伟大的传统，但又痛恨当时盛行的陈腐而保守的传统主义。他强烈地感到艺术需要革新，但也时时处处感到自己与过去的传统之间那无法剪断的深刻联系。在从晚期浪漫派风格直到12音风格的全部创作中，他一方面始终没有放弃情感表现的紧张性和自发性。这是他的音乐的一个最大的特征。与此相关的是，他也从未放弃对调性对比的暗示，以及主题结构的传统形态和发展手法。另一方面，他又竭力寻求对作品的一种理智的、抽象的制约力量。许多数学性的、非音乐的组织手段不仅促使音乐达到了结构上的完美统一，而且这些手段本身往往便具有着深刻的个人意义，例如上述的数字象征和循环结构等等。

这两方面因素的并置和对比，便构成了贝尔格音乐中的一种奇特的矛盾。这也正是索克尔所说的那种"表现主义的悖论"。在那里，"最伟大的形式抽象的感觉和最混乱的无形式并肩而立。"[①] 贝尔格就是在这种矛盾的不断的冲突之中，最终发展出一种综合的风格。他的音乐，特别是两部歌剧的音乐，一方面反映了与社会之间的联系，另一方面又体现了音乐本身的奥妙的自律。这是一种既不同于保守的过去，也不同于激进的未来的第三种风格。在这里，移情与抽象、日神精神与酒神精神、理性与非理性之间，在升华的过程中达到了一种完美的综合。在这方面，贝尔格是青出于蓝而胜于蓝，走在了他的老师勋伯格的前面的。

阿多诺认为新音乐的力量在于否定之中，无调性音乐是陷入困境的时代的真正的音乐，其否定性（对文化和社会的否定）是十分明显的。因此他认为贝尔格音乐作品中的那种高尚的温暖似乎是一种"过早的妥协"。而贝尔格的特点恰恰在于，他有意识地在否定

---

① W. 索克尔：《走极端的作家》，第13页。

性中混合了肯定性的因素，如调性的因素。他的那些近似调性的怀旧语言绝非陈词滥调，而是他进步的美学意识的一个中心部分。实际上，勋伯格在30年代也放松了对12音作曲规则的控制，调性和序列的源泉彼此丰富了他40年代的一些作品。到了20世纪70-80年代，先锋派浪潮过后，更多的新一代作曲家又返回了调性和19世纪的传统。贝尔格在这方面可以说是他们的先驱。或许正是在这个意义上，我们可以赞同波尔的观点，把贝尔格称为"本世纪最向前看的一位作曲家"。

对待现代派艺术，人们往往会有两种极端的看法。一种认为它必须与传统彻底决裂，才能符合时代的要求。另一种认为往昔无限美好，而现代派一无是处。贝尔格恰恰站在了这两种看法的中间，因此经常引起人们对他的误解。科克什卡说过："以贝尔格为例，我认为勋伯格也是这样想的，他想站在安全的一边。因此他倾向于成为过去和这种新音乐之间的一座桥梁。"①

"我们干脆就做个不可救药的浪漫派吧！"贝尔格逝世前给瓦兹瑙尔的信中的这句话仿佛要对自己盖棺论定了。在艺术历史的长河中，我们看到，传统是不会消亡的。贝尔格身上固有的传统根基，使他即便在竭力打破传统的束缚时，也是在重建和巩固这种传统。在他身上鲜明地体现出许多位于两个时代之间的作曲家，如约斯堪、蒙特威尔第、巴赫或贝多芬等人所具有的那种二重性。一方面，他坚持了19世纪的很多东西，另一方面，他又向20世纪做出了大胆的开拓。

本文从社会-历史的角度对贝尔格的生活与创作道路所进行的

---

① A. J. 史密斯：《勋伯格和他的圈子》，第217页。

考察，使我们进一步认识到，对一个作曲家的研究往往需要采取一种更加整体的和综合的研究方法，也就是说，除了对作品进行扎实的技术分析外，还应探讨作品的社会历史内容，这包括深入了解作曲家生活的特定的历史环境，以及这个环境中的各种思潮对他所产生的影响。今天，我们在分析研究一些无调性和12音作品时，往往容易忽略这一点。在我们的眼里，技术和抽象的形式，没有和它的表现内容统一起来。因此我们并没有真正理解这种音乐所赖以产生的社会土壤。在创作中的借鉴，也难免会有生搬硬套之感。如何对作曲家及其作品进行这种综合分析，并通过这种分析，努力揭示音乐作品的内涵，揭示音乐与人和他（她）们所处的时代之间的深层联系，最终深化我们对音乐的认识，这正是摆在我们音乐史学家面前的一项光荣而艰巨的任务。

附录 I

贝尔格的作品目录

1. 早期歌曲

现存 86 首歌曲手稿,写作日期为 1900—1908 年间,其中半数以上已出版。它们是:

(1)《七首早期歌曲》,为声乐与钢琴而作(1905—1908),47.22/B43.1

(2)《闭上我的双眼》,为声乐与钢琴而作,版本 I(1907)

(以上 8 首歌曲在贝尔格生前已出版)

(3)《致洛伊康》,为声乐与钢琴而作(1908)[见 W. 莱希的《阿尔班·贝尔格》一书,苏黎士 1963 年版]

(4)《青年时代的歌曲》第一卷(1901—1904),[选有 23 首为声乐与钢琴而作的歌曲,1986 年出版]

(5)《青年时代的歌曲》第二卷(1905—1908),[选有 23 首为声乐与钢琴而作的歌曲,1987 年出版]

2.* 十六首有伴奏和无伴奏的声乐卡农曲

3.* 为单簧管、圆号和钢琴伴奏而作的两声部卡农曲(1907)

4.* 四声部合唱曲

5.* 为弦乐四重奏和五重奏而作的各种赋格曲、舞曲、变奏曲和其它一些曲子,其中包括一首完整的四个乐章的弦乐四重奏和一首为弦乐五重奏而作的二重赋格曲(1907)

6.* 为钢琴或钢琴二重奏而作的各种谐谑曲、变奏曲等

7. 五首钢琴奏鸣曲的草稿(均先于 Op.1,大部分未完成)

8.《基于一个自创主题的 12 个变奏曲》,为钢琴而作,(1908)

9.《奏鸣曲》,为钢琴而作,Op.1(1907-1908)
10.《四首歌曲》,为声乐与钢琴而作,Op.2(1909-1910)
11.《弦乐四重奏》,Op.3(1910) 41.3/B43.2
12.《为彼得·阿腾贝格的明信片诗词谱写的五首乐队歌曲》,Op.4(1912) 40.11/B43.3
13.《四首小品》,为单簧管与钢琴而作,Op.5(1913) 43.134/B43.1
14.《三首管弦乐曲》,Op.6(1914-1915) 40.11/B43.1
15.《沃采克》,三幕十五场歌剧,根据格奥尔格·毕希纳的戏剧改编,Op.7(1917-1922) 48.11/B43.1(总谱)48.12/B43.1(钢琴谱)
16.选自《沃采克》的三个片断,为女高音和管弦乐队,(1924)
17.《室内协奏曲》,为钢琴、小提琴和13件木管乐器而作,(1923-1925) 40.12/B43.1
18.《柔板》,为小提琴、单簧管和钢琴而作,根据《室内协奏曲》的第二乐章改编(1925)
19.《闭上我的双眼》,为声乐与钢琴而作,版本Ⅱ(1925)
20.《抒情组曲》,为弦乐四重奏而作,(1925-1926) 41.3/B43.1
21.《七首早期歌曲》,管弦乐队改编谱,(1928)
22.《酒》,为女高音与管弦乐队而作的音乐会咏叹调,(1929) 40.16/B43.1
23.《四声部卡农曲》,为法兰克福歌剧院作的合唱曲,(1930)
24.《露露》,三幕歌剧,根据弗朗克·魏德金的戏剧改编(1928-1935) 48.12/B43.2 V1,V2,(钢琴谱)

25. 选自《露露》的五首交响作品［露露组曲］，为女高音和管弦乐队而作（1935）40.11/B43.2
26.《小提琴协奏曲》（1935）41.13/B43.1

（以上凡带 * 者为未出版作品，它们将被收入即将出版的《阿尔班·贝尔格全集》。附于写作年代之后的书号为中央音乐学院图书馆藏谱书号）

附录 II

五首管弦乐队歌曲，Op.4 [歌词]
(根据彼得·阿腾贝格的明信片的词谱写)

(一)

在暴风雪过后，你的灵魂更加美丽，更加深刻。
你也拥有他们，拥有自然之子。
在这二者之上，还有一丝丝离愁别绪，
直到乌云消散以后！

(二)

你可见到夏季雨后的树林？
一切都那样璀灿、安宁，比以往更美丽。
看啊，好姑娘，你有时也需要夏季的暴雨！

(三)

你沉思地凝视着远方，
从不考虑家庭和财产！
你生活在梦境中，然而突然之间一切又都烟消云散。
你还在沉思地凝视着远方。

(四)

什么东西也没有，而且也不会平息我灵魂的渴望。
我久久地等待，等待，啊，久久地等待！

流年就在暗中转换,
直到灰色的头发无望地在我苍白的面庞上飘荡。

(五)

我站在忘川旁,
心头流出了悲哀的眼泪!
我哭出我的广阔无边、深不可测的悲痛,
它使我的灵魂憔悴!
我的周围看不到任何人类的痕迹,
看不到任何一个人。
我站在忘川旁,
雪花轻轻地飘落池水。
(据该作品总谱的英译歌词转译)

《抒情组曲》第五乐章的秘密标题

(根据波德莱尔的诗《我从深处呼喊》De profundis clamavi)

　　对你,我唯一亲爱的人,我痛哭嚎啕,
这哭声出自我心灵坠入的深渊,
那里的景色死寂,空气沉重如铅,
在黑暗中,灾难和恐怖不断地涌现。

六个月中太阳没有温暖,
另外六个月中黑暗笼罩大地,
甚至在极地也没有如此荒凉
没有溪水和树木,也没有田野和羊群。

但是恐怖并非来自智慧,
这颗寒星和这个暗夜中的令人毛骨悚然的恐怖,
来自无所不包的混沌!

我羡慕很多最普通的动物,
它们能昏昏沉沉地酣睡……
时光的流逝竟然如此地缓慢!
(据格林的英译文转译)

此诗选自《恶之花》,德译者是施蒂凡·格奥尔格(Stefan George),英译者是 D.M. 格林(Douglass M.Green)。在中译本《恶之花》(外国文学出版社 1980 年版)中,王了一先生用旧体诗将此诗译出。译文如下:

深谷怨

寄语天庭乞帝恩,
千寻幽谷陷灵魂。
周遭暗黪凄凉甚,
惟有森森丑象存。
年年半载日无温,
余月尤悲夜色昏。
林壑不存禽兽绝,
争如两极有城村。
冰冷曦微浑沌天,
愁肠寸断日如年。

伤心尤羡诸虫豸,
懵懵无知自在眠!

附录 Ⅲ

大 事 年 表

贝尔格的生活与作品	维也纳文化背景资料（音乐与戏剧为主）	奥地利史
1885 2月9日：阿尔班·玛丽亚·约翰尼斯·贝尔格在维也纳出生	**1885** 小约翰·斯特劳斯的轻歌剧《吉普赛男爵》在维也纳首演	
		1887 基督教社会联合会和基督教联盟（基社党前身）成立
	1888 胡果·沃尔夫作《莫里克歌曲集》。10月14日：维也纳环形大道上的新城堡剧场隆重开幕	**1888－1989** 1888年12月30日—1889年1月1日：社会民主党在海因费尔德建立
		1889 1月30日：王位继承人鲁道夫大公爵在麦耶林（下奥地利）自杀
		1889－1890 "青年捷克"的自由民族党要求捷克从哈布斯堡王朝的联合体中分离出去
		1892 8月11日：采用金本位制和克朗作为货币。70年代的经济危机被克服，"奠基时期"（指德法战争后的经济繁荣年代）得以充分发展

1895－1904 在维也纳第一（理科）中学上学	1895 5月21日：弗朗兹·冯·苏佩逝世	
	1896 10月11日：安东·布鲁克纳逝世	
	1897 "分离派"建立。4月3日：约翰尼斯·勃拉姆斯逝世	1897 基社党领袖卡尔·罗伊格在第五次选举之后经约瑟夫一世皇帝批准成为维也纳市长
	1897－1907 马勒成为维也纳宫廷歌剧院指挥	
		1898 9月10日：伊丽莎白女王在日内瓦被意大利无政府主义者谋杀
	1899 勋伯格作弦乐六重奏，Op.4（《净化之夜》）。6月3日：小约翰·斯特劳斯逝世	
1900 强烈地倾向音乐，最初的作曲尝试（歌曲）； 玛丽亚·芭莱斯资助贝尔格上学直到中学毕业。 3月30日：父亲逝世	1900 勋伯格开始写作《古雷之歌》（1911年完成）	1900 民族主义者在君主国内部要求自治的企图越来越强烈，他们推翻了一个又一个政府，并使议会的运转陷于瘫痪，多次只能通过紧急法规的手段进行统治
		1902 6月28日：奥－匈、德、意三国同盟之间的第三次革新

1903 9月：考学不成和"爱情的苦恼"造成的绝望情绪使他企图自杀	**1903** 勋伯格作交响诗《佩利亚斯与梅丽桑德》Op.5，2月22日：胡果·沃尔夫逝世	
1904 中学毕业。在下奥地利总督府作簿记实习生。在法律系听课。首次接触"雄狮啤酒座"的艺术家们。 秋：开始向勋伯格学习。 开始与安东·韦伯恩的友谊。歌曲创作的数量到1908年增至74首	**1904** 爱德华·孟克画展	**1904** 4月8日：英法之间关于摩洛哥的条约。"英法协约"1908年加强了包括俄国在内的"三国协约"，以对抗奥-匈与德国
1905 在维也纳-利奥波德商业区的特里阿农剧院观看弗朗克·魏德金的《潘多拉的盒子》的演出并聆听了卡尔·克劳斯的有关讲演。	**1905** 理夏德·斯特劳斯作歌剧《莎乐美》（1918年在维也纳宫廷歌剧院首演）。维也纳工人交响音乐会创建。 勋伯格作第一弦乐四重奏（Op.7，d小调）	
1906 按照一项家庭遗产的规定，贝尔格可以放弃公职。初次与海伦娜·纳霍夫斯基相遇，并结识了阿腾贝格。	**1906** 勋伯格作第一室内交响曲（Op.9，E大调），马勒作第六交响曲 文森特·凡高画展	
1907 11月7日：7首早期歌曲中的3首歌和为弦乐与钢琴而作的赋格曲首次公演。作施托姆歌曲《闭上我的双眼》（版本Ⅰ）		**1907** 2月26日：举行了奥地利男性公民的普遍、公平和无记名的直接选举。

1907－1908	1907－1908	5月14日－24日：按照奥地利新选举法举行的第一次选举
作根据一个自创主题（C大调）的12个钢琴变奏曲；钢琴奏鸣曲，Op.1；《七首早期歌曲	勋伯格作第二弦乐四重奏	基社党（吕格） 98席 德意志民族党 79席 社民党（超民族的） 87席 捷克人 82席 波兰人 71席 南斯拉夫人 37席 鲁提尼人 30席 意大利人 18席 其他人 14席
	1908年6月："分离派"画展	（各民族的辩论仍未平息）
1908 经阿腾贝格介绍，贝尔格与克劳斯认识。	1908 安东·韦伯恩用"自由"无调性手法创作《为乐队而作的帕萨卡里亚》Op.1和为施蒂凡·格奥尔格的诗谱写的五首歌。勋伯格开始创作《幸运的手》（1913年完成）和格奥尔格歌曲，Op.15。1908－1911费利克斯·魏因加特纳成为维也纳宫廷歌剧院指挥	1908 10月5日：通过奥－匈合并了波斯尼亚－黑塞戈维纳。俄、英、法反应强烈。在塞尔维亚和门特内戈罗（黑山）提出特别强烈的抗议。 12月2日：弗朗兹·约瑟夫一世皇帝当政六十周年纪念。由于德国人和捷克人之间非常严重的暴力行为而在布拉格实施了紧急状态法
1909－1910 为弗里德里希·海贝尔和阿尔弗雷德·莫贝尔特的诗谱写的四首歌曲，Op.2 3月29日：贝尔格出席了一次科克什卡戏剧的早场演出。	1909 勋伯格作《三首钢琴小品》，Op.11；《五首乐队小品》,Op.16；独幕歌剧《期待》,Op.17。理夏德·斯特劳斯的歌剧《伊莱克特拉》在维也纳宫廷歌剧院首演。马勒作《大地之歌》。国际音乐协会第三次会议。约瑟夫·海顿逝世百年纪念。	

	3月：科克什卡的戏剧《谋杀者，女人的希望》在分离派第二次展览上公演	
1910 弦乐四重奏，Op.3	**1910** 韦伯恩作《六首乐队小品》，埃贡·席勒"新艺术小组"画展，10月10日：勋伯格画展	
1911 4月24日：钢琴奏鸣曲和弦乐四重奏首演。 5月3日：阿尔班·贝尔格与海伦娜·纳霍夫斯基结婚。 作马勒第八交响曲和弗朗兹·施雷克的歌剧《远方之声》以及勋伯格《室内交响曲》的钢琴改编谱	**1911** 勋伯格为女高音、钢片琴、口琴和竖琴而作《心上人》，Op.20。理夏德·斯特劳斯作歌剧《玫瑰骑士》。5月18日：古斯塔夫·马勒逝世。勋伯格完成《和声学》。 **1911－1913** 韦伯恩作《五首乐队小品》，Op.10。科克什卡在维也纳的画展遭到非议	
1912 编辑介绍勋伯格教学情况的《勋伯格手册》，作勋伯格弦乐四重奏Op.10的钢琴谱。校对《古雷之歌》并参与组织文学与音乐学术联合会的音乐会。秋天：为阿腾贝格的明信片诗词作管弦乐队歌曲，Op.4	**1912** 勋伯格作《月迷彼罗》，Op.21	**1912** 3月13日：塞尔维亚和保加利亚之间建立"巴尔干同盟"，随后希腊和门特内戈罗也加入。 9月30日：奥－匈巩固南部边界，俄国的"演习动员"，法国延长兵役义务，整个欧洲加强军备

1913 分析工作（对勋伯格《古雷之歌》的指南）。负责2月23日《古雷之歌》首演的合唱队工作。 3月31日：在两首阿腾贝格歌曲首演之后引起音乐会丑闻。完成为单簧管和钢琴而作的四首小品，Op.5；开始创作管弦乐曲，Op.6；为勋伯格的《室内交响曲》作四手联弹的钢琴改编谱。	**1913** 斯特拉文斯基的《彼德鲁什卡》在维也纳宫廷歌剧院首演。韦伯恩作为弦乐四重奏而作的《六首断章》，Op.9。勋伯格的《古雷之歌》和舞台作品《幸运之手》在维也纳首演。音乐厅开幕	**1912–1913** 巴尔干战争
1914 5月14日：阿尔班·贝尔格在维也纳室内剧院观看格奥尔格·毕希纳的戏剧《沃伊采克》并为改编歌剧写下最初的草稿。 9月：三首管弦乐曲Op.6的第一和第三首完成（第二首完成于次年夏）	**1914** 女高音罗特·雷曼在维也纳宫廷歌剧院首次登台	**1914** 6月28日：奥地利王位继承人弗朗兹·费尔迪南德大公爵在萨拉热窝被刺。费尔迪南德想把奥地利的二元性改变为三元性（奥－匈－南斯拉夫）。 7月23日：奥－匈对塞尔维亚最后通牒。 7月28日：奥－匈对塞尔维亚宣战，第一次世界大战爆发
1915 7月15日：应征入伍，后来被调到维也纳国防部，在那里一直服务到战争结束	**1915** "作家、作曲家和音乐出版商协会"成立	
		1916 11月21日：弗朗兹·约瑟夫一世皇帝在位68年后以86岁高龄逝世。继位人将是他的大侄子卡尔一世。

| 1917
夏天：继续在特拉许腾写作《沃采克》。返回维也纳，在国防部的抄写工作占去了他的全部时间，使他既无时间又无机会写作《沃采克》。 | 1917－1921
韦伯恩作六首歌曲（为高音、单簧管、低音单簧管、小提琴和大提琴而作，格奥尔格·特拉克尔词，Op.14）
1917－1922
勋伯格作清唱剧《雅各之梯》（未完成）。
韦伯恩作五首宗教歌曲（为高音、单簧管、低音单簧管、小号、竖琴、小提琴和中提琴而作，Op.15） | |
|---|---|---|
| 1918
夏天：在特拉许腾渡假，写《沃采克》。
11月23日：勋伯格建立"私人音乐演出协会"（1922年解散）并委托贝尔格拟定说明书和节目单。 | 1918－1929
弗朗兹·沙尔克领导维也纳国家歌剧院（1919－1924与理夏德·斯特劳斯一起）
维也纳分离派画展（1918） | 1918
11月3日：奥匈帝国与协约国之间停战，第一次世界大战结束。
11月12日：德－奥共和国宣告成立 |
| 1919
《沃采克》大部分完成。单簧管小品，Op.5在协会首演。在协会紧张工作。 | 1919
理夏德·斯特劳斯的歌剧《无影女人》在维也纳歌剧院首演。 | 1919
2月16日：选举制宪国民大会。
12月10日：圣日尔曼国家（和平）条约签字。 |
| 1920
为报纸撰稿。
夏天：写作《沃采克》。修改Op.3、5，准备自费出版。与环球出版社（Universal Edition）签约，担任《开创》音乐期刊的编辑工作。一次严重的哮喘发作和随后的病痛导致合同终止。12月：开始写一本关于勋伯格的书，这项工作一直持续到1923年，但未能完成。 | 1920－1923
勋伯格作五首钢琴小品，Op.23；小夜曲，Op.24；钢琴组曲，Op.25。
维也纳首演斯特拉文斯基的芭蕾舞音乐《春之祭》 | 1920
10月1日：国民大会通过联邦宪法。
10月10日：克恩腾州人民表决，这个有争议的地区自己决定留在奥地利。
10月22日：自1918年以来的由基社党和社民党组成的联合政府结束，两党从这时起成为对立党派。
12月26日：接纳奥地利进入民族联盟。 |

1921 在"私人音乐演出协会"工作；写作关于勋伯格的书，计划写一部芭蕾舞音乐。 10月：完成《沃采克》的音乐并开始配器。	**1921** 韦伯恩成为维也纳的舒柏特联合会的指挥。 秋季：韦伯恩担任维也纳工人交响音乐会的领导	**1921** 10月13日：签署"威尼斯外交协议书"，布尔根州被划入奥地利（在一次人民表决之后，奥登堡地区除外）
1922 完成《沃采克》的配器。年底在阿尔玛·马勒的资助下出版了《沃采克》的钢琴谱	**1922** 7月：勋伯格向学生公布他的"用只与另一音相联系的12个音作曲的方法" **1922－1925** 韦伯恩作歌曲，Op.14－18 **1922－1935** 胡伯特·马利什卡领导维也纳剧院	**1922** 5月31日：普莱拉特·伊格纳兹·塞佩尔建立了他的第一届政府。 10月－11月：奥地利第一次民族借贷联盟，维也纳民族联盟的总代表开始工作，城市经济的整顿
1923 4月：与环球出版社签约，该社也接受了阿尔班·贝尔格的早期作品。 Op.3在萨尔斯堡国际室内乐节上的演奏首次引起对贝尔格音乐的广泛注意。 6月5日：Op.5的前两首由韦伯恩指挥首演于柏林	**1923－1924** 勋伯格作管乐五重奏，Op.26；韦伯恩作拉丁文歌词的五首卡农曲（为女高音、单簧管和低音单簧管而作，Op.16） **1923－1933** 马克斯·莱因哈特成为约瑟夫区的剧院的经理	**1923** 共和国护国联盟成立，这是社民党的武装防卫组织。（基社党类似的防卫组织紧接着也在战后成立）
1924 完成《室内协奏曲》。 7月15日：《沃采克》的选段在法兰克福音乐节上由赫尔曼·舍尔欣指挥首演。被授予维也纳城市奖	**1924** 理夏德·斯特劳斯成为维也纳城的荣誉公民	**1924** 6月1日：塞佩尔总理遇刺。 9月：奥地利广播电台通过"RAVAG"开始播音。 12月12日：采用先令货币，1先令＝10,000纸币克朗，1千克黄金＝6,000先令

1925 贝尔格作第一首12音作品：施托姆歌曲《闭上我的双眼》（版本Ⅱ）。 2月9日：完成《室内协奏曲》的缩谱。 开始与汉娜·富克斯－罗贝廷的秘密爱情。 12月14日：《沃采克》在柏林国家歌剧院由埃利希·克莱伯指挥首演。 **1925－1926** 作弦乐四重奏《抒情组曲》。		
1926 《沃采克》在布拉格民族剧院上演。 12月9日：贝尔格的母亲去世。	**1926－1928** 勋伯格作《管弦乐变奏曲》，Op.31	**1926** 6月9日：奥地利民族联盟的经济控制解除。
1927 1月8日：《抒情组曲》在维也纳由科利施四重奏团首演。 3月20日：《室内协奏曲》在柏林首演。 去列宁格勒出席《沃采克》在那里的首演。 计划为格哈特·豪普特曼的童话《碧芭在跳舞》谱曲。	**1927** 韦伯恩经常在奥地利广播电台指挥。 韦伯恩作《弦乐三重奏》，Op.20 勋伯格作《第三弦乐四重奏》，Op.30	**1927** 1月30日：共和国护国联盟与前线战士联合会在沙腾多夫（布尔根州）发生流血冲突。 7月14日：沙腾多夫人起诉，被告谋杀的前线战士被判无罪。 7月15－16日：维也纳严重骚乱，反对沙腾多夫起诉判决的工人示威。司法宫被焚烧，死伤百余人。内部政治对立激化

1928 关于"碧芭"的歌剧计划由于版税问题而搁浅。最终决定根据魏德金的《地灵》和《潘多拉的盒子》写作歌剧《露露》。七首早期歌曲（1905-1908）的乐队版问世。将《抒情组曲》的三个乐章改编成弦乐队曲。	1928 斯特拉文斯基的《俄狄浦斯王》和理·斯特劳斯的《埃及的海伦娜》在维也纳国家歌剧院上演。韦伯恩作《交响曲》（为单簧管、低音单簧管、两支圆号、两把小提琴、中提琴和大提琴而作，Op.21）勋伯格作歌剧《从今天到明天》，Op.32 第10届德国歌唱家联合会在维也纳举办舒伯特纪念活动。	
1929 为写音乐会咏叹调《酒》（波德莱尔－格奥尔格词）而中断《露露》的写作。 8月：与弗朗克·魏德金的继承人签订合同。7月26日：G.W.帕布斯特的电影《潘多拉的盒子》在柏林首映。	1929 4月：马克斯·莱因哈特研究班成立。7月15日：胡果·冯·霍夫曼施塔尔逝世 1929－1934 克莱门斯·克劳斯指挥维也纳国家歌剧院	1929 12月7日：联邦宪法改革，赋予联邦总统更多的权力
1930 写作《露露》。被任命为柏林艺术学院的成员。柏林音乐学院对贝尔格的一项任命被否决。为法兰克福歌剧院成立50周年作卡农曲。1930－1931 在剑桥担任评委工作	1930 韦伯恩作《四重奏》（为小提琴、单簧管、高音萨克管和钢琴而作，Op.22） 1930－1932 勋伯格作歌剧《摩西与阿伦》（未完成）	1930 国家社会主义党——德国第二大党 开始在奥地利加紧宣传。11月9日：通过国会选举的社民党成为最强的党，但仍然被政府排除在外

1931 大约7月：写作《露露》第一幕的终场。	1931 9月3日：维也纳国家歌剧院指挥弗朗兹·沙尔克逝世	1931 5月24日：信贷机构的危机达到高潮，也给奥地利的货币带来危险。 9月12-13日：激进的大德意志归乡联合会的叛乱企图失败
1932 卖掉在特拉许腾的财产并购置沃特湖畔的"森林宅院"（WALD-HAUSES）。维利·莱希在贝尔格强烈关注下创办以克劳斯《火炬》杂志为榜样的维也纳音乐杂志《23》。写《露露》第二幕。	1932 5月1日：韦伯恩获维也纳城音乐奖	1932 5月20日：恩格伯特·多尔福斯的第一届政府。 7月15日：第二次奥地利民族借贷联盟
1933 作关于勋伯格音乐的定期讲演。 9月：完成《露露》第二幕。 12月3日：为韦伯恩50大寿题献《露露之歌》		1933 1月30日：阿道夫·希特勒成为德意志帝国元首。开始针对奥地利的国家社会主义"攻势"。 2月15日：约600,000失业工人等待救济金或资助。 3月：联邦总理多尔福斯利用议会议事章程的危机解散议会，并以紧急法规加以统治。逐步限制民主的基本权力。祖国阵线随之成立。

1934 2月：写作《露露》第三幕终场。 4月：缩谱完成。埃利希·克莱伯计划在柏林上演。 6月：开始为《露露》配器。夏季：歌剧《露露》的交响乐片断完成，11月30日由克莱伯指挥在柏林首演。	**1934** 韦伯恩作《协奏曲》（为长笛、双簧管、单簧管、圆号、小号、长号、小提琴、中提琴和钢琴而作，Op.24） **1934－1936** 勋伯格作《小提琴协奏曲》Op.36	**1934** 2月12-15日：共和国护国联盟与国防军及国家权力执行者之间展开内战。护国联盟被摧毁，其领袖被处决。社民党及其组织解散。 5月1日：宣布"1934年宪法"。建立"有权威的等级国家"。 5月－7月：国家社会主义的恐怖浪潮席卷整个奥地利。 7月25日：国社党企图政变，在此过程中多尔福斯总理遇刺。 7月30日：库尔特·舒施尼格组成他的第一届政府
1935 年初：中断《露露》的配器去写作小提琴协奏曲。贝尔格在八月里完成这部作品并献给他所纪念的曼侬·格罗皮乌斯。 9月：由于疮疖而患血毒症。死亡的预感。 10月：完成《露露》第二幕缩谱。 12月1日：歌剧《露露》的交响乐片断在维也纳上演，作者出席。 贝尔格死于12月23－24日的夜间。	**1935** R.斯特劳斯作歌剧《沉默的女人》 韦伯恩作康塔塔《眼光》Op.26	

1936 4月19日：小提琴协奏曲在巴塞罗纳首演（路易斯·克拉斯纳，赫尔曼·舍尔欣）。《露露》前两幕的钢琴谱由埃尔文·施泰因改编出版。海伦娜·贝尔格请求勋伯格和韦伯恩续完《露露》第三幕，二人均以各种理由拒绝。	**1936** 韦伯恩作单簧管变奏曲 Op.27 **1936–1938** 第二次世界大战前维也纳戏剧的最后繁荣期	**1936** 7月11日：奥–德协议签定，其中德国承认奥地利的全部主权。德国支持国社党的宣传鼓动仍然在继续。
1937 6月2日：《露露》在苏黎士国家剧院以贝尔格遗留下的未完成形式首演。	**1937** 马克斯·莱因哈德在约瑟夫区剧院最后一次排练。	**1937** 6月17日：祖国阵线建立的"国民政治部"成为国家社会主义者的聚集地。
	1938–1939 勋伯格作《全部的誓言》Op.39 和第二室内交响曲 Op.38。 韦伯恩作第一康塔塔 Op.29 和管弦乐变奏曲 Op.30	**1938** 2月12日：舒施尼格与希特勒在贝希斯特加登会面。 2月15日：国家社会主义者在奥地利政府被接纳。 3月11日：舒施尼格辞职。 3月12日：奥地利被希特勒的德国部队占领
		3月13日：关于奥德再次联合的法令。 4月1日：第一次向达豪集中营运送奥地利人，大逮捕。 开始迫害犹太人。 奥地利的反抗组织成立。
		1939–1945 第二次世界大战，从1943年起奥地利的政治反抗增强。

		1942 理·斯特劳斯作歌剧《随想曲》。勋伯格作《拿破仑颂》Op.41；钢琴协奏曲 Op.42。韦伯恩作第二康塔塔 Op.31 **1943－1945** 卡尔·伯姆指挥维也纳国家歌剧院。	
约 1945 海伦娜·贝尔格决定：歌剧《露露》永远保持未完成状态并应按未完成形式上演。		**1945** 国家歌剧院和城堡剧院在战争的影响下严重受损。 9月15日：韦伯恩逝世 **1945－1955** "流亡"中的城堡剧院在罗纳赫大厦演出（塞勒施台特，维也纳Ⅰ区）。国家歌剧院在维也纳剧院和人民歌剧院演出。	**1945** 希特勒政权崩溃，第二次世界大战结束。英法苏美联军解放了奥地利。 4月27日：临时的奥地利国家政府宣布奥地利共和国的重建。奥地利被划分为四个占领区。 11 月 25 日：第二共和国首次全民选举：奥地利人民党 85 席。社会党 76 席。共产党 4 席。开始联合政府时期，由人民党和社会党两党执政，一直到 1966 年
		1946－1950 勋伯格作弦乐三重奏Op.45；《一个华沙的幸存者》，为朗诵和乐队而作，Op.46；小提琴与钢琴幻想曲，Op.47；《三千年》，合唱作品 Op.50；《深谷》和《现代诗篇》Op.50b 和 c	**1945－1955** 依靠"马歇尔计划"的帮助重建奥地利 **1946－1947** 第一和第二次国有化法令（工厂与电力经济）
		1947 戈特弗里德·冯·埃纳姆作歌剧《丹东之死》。	**1947** 1月/2月：同盟国外交部代表在伦敦开会。第一次关于国家条约的谈判。 11月8日：货币改革。

	1948 10月24日：弗朗兹·雷哈尔逝世。	**1948** 奥地利成为OEEC（欧洲经济合作组织），即后来的OECD（经济合作与发展组织）的基本成员。
1949 《露露》的音乐会形式的首演在维也纳由国际新音乐协会（IGNM）和维也纳电台举行。	**1949** 9月8日：理夏德·施特劳斯逝世。	
		1950 维也纳共产党人总罢工，下奥地利和上奥地利受挫。
	1951 "维也纳音乐节"创立。 7月14日：阿诺尔德·勋伯格逝世。	
	1952 "维也纳音乐之夏"创立。	
1953 3月7日：《露露》在德国埃森首演。		
	1954－1956 卡尔·伯姆指挥维也纳歌剧院。	
1955 海伦娜·贝尔格为保护阿尔班·贝尔格的作品和资助年轻的作曲家和演奏（唱）者而成立了"阿尔班·贝尔格基金会"。 "国际阿尔班·贝尔格协会"由伊戈尔·斯特拉文斯基在纽约创立。	**1955** 10月6日：弗朗兹·格里尔帕泽的戏剧《奥托卡王的幸运与结局》在重建的城堡剧院隆重首演。 11月5日：贝多芬的歌剧《费德里奥》在重建的国家歌剧院辉煌的开幕式上演出，这被称作"奥地利的加冕典礼"。	**1955** 5月15日：奥地利国家条约由英法苏美及奥地利签署通过。奥地利要求完全的国家主权，占领军随即撤退。 10月26日：国民议会通过关于奥地利永久中立的联邦法。 12月14日：奥地利加入联合国。

		1955 5月15日：奥地利国家条约由英法苏美及奥地利签署通过。奥地利要求完全的国家主权，占领军随即撤退。 10月26日：国民议会通过关于奥地利永久中立的联邦法。 12月14日：奥地利加入联合国。
	1956–1964 赫伯特·冯·卡拉扬任国家歌剧院艺术指导。	**1956** 奥地利加入斯特拉斯堡的欧洲议会。
		1957 IAEA（国际原子能机构）在维也纳建立。
1960 海伦娜·贝尔格禁止任何对《露露》第三幕的缩谱或材料的查阅。《露露》以音乐会形式在维也纳的国际音乐节期间由音乐厅协会上演。	**1960** 古斯塔夫·马勒诞辰100周年。"马勒及其时代"展览在维也纳分离派展览馆举办。	**1960** 奥地利向联合国提交南部蒂罗尔问题。奥地利成为EFTA（欧洲自由贸易协会）的基本成员。
		1961 6月：美国的约翰·肯尼迪和苏联的赫鲁晓夫在维也纳会晤：一次东西方接近的尝试。
1962 《露露》在维也纳举行舞台首演（6月9日，维也纳音乐节，维也纳剧院）。		

	1964 维也纳历史博物馆举办以克里木特和柯科什卡作品为中心的"1900年前后的维也纳"展览。	
	1965 起 维也纳歌剧院经再次现代化修缮后成为欧洲大陆唯一纯粹的音乐剧院。	**1965** 石油输出国家组织（OPEC）的总秘书处迁至维也纳。
		1966 联盟时代结束，奥地利人民党在约瑟夫·克劳斯的领导下单独执政。
		1967 维也纳成为联合国工业发展组织（UNIDO）的所在地。
1968 12月6日：《露露》在维也纳歌剧院首演。		
		1969 意大利和奥地利在哥本哈根举行的外交部长会议（库尔特·瓦尔德海姆与阿尔多·莫罗）决定贯彻"南蒂罗尔一揽子计划"和"实施程序时间表"。 5月14日：前外交部长卢约·顿奇克·索林奇被选为斯特拉斯堡欧洲议会的总书记（任至1974年9月）。
	1970 维也纳音乐协会大厦建成100周年。	**1970－1983** 奥地利社会党在布鲁诺·克莱斯基领导下单独执政

	1971 戈特弗里德·冯·埃纳姆的歌剧《贵妇还乡》在国家歌剧院首演。	**1971** 选举法改革：国民议会席位由165增至183席。 12月22日：前外交部长库尔特·瓦尔德海姆当选为联合国秘书长。
		1972 国际应用系统分析学院（IIASA）在维也纳附近的拉克森堡建立。
	1973 人民歌剧大厦重建。	**1973** 维也纳国际中心（UNO-City）开始建造。
	1974 安东·布鲁克纳诞辰150周年纪念。 阿诺尔德·勋伯格纪念展览在"分离派"展览馆举办。 改建和技术现代化的学院剧场重新开幕。	
	1975 6月23日：设在汉努什霍夫的奥地利戏剧博物馆开幕。	**1975** 1月1日：成年人刑法改革生效 奥地利刑法的"百年改革"。 4月24日：卡尔·泽内兹当选斯特拉斯堡欧洲议会的大会主席（任至1978年4月）。
1976 8月30日：海伦娜·贝尔格逝世。	**1976** 4月：城堡剧院两百周年庆典。 9月29-30日：国际歌剧会议在维也纳召开。 12月17日：戈特弗里德·冯·埃纳姆的歌剧《阴谋与爱情》在国家歌剧院首演。	**1976** 12月7日：库尔特·瓦尔德海姆再次当选联合国秘书长（履行这一职务直到1981年12月）。

	1978 弗朗兹·舒柏特逝世150周年。	
1979 2月24日：三幕的《露露》在巴黎国家歌剧院首演。第三幕由弗里德利希·策尔哈完成。	1979 马克斯·莱因哈特50周年学术研讨会举行。	1979 5月8日：弗朗兹·卡拉塞克当选为斯特拉斯堡欧洲议会秘书长（任至1984年9月）。 6月18日：苏联的勃列日涅夫和美国的卡特总统在维也纳签署第二次限制战略武器条约。 8月20-31日：联合国的"科技发展会议"在维也纳召开。 8月23日：维也纳国际中心开幕。维也纳成为继纽约和日内瓦之后的第三个联合国主要所在地。

奥地利史的资料来源：

《奥地利大事年表》，阿尔弗雷德·卡萨玛斯著

《奥地利——历史与文化资料》，瓦尔特·克莱因德著

此表根据维也纳的联邦新闻服务处1984年出版的奥地利文献资料汇编《阿尔班·贝尔格》一书编译并有所补充。

附录 IV

沃采克（歌剧脚本）

时间：约 1830 年
地点：一个有部队驻防的城市及其邻近郊区
分场说明

第一幕

第一场
沃采克是一个穷苦的士兵，他和玛丽生活在一起，他们有一个孩子。为此他不得不去干活挣钱，包括每天给上尉刮胡子。

第二场
沃采克和士兵安德列斯在为上尉砍柴。各种可怕的幻觉困扰着沃采克，他一定是生病了。

第三场
玛丽站在她屋里的窗前，军乐队走过，玛丽第一次见到乐队长，她向他挥手。邻居玛格蕾特羞辱了她。玛丽关上窗子唱歌哄孩子入睡。沃采克回来，他仍被刚才的幻觉折磨着。

第四场
我们知道沃采克为什么生病了。他有空不去看玛丽和孩子，而是去医生那里为了一天挣一点钱而充当医学试验品。

第五场
玛丽经常很孤独，乐队长站在门口，"好戏"开始了。

第二幕

第一场

玛丽对着一面破镜子欣赏着乐队长给她的耳环。沃采克来看玛丽和孩子。他看到耳环,玛丽急忙寻找借口。沃采克把挣来的钱交给玛丽。

第二场

上尉和医生在街上遇到沃采克。他们向他暗示乐队长和玛丽的关系。沃采克悲愤已极。

第三场

沃采克质问玛丽。玛丽不说真话。沃采克要打她,她却自卫道:"我宁愿刀刺胸膛,也不愿你碰我。"

第四场

沃采克在花园酒馆看到玛丽和乐队长在一起跳舞。一个白痴告诉沃采克,他在这个场面中闻到了一股血腥味。

第五场

士兵们在警卫室睡觉。沃采克为幻觉所扰而不能入睡。醉醺醺的乐队长前来向沃采克寻衅。沃采克被打倒在地。

第三幕

第一场

玛丽读着《圣经》中有关淫妇和抹大拉的玛利亚这个罪人的故事。

第二场

沃采克别无选择,他必须采取行动。红色的月亮升起,他用刀杀死了玛丽。

第三场

沃采克在小酒店里,臂上的血迹暴露了他。他想起那把刀,便冲出去寻找。

第四场

沃采克在玛丽的尸体旁找到了刀。他把刀扔进湖里,并下到湖中:"这湖水都是血。"他沉没了。上尉和医生经过,听到呻吟声,却置若罔闻。

第五场

孩子们在玛丽房前玩耍,玛丽的孩子也在其中。其他孩子来告诉他:"嘿,你妈死了!"大家都跑去看热闹了,只有玛丽的孩子还在继续玩着他的木马:"快快跑!快快跑!"

人物表:

沃采克

玛丽

玛丽之子

上尉

医生

乐队长

安德列斯

玛格蕾特

徒工甲

徒工乙

白痴

士兵、仆人。少女、儿童等

第一幕

五首特性乐曲

第一场 （"上尉"）
组曲
上尉的屋里。清晨
（上尉坐在镜子前的椅子上。沃采克正在为他刮胡子。）
［前奏曲］
上尉：

慢一点儿，沃采克，慢一点儿！一刀一刀地刮嘛！你弄得我头昏眼花。

（用手遮住自己的前额和眼睛，沃采克停下手中的活儿，上尉又恢复镇静）

如果你今天提早十分钟结束，我在你省下的时间里做些什么事呢？沃采克，你想想，你还可以活上三十年呢！三十年，那是三百六十个月，那有多少天、多少小时、多少分钟呀！在这漫长的时间里，你将要做些什么事呢？好好考虑一下吧，沃采克！

沃采克：
是，上尉先生。
［帕凡］
上尉：

一想到永恒，我便对这个世界感到恐惧。永恒，这个永恒你是理解的。但是现在，它又不是永恒的，而只是一瞬间。是的，一瞬间。——沃采克，我一想到地球在这短短的一天内便自转了一周就浑身发抖，甚至我再也不能看水车轮子的旋转，一看到它我就会感到忧郁！

沃采克：

是的，上尉先生。

［华彩段Ⅰ］

上尉：

沃采克，你的脸总是那样烦恼。一个好人可不是这样的，一个有良心的好人总是有条不紊地做每一件事。……说点儿别的吧，沃采克。

［基格］

今天天气怎么样？

沃采克：

很糟糕，上尉先生！刮风了！

上尉：

我感觉到了，外面的风刮得很大，这风让我冷得发抖，就像碰到一只老鼠。（狡猾地）我想今天刮的是南北风吧？

沃采克：

是的，上尉先生。

上尉：（大笑）

南北风！（更加大声地笑起来）啊，你是个傻瓜，可笑的大傻瓜！

［华彩段Ⅱ］

沃采克，你是个好人，可是……你却一点也没有道德！

［加伏特］

道德，就是说人的行为具有道德！明白吗？这是一个了不起的字眼儿。你有一个孩子，但他没有得到牧师的祝福……

沃采克：

是的……

上尉：

……正如受人尊敬的军营牧师对我们所说的："他未曾获得牧

师的祝福"——这不是我自己的话。

[复奏段Ⅰ]

沃采克：

上尉先生,好心的上帝并不会因为怀这孩子之前没有牧师对我们说声"阿门"就抛弃他。上帝说过："让孩子们都到我这儿来吧！"

[复奏段Ⅱ]

上尉：

你这是说了些什么呀？这是多么奇怪的回答，弄得我莫名其妙！当我说"你"时，我指的是"你"，"你"……

[咏叹调]

沃采克：

我们这样的穷人，上尉先生您是知道的，一切问题都在于钱，钱！如果你没有钱，就休想用道德的方式把孩子生下来。我们也都是有血有肉的人。当然，如果我是一个绅士，戴着丝绸礼帽，有一只表，还戴着单片眼镜，而且谈吐文雅，那么我也想做一个有道德的人！先生，在道德中一定有些什么美好的东西，可我是个穷人。我们穷人无论在现在还是在来世总是很不幸的。我想，假如我们能够进入天堂，我们可能会被安排去帮人打雷！

[前奏曲的再现]

上尉：

好了，好了，我知道你是个好人，一个好人。只是你想的太多了，这对你有害，你的脸总是那么烦恼。这场争论使我很疲倦。去吧，但不要跑！慢慢地上街去。再说一遍，慢点儿，慢一点儿！

（沃采克下）

（换景）

[间奏曲]

第二场 （"安德列斯"）

基于三个和弦的狂想曲

城外的旷野，依稀可见城市的影子。黄昏

（安德列斯和沃采克正在林中砍柴。）

沃采克：

你知道吗？这是个被人诅咒的地方！

安德列斯：（继续工作）

胡说！

［歌曲 I］

猎人的生活快乐逍遥。

手中的枪百发百中。

我真想当个猎人，

当个猎人！

沃采克：

这是个被人诅咒的地方！你看草地上那块发亮的地方，那是毒蘑菇生长的地方。一个蘑菇头在黑夜中滚动。有一次，一个人以为它是野毛茛，便摘下了它。三天三夜过后，这个人就一命呜呼了。

安德列斯：

天黑了，你害怕了吗？（停止干活儿，摆好一个姿势开始唱第二段）

［歌曲 II］

一只野兔来回跑，

问我是不是一个猎人，

我早就是一个猎人，

只是不懂得怎样射击！

沃采克：

安静些，安德列斯，那一定是共济会成员！

安德列斯：

［歌曲 III］

两只肥兔排排坐，

吃着嫩绿的青草……

沃采克：

是的！共济会员！安静！安静些！

（安德列斯停止歌唱，自己也感到一点不自在。两人专心地听着。）

安德列斯：（想使沃采克和自己安静下来）

你跟着我唱吧！

连根吃着

嫩绿的青草……

沃采克：（用脚跺地）

地陷了！都陷下去了！一道深渊！它发出爆炸声……你听到了吗？有个什么东西从天而降追着我们。（极其恐惧地）快走吧！（想把安德列斯拽走）

安德列斯：（阻止沃采克）

嘿！你疯了吗？

沃采克：（停了下来）

突然安静下来了，但空气很闷，叫人喘不过气来……（注视四周）

安德列斯：

怎麽了？

（太阳正在落下，最后的光线染红了地平线，随后便是一片昏暗。)

沃采克:

火！一片大火！它从地下升起，直冲云天，还带着一声巨响，由远而近，像是最后审判的号角声，多么响亮啊！

安德列斯:（假装平静）

太阳落山了，我听到了鼓声。

沃采克:

平静了，一切都平静了，仿佛整个世界都死去了。

安德列斯:

天黑了！我们得回家了！

（两人慢慢下）

（换景）

［间奏曲］

第三场　（"玛丽"）

军队进行曲，摇篮曲

玛丽的屋内。傍晚

（军乐队由远而近。）

［进行曲］

玛丽:（抱着孩子立于窗前）

嘭嚓，嘭嚓，嘭嘭嘭！听见了吗，孩子？他们来啦！

（军乐队由乐队长率领来到玛丽窗前的街上。）

玛格蕾特:（在街上隔窗对玛丽说）

好一个男子汉！简直象棵大树！

玛丽:（隔窗对玛格蕾特）

他更像一头狮子。

（乐队长向玛丽敬礼，她友好地向他挥手）

玛格蕾特：

哟，我的邻居，这是多么诱人的眼神呀！平常你可不是这样友好的。

玛丽：（对自己唱）

大兵啊，大兵，

都是了不起的男子汉！

玛格蕾特：

你的眼睛在发光！

玛丽：

那又怎么样？这与你有什么相干？让犹太人把你的眼睛洗净些，也许它们会亮一点儿，足够去换两个小钱。

玛格蕾特：

怎么，你这位"清白无辜的太太"！我至少是一个正派的女人，可你呢？人人都知道你能看穿七层马裤！

玛丽：

泼妇！（砰地关上窗户）过来，我的孩子，我们不理他们。虽然你是个可怜的私生子，可是你仍然使妈妈感到很幸福！（摇着孩子）乖乖地睡吧，宝贝……

［摇篮曲］

姑娘，你怎么办？

你有个孩子，但没有丈夫！

啊，我才不在乎这事。

我整夜歌唱，

乖乖地睡吧，宝贝，

根本没有人来关心我！

汉斯，套上你的那些漂亮的马，

让它们吃好睡好，

只是燕麦有些粗糙，

也没有足够的水喝，

那就给它们又纯又凉的美酒！，

（注意到孩子已经睡去）

那就给它们又纯又凉的美酒！

（她陷入沉思，突然有人在敲窗户，她吓了一跳。）

谁？（跳起来）是你吗，弗朗兹？（打开窗户）快进来！

沃采克：

不了，我还得回营房去。

玛丽：

你给上尉砍柴了吗？

沃采克：

是的，玛丽，啊……

玛丽：

怎么了，弗朗兹？你看上去这么心神不定。

沃采克：

嘘！别说话！我看见了！天上有个东西飞过，全都发着红光！我觉得我被很多东西追赶着！

玛丽：

什么？

沃采克：

只是现在一切都陷入黑暗，黑暗……玛丽，我还有点别的事，可能……

不是有人这样写过吗："看吧，茅舍的炊烟，就像熔炉中的烟。"

玛丽：

弗朗兹！

沃采克：

它一路追着我回到城里，究竟会发生什么事情呢？

玛丽：

（困惑，想使他平静下来，把孩子给他看）弗朗兹！弗朗兹！你的孩子！

沃采克：

我的孩子，（并未去看孩子）我的孩子……我得走了。（急下）

玛丽：

（单独与孩子在一起，并痛苦地望着他）可怜的人！这么心烦意乱，连自己的孩子都不看一眼。这样下去他会发疯的。孩子，你为什么这么安静？害怕吗？天这么黑，仿佛我们都成了瞎子，只有外边的路灯还亮着！哎，我们这些穷人呀！我再也受不了了。我心惊胆寒！（冲向房门）

（换景）

［间奏曲］

第四场（"医生"）

帕萨卡里亚：主题与变奏

医生的书房。一个晴朗的下午

（沃采克走进屋。医生匆匆向他走来。）

［帕萨卡里亚主题］

医生：

怎么搞的，沃采克？你是守信用的人吗？咳！

沃采克：

怎么了，大夫？

医生：

我都看见了，沃采克，我看到你又在街上对着墙小便了，就像一只狗一样。我不是每天给你三个克罗申吗？沃采克！这很糟糕！这个世界很糟糕，很糟糕！啊！

沃采克：

可是大夫，那时我受到本能的驱使！

［变奏1］

医生：

本能的驱使！本能的驱使！迷信，荒唐的迷信！我不是向你证明过，肌肉是由人的意志控制的吗？本能，沃采克！人的意志是自由的，只有人类把个人意志转变为自由。（摇着头，自语）可你却随地小便！

［变奏2］

（再次对沃采克）你的豆子吃了吗，沃采克？（沃采克点点头）除了它就没有别的可吃了，

记住，下星期我们将开始吃一点羊腿肉。

［变奏3］

我们正在进行着一次科学革命：（掐着手指计算）蛋白质、脂肪、碳水化合物，然后是无水氧化醛……（发怒）可是你又随地小便！（冲向沃采克，突然克制住自己）

［变奏4］

不！我不会发怒，发怒是不利于健康的，是不科学的。我相当镇定，我的脉搏正按通常的六十下跳动。真的，为什么要为一个人而生气呢！既使是一条讨厌的蜥蜴也不值得生气。可是说真的，沃

采克,你的确不该随地小便。

[变奏5]

沃采克;

大夫,您知道,有时候人具有某一种性格,可是说到本能却完全不同。(用手指发出劈拍声)您知道,一个人的本能……就像……我怎么说呢……比如说……

医生:

沃采克!你的大道理又来了!

[变奏6]

沃采克:

当本能……

医生:

什么?"当本能"……

沃采克:

……当本能消失,当世界变得如此黑暗,你只能用手摸索着在那儿转圈子,直到你感到它就像蜘蛛网那样破掉。啊!事情是这样,

[变奏7]

却又不是这样!啊,啊,

[变奏8]

玛丽!当周围的一切昏暗下去时,(伸展双手在屋里走了几步)从西边冒出燃烧着的红光,就像是从火炉里冒出的:你能遵循什么呢?

医生:

你这小子就像蜘蛛一样地乱伸腿。

[变奏9]

沃采克：（靠近医生站着，用很自信的语调）

可是大夫，当中午太阳高照的时侯，世界仿佛升起一团大火！

[变奏 10]

一个可怕的声音对我说起话来。

医生：

沃采克，你得了一种

[变奏 11]

精神错乱症……

沃采克：（打断医生）

毒蘑菇！你见过地上生长出的毒蘑菇圈吗？

[变奏 12]

圆形的……几何形的……谁能辨认出它们！

[变奏 13]

医生：

沃采克，你疯了，你完全被一种美好的既定观念迷住了，这是一种绝妙的

[变奏 14]

部分神经性心理失常，是第二类的！症状十分明显！

[变奏 15]

沃采克，我要多给你一些津贴！

[变奏 16]

你还像以前那样生活吗？还给你亲爱的上尉刮脸吗？还去捉蜥蜴吗？

[变奏 17]

你的豆子吃了吗？

沃采克：

我完全按您的话去做,医生;为了我老婆多挣点钱,所以
[变奏 18]
我才这样做!

医生:

你是一个最有趣的病例。坚持下去吧!沃采克,我将多给你一个克罗申的钱,可是你得做些什么呢?你必须做些什么呢?做什么呢?

沃采克:(不顾医生)

啊,玛丽!玛丽!啊!

[变奏 19]

医生:

吃你的豆子,然后再吃羊肉,不要随地撒尿,还得给上尉刮脸,进一步培养你的既定观念!

(陷入狂喜)

[变奏 20]

啊!我的理论!啊,我的名声!我将流芳百世!流芳百世!流芳百世!

[变奏 21]

(高度的狂喜)

流芳百世!(突然又变得非常平静,走向沃采克)沃采克,让我看看你的舌头!

(沃采克服从。)

(换景)

[间奏曲]

第五场("乐队长")

热情的行板

玛丽门前的街道上。黄昏

玛丽：（站着赞赏正在摆姿势的乐队长）

就走一两步吧……（乐队长按拍子走了几步。）胸膛壮如牛，胡子像雄狮，没有人能比得过你。我是世界上最值得骄傲的女人！

乐队长：

等到星期天，我戴上插着羽毛的帽子，还有漂亮的白手套，那才带劲儿呢！连王子都总是在说："好一个了不起的男子汉！"

玛丽：（嘲弄地）

是吗？（靠近他，倾慕地）好一个男子汉！

乐队长：

你也是一个不错的女人，天哪！将来我们会养上一窝未来的小乐队长的，好吗？！

（他拥抱她）

玛丽：

放开我！（企图摆脱。两个人扭打起来）

乐队长：

野猫子！

玛丽：（挣脱）

别碰我！

乐队长：（挺直身体靠近玛丽）

你的眼里有魔鬼的影子，不是吗？！（再次拥抱她，这次几乎是威胁性的）

玛丽：

随它去吧！反正都一样！

（她倒在他怀里并随他消失在打开的房门后面。）

第二幕

五个乐章的交响曲

［前奏曲］

第一场
奏鸣曲式乐章
［呈示部：主部］

玛丽屋内。阳光灿烂的早晨

（玛丽把孩子抱在腿上，手拿一小块镜子照着自己。）

玛丽：

是不是宝石在闪光？那是什么样的宝石？他说是什么？

（想了一会儿，对着不安的孩子）睡吧，孩子，闭上你的眼睛……

（孩子用手捂住眼睛）紧紧地闭上，就这样！（孩子又动）别动，否则魔鬼会来抓你！

［呈示部：副部］

小姑娘，关紧窗！

一个吉普赛少年今晚来。

他要拉着你的手，

一路踏上吉普赛的土地。

［呈示部：结束部］

（孩子很害怕，把头藏在妈妈衣服的折缝里，不敢出声，玛丽又照镜子）

［反复段 I］

它一定是金子的!像我们这样的穷人在世界上只拥有一个小角落和一小块镜子。(大声叫喊)可是我的嘴唇就像那些漂亮的太太们一样红。她们拥有满屋子的镜子,衣冠楚楚的绅士们吻着她们的手。可是我不过是一个穷苦的女人!

(孩子站起来)

安静些,孩子,闭上眼!(向墙上晃动镜子)你看,睡魔在这儿,它在墙上。(孩子不听话)闭上你的眼,(再次晃动镜子)不然它会来偷看你,使你变成瞎子……

(沃采克进屋,站在玛丽身后。玛丽起初没注意到。她正静静地等着看镜子吓唬孩子的效果。)

[展开部]
(她突然跳起来,用手捂住她的耳朵。)

沃采克:

你手里拿着什么?

玛丽:

什么也没有!

沃采克:

我看到它在你的手指间闪光。

玛丽:

一只耳环……我刚找到的……

沃采克:(疑惑地注视着耳环)

我从来没看到过这东西,(有点威胁地)不会同时找到两个吧。

玛丽:

你认为我很坏吗?

沃采克:(安慰她)

好了,玛丽!好了。(转向孩子)你看,孩子睡了!抬起他的手,椅子压着他了,他的前额出汗了……我们只能在烈日下卖苦力,甚至睡觉时也会出汗,我们这些穷人啊!我这儿又挣到了一点钱,玛丽。(数好放在她手里)这是我的军饷,还有上尉和医生给的一些钱。

玛丽:

愿上帝报答你,弗朗兹。

沃采克:

我得走了,玛丽……再见!(下)

[反复段 II]

玛丽:

我真是个坏人,我真想杀了我自己!天那,这是个什么世界!我们这些人都会在这地狱中完蛋的,无论男人、女人和孩子!

(换景)

[间奏曲]

第二场

创意曲和三个主题的赋格曲

城里的街道上。白天

(上尉与医生相遇。)

[创意曲]

上尉:(远远地就开始说话)

上哪儿去?这么急,亲爱的催命鬼大夫!

医生:(急匆匆地)

上哪儿去?这么慢,亲爱的杂役头子!

上尉:

别着急!(想赶上医生)

医生：

我得赶快！

上尉：

别跑得那么快！喔，别跑！一个好人走起路来决不会那么快，一个好人……

医生：

我得赶快，赶快！

上尉：

一个好……（喘不过气来）您这是在找死啊！。

医生：（放慢了一些速度，上尉追上了他）

我不能浪费时间。

上尉：

一个好人……

医生：

我得赶快，赶快，赶快！

上尉：

可是请别跑得这么快，催命鬼先生！你的腿都在石子路上磨坏了。

（终于使医生停下来）我终于**挽救了一条**（慢慢平静下来）人命

医生：

（继续慢下来，决定听听上尉的意见）有一个女人，四个星期内死去了！（站着不动）子宫癌。（上尉不安起来。）我已有过二十个类似的病人，（想继续赶路）只活了四个星期……

上尉：

大夫,不要这样吓唬我！已经有人被吓死了,纯粹是被吓死的！

医生：

四个星期！尸体解剖时非常有趣！

上尉：

喔，喔，喔！

医生：

（现在完全停了下来，冷酷地观察上尉）至于您，呃！臃肿，肥胖，粗脖子，这种体质是容易中风的！是的，上尉先生，你随时都会得脑溢血，可能只是脑子的半边出血。是的，你可能会半身不遂，如果运气好，或许只是下身瘫痪！

上尉：

看在上帝的……

医生：

是的，今后四个星期内你还会多少有点儿指望，无论如何，我肯定你会成为一个有趣的病例。如果你的半边舌头麻痹，那么我们将进行一些具有不朽价值的试验。（匆匆转身想要离去，上尉很快地紧紧抓住他。）

上尉：

等等，大夫，我不能放你走，好个催命鬼！恋尸狂！四个星期之后？有人纯粹是被吓死的……大夫！

（他由于兴奋和恐惧而咳嗽起来，医生捶他的背以减轻他的咳嗽。）

现在我已看到了那些用手帕擦泪的哀悼者，但是他们要说："他是一个好人，一个好人。"

（沃采克匆匆经过，向他们敬礼，医生有些不安，并想使上尉从他的思绪中转移开，看到沃采克。）

医生：

喂，沃采克！（沃采克停下）为什么在我们眼前走得这么急？

(沃采克敬礼，再次想走）呆一会儿吧，沃采克！
（沃采克停下，慢慢转回来。）

上尉：

（再次平静地，对沃采克）你就像一把打开着的剃刀在全世界跑，会割伤人的！

（再凑近些看着沉默而严肃地站在那儿的沃采克，然后略有点困窘地转向医生，谈论起后者的胡子）他跑得就好像所有大学教授们的长胡子都等他去剃，而且只要有一根毛发留下来就会把他吊死一样……

[赋格曲：主题1]

上尉：

喔，对了。（吹口哨）那些长胡子……我刚才要说什么？（思考着并不时吹着口哨）那些长胡子……

[主题2]

医生：

（引经据典）"下巴上留着长胡子"……喔！……甚至老普里尼也谈到过它们。

（上尉明白了医生的暗示，并拍拍自己的前额。）士兵们不得留胡子……

上尉：

哈！我明白了……（强调地）那些长胡子！沃采克，那是怎么回事？

（当上尉说话时，医生非常开心地听着，并不时地哼着小调，用手中的拐杖打着拍子，仿佛那是乐队长手中的指挥棒。）你没有在你的盘子里发现了一根胡子吗？哈哈！你肯定知道我指的是什么吧？某个人的胡子，某个士兵的胡子，或是某个军士的，或者某个乐队长的。

医生：

喂，沃采克，你的女人不是很规矩吗？

[主题3]

沃采克：

大夫，您想说什么呀？上尉先生，您也想说些什么吧？

上尉：

你看这家伙脸色多难看！好，就算你在汤里没发现什么，可当你拐过街角时，你肯定会在一个人的嘴唇上发现一样东西，也就是说一根胡子！顺便说说，那是多么美的嘴唇啊！哦，我也算感受了一次爱情！——可你这家伙，脸色像石灰一样苍白！

沃采克：

先生，我是一个穷鬼，除了她，我在这个世界上一无所有！上尉先生，如果你只是和我开个玩笑……

上尉：（愤怒地）

开玩笑？我？天知道……

沃采克：

上尉先生，地球对某些人来说就像地狱那样热，所以相对来说，真正的地狱倒还凉快些。

——先生……

上尉：

开玩笑！你——这家伙想要对自己射击吗？你的眼睛像要刺穿我！

医生：

你的脉搏，沃采克！（摸沃采克的脉）短促……剧烈……不规则。

沃采克：

上尉先生……（从医生那里抽回手）

上尉：

我不想伤害你，因为你是个好人。（感动地）一个好人！

沃采克：（自言自语，但带着感情）

很可能……人那……很可能……

医生：（仔细地观察沃采克）

脸部肌肉紧张，僵硬，目光呆滞。

沃采克：

天哪！我简直想上吊！至少我应该知道自己是在什么地方！（他没有敬礼便冲下场去）

上尉：（目光追随着沃）

这个可怜的人在怎样跑啊，他的影子追着他！

医生：

他是一个怪人，这个沃采克！

上尉：

这家伙简直把我搞糊涂了！他表现得多么绝望！我不喜欢这样！一个好人应该感激上帝，一个好人也是不应该有这样绝望的勇气的！（向医生谈论沃采克）只有一个无赖才有勇气！（他跟随着医生，医生怕他再罗嗦，匆匆离去，彷佛是想起本场开始时他的那件急事。）

只有一个无赖！……无赖……

（换景）

［间奏曲］

第三场

广板

玛丽住所前的街上。阴沉沉的白天

(玛丽站在门前。沃采克匆匆地向她走来。)

玛丽:

你好,弗朗兹!

沃采克: (盯着她,摇头)我没看见,我一点也没看见,喔,一定有人看见了,一定有人能抓住他!

玛丽:

怎么了,弗朗兹?

沃采克:

还是你吗,玛丽?!罪恶和耻辱多么深重,它的臭气能把天使从天堂中熏跑。你有一张红红的嘴,一张红红的嘴……上面还有疱吗?

玛丽:

你疯了,弗朗兹。我害怕……

沃采克:

你美得"像罪恶一样",但这深重的罪恶能够如此美丽吗,玛丽?(突然指着门边,暴怒地)那儿,他曾站在那儿?(摆出一个姿势)像这样吗?

玛丽:

我无法禁止人们从这条小巷走呀。

沃采克:

魔鬼!他曾在那里站着吗?

玛丽:

日子这么漫长,世界这么古老,很多人都可以在同一个地方站一站,一个接着一个。

沃采克：

我看见他了！

玛丽：

只要长着两只眼，不瞎，大白天谁都会看见许多东西。

沃采克：（越来越不能控制自己）

你和他！

玛丽：

那又怎样？

沃采克：（猛冲向她）

臭娘们！

玛丽：

别碰我！

（沃采克高举的手慢慢放下）我宁愿让刀刺进我的胸膛，也不愿让你的手碰我。我父亲从我十岁的时候起就不敢。（进屋）

沃采克：（注视着她的身后）

"宁愿让刀刺进"……人是一个深渊，当你往下看时，会觉得头晕目眩的……我已经头晕目眩了……

（换景）

［间奏曲］

第四场

谐谑曲

酒馆花园。夜晚

［谐谑曲1：连德勒］

（舞台上的乐队刚刚奏完前奏曲中的连德勒舞曲。徒工、士兵和姑娘们在舞池里，有人跳着舞，其他人在观看）

[中段1：歌曲]

徒工甲：

我穿上一件衬衫，但不是我的。

徒工乙：（模仿徒工甲）

不是我的……

徒工甲：

我的灵魂散发着烧酒的臭味儿。

（徒工、士兵和姑娘们逐渐地从舞池上下来，聚成几堆，其中一堆围住这两个喝醉了的徒工。）

徒工甲：

我的灵魂，我的不朽的灵魂散发着烧酒的臭味。它在发臭，而我却不知道为什么，为什么这个世界如此悲惨？甚至金钱也会腐烂！

徒工乙：

不要忘记我！兄弟！友谊！为什么世界如此美丽？我希望我们的鼻子变成两瓶酒，可以互相灌到喉咙里去。

整个世界是粉红色的！烧酒，那是我的生命！

徒工甲：

我的灵魂，我的不朽的灵魂散发着酒臭味，啊！那是悲惨的，悲惨的，悲惨的……（睡去）

[谐谑曲2：圆舞曲]

（人们返回舞池开始跳舞，其中有玛丽和乐队长。沃采克冲上，看到玛丽和乐队长在跳舞。）

沃采克：

是他！还有她！魔鬼！

玛丽：（跳着舞经过）

继续跳吧，跳吧！

沃采克：

"继续跳吧！跳吧！"（在舞池边上的凳子上坐下）扭啊！转啊！为什么上帝不把太阳熄灭呢？……男人和女人，人类和动物，一切都沉湎在淫欲之中。（他再次看舞池）女人！女人！这女人是骚货，骚货！（猛然跳起）你看他在怎样地搂着她！搂着她的腰！而她在笑！

玛丽、乐队长：（在跳舞的人中间）

继续跳吧！跳吧！

沃采克：（越来越激动）

该死的！（再不能控制自己，想要冲进舞池）我……（但舞曲结束，人们离开舞池，他只好再次坐下。）

[中段2]

徒工们、士兵们：

一个猎人来自帕拉坦丘，

他穿过森林并越过平原！

哈利，哈罗，哈利，哈罗！

猎人的生活很快乐，

他整天都漫游在荒原上！

哈利，哈罗！哈利，哈罗！

安德列斯：

（夺过吉它，像指挥那样做了个渐慢的手势，以便他能加入到合唱的最后和弦中。）

啊，女儿，我亲爱的女儿，

在同马车夫

和放牛人调情时，

你在想些什么？

哈罗！哈罗！

徒工们、士兵们：

猎人的生活很快乐，

他整天都漫游在荒原上。

哈利，哈罗！哈利，哈罗！

（安德列斯把吉它还给酒馆乐队的乐手，转向沃采克。）

沃采克：

几点了？

安德列斯：

11点！

[谐谑曲1]

沃采克：

是吗？我还以为很晚了呢！在消遣的人们就觉得时间过得慢……

安德列斯：

你为什么坐在门口？

沃采克：

我坐在这儿好。很多人靠门而坐，不知道他们将会被死神拉出去！

安德列斯：

座位太硬。

沃采克：

我很舒服，也许躺在在冰冷的坟墓中会更舒服。

安德列斯：

你醉了？

沃采克：

没有。可惜没那份福气。

（安德列斯厌倦了，他吹着口哨，离开沃采克，心里更多地想着舞蹈。舞蹈已经停止，人们离开舞池，走向徒工甲，他已经醒来，爬上桌子，在乐队的伴奏下开始讲道。沃采克又孤单地坐在凳子上。）

[中段1：音乐话剧]
徒工甲：

可是，假如一个被遗弃的流浪汉站在时间的长河边，而他还能意识到天赐的智慧，他必定会问：人究竟为什么活着？但是，我最最亲爱的弟兄，让我告诉你们：随遇而安吧！因为如果上帝没有创造人类，那么农民、桶匠、裁缝和医生又怎能生存呢？如果上帝不在人类还赤身裸体时就灌输给他们羞耻之心，裁缝将何以为生？或者说，如果上帝不创造杀人的欲望并去满足这种欲望，还要士兵和小店主干什么呢？因此，最亲爱的弟兄们，不要怀疑一切都是美满和光明的……不过地球上的一切都是虚幻的；金钱也可以变成粪土，而我的灵魂散发着酒气。

（阵阵喝彩声，讲道者被人簇拥着带走。一些人唱着歌散去，另一些人进入舞池，还有一些人则走到后面的桌子那边去。）

[中段2]
徒工们、士兵们：
猎人的生活很快乐，
哈利！

安德列斯：
啊，女儿，我亲爱的女儿！

（白痴突然出现，缓缓地走到沃采克面前，沃采克仍木然地坐在凳子上，当小乐队开始调音时，白痴挨近沃采克。）

白痴：

快乐呀,快乐……(沃采克起初没注意他)……可是我闻到了……

沃采克:

傻瓜,你要干什么?

白痴:

我,我闻到了血腥味!

沃采克:

血?……血,血!

(徒工们、姑娘们和士兵们,再次开始跳舞,其中包括玛丽和乐队长。)

[谐谑曲2]

在我眼前有一片红色的雾,仿佛一切都在其中滚动着……

(换景)

[间奏曲(圆舞曲)]

第五场

引子与进行曲风格的回旋曲

[引子]

军营警卫室。夜晚

(睡着的士兵们的无词合唱。安德列斯和沃采克躺在一张木床上睡着。)

沃采克:(在睡眠中呻吟)

啊!啊!(惊起)安德列斯!我睡不着。

(睡着的士兵们被沃采克的话稍稍打扰了一下,但并未完全醒来。)

每当我闭上眼,我总能清楚地看到他们,我听到琴声在不断地响,然后,墙外有声音传来……你什么也没听到吗,安德列斯?那琴声是怎么一回事?

安德列斯:

让他们跳去!

沃采克:

我总看到一把刀在闪闪发光,一把大刀!

安德列斯:

睡觉,傻瓜!

沃采克:

我的上帝呀,(祈祷)"指引我们不被诱惑,阿门!"

(睡着的士兵们的无词合唱)

[进行曲风格的回旋曲]

乐队长:(跌跌撞撞地走进来,醉醺醺的)

我是个男子汉!我搞到一个女人,我告诉你,一个能给我养一窝小乐队长的女人!她的乳房、大腿都很美,身体非常结实!眼睛就像烧红的煤在闪光!总之是个女人,我告诉你……

安德列斯:

嘿,她是谁呀?

乐队长:

问沃采克去!

(从口袋里掏出一瓶白兰地,喝了几口又递给沃采克。)

喂,小子,喝吧!我希望整个世界都是酒。因为人必须能喝酒!(又喝)喝吧,小子,喝吧!(沃采克眼望别处并吹着口哨。)混蛋!要我拉出你的舌头把它缠住你的脖子吗?

(两人搏斗。沃采克不敌。乐队长紧紧勒住躺在地上的沃采克的脖子。)要让我掐死你吗?(扳倒沃采克)我要……

(沃采克精疲力尽地倒下。乐队长放开手,辱骂着并从口袋里掏出酒瓶。)

现在让这个混蛋吹口哨!(又喝)打他个鼻青脸肿,让他吹口哨!(学沃采克吹的口哨,得意洋洋地)现在知道我的厉害了吧!

(转身破门而出,沃采克慢慢地从地上爬起,坐在木床上。)

一士兵:(指着沃采克)

他应该得点教训了!(转身睡去。)

安德列斯:

他流血了……(也转身睡去。)

沃采克:

一个接着一个!(仍然坐着,呆呆地望着前方。那些看到搏斗的士兵,在乐队长离开后,又一个接一个地躺下,现在都睡着了。)

第三幕

六首创意曲

第一场
基于一个主题的创意曲

玛丽的小屋。夜晚。烛光

(玛丽一人带着孩子坐在桌前,翻阅着《圣经》。孩子靠近她。)

[主题]

玛丽:(读)

"他的口中没有欺诈之音"……上帝啊!上帝!不要盯着我!

[变奏1]

(继续翻阅并读着)

"但是,当法利赛人带着一个行淫时被抓住的妇人来到上帝面

前时,耶稣说:'我也不定你的罪,去吧,

［变奏2］

从此不要再犯罪了。'"上帝啊!

(她用手捂住脸。)

［变奏3］

(孩子挤到玛丽身旁。)

看到这孩子我的心就被刺痛。走开!

(推开孩子)

［变奏4］

他总爱出头露面!(突然温和了许多)不,来,过来!

(她把孩子拉近自己)

到我这儿来!

［变奏5］

"从前有一个穷孩子,他既没父亲也没母亲……人们全死了,在这个世界上已空无人烟,他挨饿、哭泣,日日夜夜。

［变奏6］

因为世界上已空无人烟……"弗朗兹还没有回来,昨天没有,今天也没有……

［变奏7］

(很快地翻着《圣经》)这儿对抹大拉的马利亚是怎么写的?……

［赋格曲:主题1］

"她的泪水湿了耶稣的双脚,她就用自己的头发把它擦干,她还亲吻耶稣的脚,把香膏抹在上面。"

［赋格曲:主题2］

(捶胸悲叹)救世主啊!我多想为你的双脚涂上香膏啊!救世

主啊！你怜悯了她，也怜悯怜悯我吧！

（换景）

［间奏曲］

第二场

基于一个音（B）的创意曲

湖畔的林中小路。夜幕降临

（玛丽随沃采克从右边上。）

玛丽：

左边那条路是去城里的，还很远，走快一点！

沃采克：

该歇一会儿了，玛丽，来，坐在这儿。

玛丽：

但我得走了。

沃采克：

来吧。（他们坐下）玛丽，你已走了这么远的路。你不能再让你的脚又酸又疼了。这儿很静，而且很黑，告诉我，玛丽，我们彼此认识已经有多久了？

玛丽：

到降临节那天正好三年了。

沃采克：

你想过还能继续多久吗？

玛丽：（跳起来）

我得走了。

沃采克：

你害怕了吗，玛丽？你还是一个信徒吗？还是那么善良！那么忠诚!(他再次拉玛丽坐下,靠近她,很认真地)你的嘴唇多么甜蜜啊,玛丽!(吻她)如果我还能经常这样吻你的话,我将放弃天堂和来世!可是我不能了!你发抖了?

玛丽:

夜露降了。

沃采克:

一个人变冷后就不会再觉得冷了,当晨露降临时,你将不会再感到冷了。

玛丽:

你在说些什么?

沃采克:

没什么。

(月亮升了起来。)

玛丽:

瞧,月亮多么红呀!

沃采克:

就像一块烧红的铁!

(拔出一把刀)

玛丽:

你为什么发抖了?(跳起来)你要干什么?

沃采克:

我不碰你,玛丽!也再没有别人来碰你了!

(抓住玛丽并用刀刺进她的喉咙)

玛丽:

救命啊!

(她倒下,沃采克俯身看她。玛丽死去。)

沃采克：

她死了！

（他恐惧地站起身来，匆匆跑下。）

（换景）

[间奏曲]

第三场

基于一个节奏的创意曲

一个小酒馆。夜。灯光幽暗

[快速波尔卡]

（姑娘们和徒工们正在跳着一段疯狂的快速波尔卡，玛格蕾特也在其中。沃采克坐在一张桌旁。）

沃采克：

你们跳吧，继续跳吧！跳它个浑身臭汗，总有一天你们都会去见鬼的！（猛喝了一杯酒）

[歌曲]

（向着弹钢琴的人大喊）

三个骑手沿莱茵河而上，

他们来到一个小酒馆喝酒。

葡萄酒很好，啤酒也很清，

店主的女儿靠在……

该死！（突然站起来）来，玛格蕾特！

[快速波尔卡]

（他和玛格蕾特跳了几步舞，然后突然停下来）来，咱们坐下，玛格蕾特！（引她到他的桌旁，并让她坐在自己膝上）玛格蕾特，你的身体这样火热……（搂紧她，然后又放开她）但是，等着吧，你也会变得冰冷的!你会唱歌吗?

玛格蕾特:

[歌曲]

我不愿去施瓦比兰,

长裙子我不愿穿。

因为长裙和尖鞋,

不适合一个女仆。

沃采克:

不,不要穿鞋!人没有鞋也可以下地狱!我今天想打一场架,打……

玛格蕾特:

但你手上沾的是什么?

沃采克:

我?我吗?

玛格蕾特:

鲜红的!血!

沃采克:

血?是血吗?

(人们围住沃采克与玛格蕾特)

玛格蕾特:

真的……是血!

沃采克:

我想是我自己把手割破了,在我的右手上……

玛格蕾特:

那你胳臂上的血是怎么来的?

沃采克:

我在上面擦了手。

徒工们：

他的右手怎么擦得着右臂呢？血！血！血！有一股人血味儿！

玛格蕾特：

哟！哟！我闻到一股人血味儿！的确，是一股人血味儿！

沃采克：

你们想干什么？这同你们有什么关系？我是个杀人犯吗？滚开，不然就会有人去见鬼！

姑娘们：

真的有一股人血味儿！

（沃采克冲出去）

（换景）

［间奏曲］

第四场

基于一个六音和弦的创意曲

湖畔的林中小路。月夜如前

（沃采克步履蹒跚，慌忙上场。然后停下来四处寻找着什么东西。）

沃采克：

刀子呢？刀子在哪儿？我把它丢在这儿了……就在这附近。真可怕，那儿有个东西在动。安静了！一切都安静了，死寂了……杀人犯！杀人犯！！啊，有人在喊。不，是我自己。（继续寻找，又向前挪了几步，碰到了玛丽的尸体。）

玛丽！玛丽！你脖子上怎么系着一根红绳呀？这是不是你用罪恶挣来的红项链，就像那副金耳环一样？你的黑发为什么这么乱？

杀人犯！杀人犯！他们很快会来搜寻我，那把刀将会使我败露。（焦躁地寻找着）啊，在这儿。（站在湖边）把它扔到湖底去吧！（把刀扔进湖里）它就像一块石头似的沉到黑暗的水中去了。（血红的月亮穿出云层，沃采克抬头望月）看来月亮也会使我败露……月亮是血红的！是不是全世界都要控告我?!那把刀离岸太近，他们游泳时或采泥螺时会发现的。（他下到湖中）现在找不到了……我必须洗一洗。我浑身是血迹。这儿有一点儿……这儿又有一点儿。哎哟！哎哟！我在用血洗我自己！这水都是血……血……（他被淹没）

（医生上，上尉随后。）

上尉：

停一下！

医生：（站住）

你听见了吗？在那边！

上尉：

天哪！那里有声音。（也站住）

医生：（指着湖水）

是的，在那儿！

上尉：

那是湖水的声音，已有很长时间没有人在这儿淹死了。走吧，大夫！听见这种声音不吉利。

医生：

有呻吟声——像一个要死的人。有人淹死了！

上尉：

真怪,月亮是红的,雾是灰的。您听见了吗？……又有呻吟声。

医生：

声音越来越弱了……现在完全没有了。

上尉:

走吧!快一点儿。(拉医生下)

(换景)

[间奏曲:基于一个调(D小调)的创意曲]

第五场
基于一个八分音符律动的创意曲

玛丽门前的街道。明朗的早晨。阳光灿烂

(孩子们喧闹地玩耍着。玛丽的孩子骑着一匹木马。)

玩耍的孩子们:

玫瑰花环一圈圈,

口袋里装满了……

(另一些孩子跑过来,把歌唱和游戏打断了。)

孩子甲:

嘿,卡蒂!你听说玛丽的事了吗?

孩子乙:

什么事?

孩子甲:

你还不知道吗?他们都去那儿了。

孩子丙:(对玛丽的孩子)

嘿!你妈死了!

玛丽的孩子:

(仍然骑着他的木马)快快跑!快快跑!

孩子乙:

她在哪儿?

孩子甲:

她躺在那儿，在湖边的小路上。

孩子丙：

咱们快去看看！

（所有的孩子都跑下）

玛丽的孩子：

（继续骑着木马）快快跑！快快跑！快快跑！

（他迟疑了片刻，也随其它孩子跑下。）

（全剧终）

[1987年根据《沃采克》歌剧总谱译]

附录 V

露 露（歌剧脚本）

时间：十九世纪后期
地点：德国某城市、巴黎和伦敦
分场说明

露露象征女人的性魅力。她相继成为几个人的妻子和情妇，又成为另一些人想得到而却没有得到的目标。她公开地容忍同性恋的戈施威兹伯爵夫人对她的倾慕。在她变化莫测的命运中，戈施威兹始终对她没有变心，直到她落魄和死去。在每一场都出现的露露画像，代表了她青春美丽的最高峰，是用来同她变化的命运作对照的。

序幕

马戏团的一位驯兽师根据野兽的特点，介绍了这一故事，露露被说成是一条蛇。

第一幕

第一场

露露同医务顾问戈尔博士结婚，但她又是报纸总编辑舍恩博士的情妇。当画家为露露画像时，舍恩博士和他的儿子作曲家阿尔瓦也在场。当他们两人离去后，画家向露露寻欢，她的丈夫意外地返回家，看到这些情景后，因心脏病发作而死去。

第二场

露露现在同画家结了婚。施戈尔希来拜访她,他是一个衰弱的老头,显然同她的过去有瓜葛。舍恩博士也来访问她。舍恩博士虽然想同名门闺秀结婚,但又抵挡不住露露对他施展的诱惑力。画家并不知道他的妻子处于舍恩博士的"保护"下,当他知道这一情况后,就自杀了。露露对此无动于衷。

第三场

露露作为剧院的一名舞蹈演员,正在她的化妆室中。随后她被召唤出场。突然之间,她知道舍恩博士和他的未婚妻在观众席中,就立即返回后台,并拒绝出演。舍恩博士、阿尔瓦和其他人进入化妆室。在羞辱了舍恩博士,并迫使他写信同未婚妻脱离关系之后,露露才同意继续演出。

第二幕

第一场

舍恩博士现在同露露结了婚,但却因嫉妒她的爱慕者(甚至戈施威兹伯爵夫人)而苦恼。他离开了屋子一小会儿,回来时发现露露被一群男性爱慕者围着,其中有他的儿子阿尔瓦、一名运动员和一名中学生。舍恩博士拿出一支左轮手枪,要求露露自杀。但露露却用手枪杀了他。

第二场

几个月后,在同一间屋子,露露的同伙正在筹划帮她从监狱中逃出的计划 她因谋杀舍恩博士而被判入狱。戈施威兹伯爵夫人作出自我牺牲,私自到狱中代替露露坐牢。那位运动员计划把露露作为一名杂技演员带走，但是当她回来时，他厌恶地认识到，露露已经变得又瘦又弱。相反，阿尔瓦曲膝于杀他父亲的这位女人。他们一起远走高飞。

（两幕版到此结束）

第三幕

第一场

在他们巴黎的豪华寓所中，露露和阿尔瓦正招待客人们。这群人在一起赌钱和吃喝，他们坚信手头的铁路股票会不断升值。但是，由于露露仍被德国作为逃犯在追捕，所以她受到那个运动员和一个拉皮条的侯爵的讹诈，侯爵甚至想把她卖到开罗的妓院去。露露迅速地同一名年轻侍者互换了衣服，在警察来逮捕她之前，好不容易才同阿尔瓦一起逃出。

第二场

露露同阿尔瓦和施戈尔希极端贫困地住在伦敦的一间小阁楼里，她被迫成为街头拉客的妓女。戈施威兹伯爵夫人到来，她带来了从巴黎抢救出的露露画像。露露的一个黑人嫖客杀死了阿尔瓦。在另一个嫖客杰克同露露在一起时，戈施威兹伯爵夫人决定，她将作为一名妇女权力的斗士而开始新的生活。突然传来一声尖叫，杰克杀死了露露，在他走出屋子时，又用刀捅了伯爵夫人，她临死前表白了对露露的忠诚。

人物表

露露（简称露）
戈施威兹伯爵夫人（简称戈）

剧场服装员（简称服装员）

中学生（简称学生）

侍者

医务顾问

教授

画家（简称画）

黑人

舍恩博士，总编辑（简称舍）

杰克（简称杰）

阿尔瓦，舍恩之子，作曲家（简称阿）

施格尔希，一个老人（简称施）

驯兽师（简称驯）

罗德里戈，一个运动员（简称罗）

亲王

男仆

侯爵

剧院经理

银行家

警官

小丑

舞台工人

十五岁的女孩（简称女孩）

她的母亲（简称母亲）

女艺术家

记者

仆人

序 幕

（一个驯兽师，身着朱红色燕尾服，白领带，白马裤和长马靴，左手持一根兽鞭，右手持一把左轮手枪，从幕后走出来，大幕犹如马戏团帐篷的入口处。）

驯：

绅士们，淑女们，
请走进这帐篷里来看看动物展览吧！
带着火热的欲望和冰冷的恐惧，
来看看这些没有情感的动物，
它们被人类的超凡力量所驯服。
在这悲喜剧中您们能看到什么？
这些如此彬彬有礼的家畜，
抱怨着没有血色的植物食品，
沉醉在愉快的叫嚷之中，
就像在座的衮衮诸公。
我要给您们看那只真正的野兽，
野性十足，活泼可爱的野兽，
您们只有在我这儿能看到。
您看这只老虎，
习惯于跑来跳去，狼吞虎咽，
您看那只熊，
开始时非常贪吃，
晚餐时就倒地身亡。
您看那只逗人的小猴子，
出于无聊而滥用它的本领。

它虽有天赋,但却缺乏高尚的品质,

肆无忌惮地卖弄着它裸露的身体。

在我的帐篷后面还有一只骆驼!

您也可以看到来自四面八方的爬行动物:

住在石头缝里的蚯蚓、蜥蜴……

还有那条鳄鱼,以及其他更多的东西……

(他突然拉起幕布向内喊叫)

嘿,奥约斯特!快把我们的毒蛇拿来!

(一个挺胸叠肚的舞台工人把扮演露露的演员抱出幕来,放在驯兽师前。她身着下一场穿的那套丑角服装。)

她生来就是祸水,

命中注定要引诱我们,欺骗我们。毒害我们,

她杀人不留一点痕迹。

(轻搔露露的下巴)

我最可爱的畜牲,请不要装模作样!

你无权显示自己是个更温顺的动物,

从而歪曲了女人的真性。

(对观众)

现在不必展示她的更多东西 ——

但您可以等着瞧下面将会发生什么事情。

喂,奥约斯特!快来!把她抱回幕后去 ——

(舞台工人抱起露露,驯兽师轻拍她的臀部。)

这个可爱而无辜的动物,她是我的欢乐和骄傲!

(舞台工人把露露转向舞台)

现在还要说一件最妙的事情:

我的脑袋被一只猛兽的牙齿咬住了!

您们知道这野兽的名字吗?

尊敬的观众们,进来看看吧!

(他返回幕后。幕启。)

第一幕

第一场

宽敞但布置寒酸的画室。房门位于后边。中间是一个平台,在平台与房门之间,有一面折叠屏风。前方一侧是一个画架,上有一张尚未完成的露露的画像。另一侧有一张长沙发,上有一张虎皮。舞台后部有一个梯子和一座塑像。

露露:

(穿着丑角的服装,手举一根牧羊棍,在平台上站着)

画家:

(在画架前作画)

舍恩博士:

(穿着大衣,手里拿着帽子,坐在沙发的末端)

[宣叙调]

阿尔瓦:

(还在屏风后面)我能进来吗?

舍:

我的儿子!

露:

是阿尔瓦先生吧!

舍:

进来吧,不要拘束。

阿:

（走到前边，同他父亲和画家稍致问候，站在他们身边）
我没看错吗？，医务顾问夫人！
（他将露露与画像进行比较，很温和地）
要是我能请您演我戏中的女主角就好了！

露：
对您的新作品，我简直跳不好……

舍：
（对阿尔瓦，明显地想打断这次对话）
今天你来这儿干什么？

阿：
我想接你去参加我的正式彩排。

舍：
（站起来）

露：
（对阿尔瓦）
阿尔瓦先生，您能给我定一个星期四的包厢吗？

阿：
我怎会忘记定票呢？可是您的丈夫在哪儿？今天我还是第一次看见您一个人单独出来。

舍：
他从来不让您单独行动。

露：
他这个时候应该来这儿了……

舍：
那么请您代我问候他。

露：

(挖苦地)

也请代我问候那位我没见过面的您的情妇!

舍:

(显然不愿听露露的话,转向画家)

您应该在这儿加上几笔。头发画得不好,您的心思没有真正在模特儿上……

阿:

(向露露)

职责在身,我得走了,亲爱的夫人。

(向舍恩)

现在走吧!

舍:

我们坐车去,车在下面等着呢。

(简短地向大家告别,与阿同下)

画:

(单独和露露在一起,已停止了作画,突然起身,手持画笔和调色板走到平台后面)

[卡农的引子]

亲爱的夫人……医务顾问夫人……

露:

(吃惊)

谁能想到这个?

画:

是的,我真是令人可笑吗?

露:

我丈夫马上要回来了。

画：

除了画画儿，我并没有干什么事儿。

露：

（仔细听）

我觉得……他来了！

画：

怎么？

露：

您没听到吗？

画：

是有人来了！

露：

我知道有人来了！

画：

是看门的，他只是来收拾屋子。

露：

谢天谢地。

画：

（走回画架前继续专心作画，但突然又将画笔和调色板扔掉）

我不能……

露：

（轻轻地跺脚）

画您的画儿！

（深呼吸）

画：

（离开画架）算了，不画了。

露：

您这个坏蛋！

画：

（朝门那儿看）

啊，为什么他没来！

露：

是的，我也希望他最终会来。

画：

（刚要拿画具，突然又转身，完全在露露的吸引力下，向她靠近）

如果您能把裤子提高一点儿……

露：

像这样吗？

画：

（凑近她）

能让我帮忙吗？

露：

您想干什么？

画：

我指给您看。

露：

那不行！

画：

您很紧张……

露：

让我安静一点儿吧！

(将牧羊棍扔向他的脸,急忙向门口走去)

[卡农]

您可不容易得到我。

画:

(跟着她)

您难道看不出我是开玩笑?

露:

我看得很清楚。

画:

请不要离开这儿。

露:

请让我单独呆一会儿。

(逃到沙发后面)

画:

亲爱的夫人……

露:

您强迫不了我。

画:

很快我就不用强迫了。

露:

(在沙发后)

继续您的工作吧。

画:

(在沙发的另一侧)

但是首先我得惩罚您。

露:

要惩罚,您必须首先抓住我。

画:

您别想能够逃脱我。

露:

滚开!

画:

(倒在沙发上)

现在你是我的了

露:

(用虎皮盖在他头上)

晚安……

画:

(从虎皮下挣扎出来)

别玩鬼把戏了!

露:

(跳上平台,爬上梯凳,欣喜若狂地)

我看到了地球上的所有城市。

画:

(摇动梯子,向她仰望,极度兴奋地)

我看到了比那更美好的东西!

露:

我把手伸向天空,把星星插在头上!

画:

(抓住露露的一条腿)

我挤进了地狱,炸开了它的大门!

露:

上帝保佑波兰!

(使梯凳倒下)

画:

见你的鬼去!

露:

(梯凳倒下时塑像被打中,落在地上摔碎了)

您永远抓不到我!

画:

(感到很遗憾,喊叫)

仁慈的上帝啊!

露:

(跳上平台)

离我远一点儿!

画:

我完蛋了!

露:

(想一下跳到沙发上)

一条大沟!您别掉进去……

画:

(又追着她)

现在我再也不怜悯了……

露:

(倒在沙发前的地上,呻吟)

现在让我安静一下……

画:

(拌了一下,又恢复了平衡)

我现在已无所顾忌了……

露：

我有点儿头晕……

画：

（眼看露露倒了，匆匆地走到门前锁上门）

无所顾忌了……。

露：

啊，上帝……上帝，

（向沙发边慢慢移去，最后倒在沙发上，仿佛精神已经崩溃）

啊，上帝……

画：

（走向前）

……我不会怜悯！……

（坐在露露身边，吻她的手）

[尾声]

你感觉怎么样？

露：

（闭着眼）

我丈夫马上就要来了……

画：

我太爱你了！

露：

（仍闭着眼）

"我爱过一个高挑而漂亮的大学生，他身上有九十块伤痕……"

画：

（呼唤她）

奈丽……

（她没听着）

我爱你，奈丽！

露：

（像是醒过来了）

我不叫奈丽，我叫露露。

画：

那我叫你夏娃。让我吻你一下吧，夏娃。

露：

您身上有烟味儿。

画：

你对我为什么不以"你"相称。

露：

我觉得难以启齿。

画：

你在装蒜。

露：

装蒜？我从来没有这种需要。

画：

我不再认得这个世界了……

露：

您现在别毁灭我！

画：

你还从未爱过人……

露：

您才从未爱过人……

[音乐话剧]

医务顾问:

(在门外)

开门!

露:

(跳起来)

我藏到什么地方去?噢,上帝,我能藏到什么地方去?

医:

(砰砰地敲门)

开门!

画:

(要去开门)

露:

(拉回他)

他会打死我……

医:

(还在敲门)

开门!

露:

他会打死我!

(在画家面前跪下,抓住他的膝盖)

画:

请站起来……

露:

他会打死我……

(门破裂向室内倒下)

医：

（带着充血的眼睛，气喘吁吁，高举手杖冲向画家和露露）

你们这些狗杂种！你们……

（喘息，上气不接下气，中风死去）

画：

（两膝发软）

露：

（逃向门去）

画：

（走近医务顾问）

医务顾问……先生……

露：

（停在门旁）

快把画室收拾干净。

画：

（俯身）

医务顾问先生……

（轻轻摇动他，对露露）

帮我把他抬起来。

露：

（全身发抖，向后抽身）

不，不……

画：

（设法把他翻过来）

医务顾问先生……

露：

他听不见了。

画：

帮帮我！

露：

他太重了。

画：

（自我镇静）

我去找医生。

（迟疑片刻，走出房门）

［小坎佐纳］

露：

（单独一人，仍站在门旁）

他很快就会跳起来……

（呼唤他）

亲爱的！－他是假装的。－

（她迟疑地走向前）

他现在看着我的脚，观察我走的每一步，他紧紧地盯着我。

（她用脚尖碰了碰他）

亲爱的！

（缩回脚来）

他当真了，－舞蹈结束了。－他将我抛弃，我该怎么办？

［宣叙调］

画：

（急速地进来）

还有救吗？

露：

(走到台前)

我该怎么办?

画:

医生马上就来……

露:

医生也帮不了他了。

画:

(俯身向医务顾问)

医务顾问先生……

露:

我肯定他是当真了。

画:

您说话正经一点!

露:

我现在是个富人了……

画:

这话真令人厌恶。

(自语)

她会干些什么呢?

露:

我该怎么办?

画:

(自语)

她完全变得粗野了。

(走向露露,抓住她的手)

看着我的眼睛!

露：

（害怕地）

您想干什么？

［二重唱］

画：

（把她拉向沙发，强迫她坐在一旁）

我有个问题：你可以告诉我真情吗？

露：

我不知道。

画：

那么你相信上帝吗？

露：

我不知道。

画：

你能为一些事发誓吗？

露：

我不知道。

画：

那么你信仰什么？

露：

我不知道。放开我！你疯了！

画：

你的灵魂不需要拯救吗？

露：

我不知道。

画：

你曾爱过人吗?

露:

我不知道。

画:

(起身,自语)

她不知道。

露:

(不动心地)

我不知道。

画:

(看了医务顾问一眼)

他知道……

露:

(像是清醒了)

您到底想知道我的什么事情?

画:

(厌恶地)

去吧,穿上衣服!

露:

(有些惊讶地走进邻屋)

［咏叙调］

画:

(单独一人)

我愿意同你交换一下位置,你这死人!我把她还给你 — 加上我的青春。我没有这种福气,我甚至非常害怕它。醒来吧!我连碰都没有碰她。醒来吧,醒来吧!

(跪下把他的眼睛合上)

我在这儿哀求上帝,但愿他能给我力量和灵魂的自由,我只得到片刻的欢乐。为了她……只是为了她。

[间奏曲与三声中部:卡农]

露:

(从邻屋出来,穿戴整齐,戴着帽子,右手在左肩下,向画家举起左臂)

请帮我把衣服钩子钩上。我的手好像在发抖……

画:

(在帮她钩上衣服时,大幕缓缓落下)

【间奏曲】

第二场

非常讲究的大客厅。门在后面;台前左右两边悬着布帘,幕遮住了入口;有台阶通向左边的布帘,帘内是画室。壁炉上方的墙上有一个非常富丽堂皇的锦绣画框,里面是露露穿着丑角衣服的画像。台前左边有一个无靠背沙发。右边是一张写字桌。中间是几把椅子围着一张小桌。

露:

(穿着晨服,坐在沙发上,看着手中的小镜子。她皱着眉,用手掠一掠额头,摸一摸面颊,情绪不佳,似怒非怒,然后把镜子扔下。)

画:

(拿着几封信进来)

夏娃?

露:

(微笑)

有什么吩咐,大人?

画:

信件到了。

露:

(清醒过来似的,严肃地)

真的?!

画:

(分捡信件,递一封信给她)

给你的。

露:

(把信放在鼻子上)

科蒂切里伯爵夫人来的。

(把信藏在胸襟内)

画:

(浏览一封信)

我画的那幅"女舞蹈家"的画,卖了五万马克!

露:

谁写信来说的?

画:

巴黎的那个画商。这是我们结婚以来的第三幅画。这几天我的运气很好。

露:

(指指其他信件)

还有更好的消息呢!

画：

（打开一张请柬）

看看这个！

（把它递给露露）

露：

（读信）

里特·冯·查尼科夫·海因里希国务大臣阁下非常荣幸地通知您，他的女儿夏洛特·玛丽·阿德莱德与路德维希·舍恩博士订婚了。

画：

（一边打开其他信件）

终于订婚了！这已经拖的很久。我不明白，像他这样一位冷酷无情而又势力强大的人，有什么东西会妨碍他结婚呢？

（在露露没说什么之后将信折在一起）

无论如何，我们今天必须写信向他祝贺。

露：

我们前些时候就祝贺过了。

画：

我是说这次正式订婚！

露：

那你可以再给他写封信。

画：

现在我去工作了。

（吻露露，走向通往画室的门，但走到布帘前又转过身来）

夏娃！

露：

（微笑）

有什么吩咐,大人?

[小二重唱]

画:

(转回)

我发现你今天看起来特别漂亮。你的头发散发着清晨的气息。

露:

我刚洗了澡。

画:

我每次看到你,都好像是第一次见面。

(跪在沙发前,亲热地抚摸她的手)

露:

你真可怕!

画:

那是你的过错。

露:

你宠坏了我!

画:

你是我的,自从有了你,我就不要别的什么了。我完全被你吸收和融化了。

(进一步向露露弯下身)

露:

不要这样!

(外面的门铃响了)

画:

(站起)

真倒霉!有人敲门!

露:

（无力地企图阻止他开门）

别动！我们都"不在家"，干脆就不应声。

画:

可也许是画商来了……

露:

也许是中国皇帝来了！

画:

等一下。

（下场）

露:

（单独沉醉在梦境中……幻想地）

你……你……

（闭上眼睛，仿佛又恢复了常态，大大地松了一口气）

画:

（返回）

一个乞丐。我刚好没带零钱。不管怎样，我应该去工作了。

（向左进画室，下）

［室内乐Ⅰ］

露:

（又单独一人，整理了一下仪容，往回掠掠头发，走向门口，在前厅向外示意）

施:

（一个衰弱的患哮喘病的老人，被露露领进来）

我想象中的他完全是另一种样子；更庄重一些。

露:

来找他干什么,乞讨吗?

(她替他拉来一张椅子)

施:

这正是我来此的目的。

露:

你需要多少?

(她走到写字桌前,在抽屉里找了一阵)

施:

如果你有现钱的话,要两百,当然三百也行。

露:

(自语)

还是老一套……

施:

(环顾四周)

好久以来我就想到这儿看你,也亲自看看这地方适合不适合你。

露:

(给他两张钞票)

你喜欢这地方吗?

施:

(环视四周)

这正是我想象中适合你住的地方。它简直使我不知所措。它像五十年前我的那座房子,只是更现代化一些。你的牌玩得不错!你看这地毯……

露:

(拿着甜酒走上前来,步履缓慢)

我最喜欢赤脚走……

施：

(发现露露的画像)

哦，这是你，对，这是你！

(重重地喘气)

露：

(作表示同意的手势，倒了两杯酒，坐在施对面)

现在告诉我吧！好吗？

施：

(平复了喘咳，啜了一口酒)

大街总是在加长，而我的两腿又总是越来越短。

露：

你的手风琴呢？

施：

就像我的哮喘病一样，也拉不响了。

(喝干了酒)

现在说说你的新闻吧，长时间没见面，你一切都好吗？你还像法国人那样过日子吗？你是不是在忙什么事情？

露：

(沉重地)

我一天就是起床——睡觉……

施：

很好，还有呢？

露：

然后就伸展四肢——直到折断。

施：

折断后怎么样呢?

露:

你为什么对这个担心呢?

施:

我为什么要担心呢?我为什么要担心呢……我宁愿拖着这把老骨头直到末日审判,我宁愿放弃来世升天的希望,也不愿意让我的露露在地上受穷和不愉快。

(抚摸露露的膝盖)

我的小露露。

露:

你还叫我露露!

施:

露露,不是吗?除了这个,我还叫过你别的名字吗?

露:

多少年就没人叫我露露。自从我不跳舞已经有多长时间了?现在我只是……

施:

是什么?

露:

(作了一个颤抖的姿势)

……一只母狗……

(门铃响)

露:

(很快站起)

施:

(明白自己必须走了,吃力地站起来)

露：

（想送他出门）

施：

我自己认得门。

（匆匆下，但相当吃力）

露：

（陪同他下）

（空台）

舍：

（走进，露露随后跟着）

您的父亲来这儿干什么？

露：

您是什么意思？

［奏鸣曲式的呈示部］

舍：

（走向前）

如果是您丈夫的话，我不会让这个人进门的。

露：

您可以不必拘礼，他不在这儿。

舍：

我对这种尊重表示感谢。

露：

我不懂。

舍：

事情很显然，

（给她端来一把扶手椅）

因此我要和您谈谈这个问题。

露：

(坐下，有点疑惑地)

为什么我昨晚见到您时您不说呢？

舍：

不要说昨晚了，我两年前就向您提出过要求了。

露：

(紧张)

我明白了！

舍：

我请求您不要继续来找我了。

露：

(变得更肯定了)

我明白了！

舍：

如果瓦尔特不是一个不懂事的小伙子，他就会完全明白你那小小的恶作剧了。

露：

他并不是不懂事！他是一个瞎子！既不了解我，也不了解自己，他是一个瞎子，瞎子……

舍：

但是如果他并不瞎呢！

露：

他不了解我，他怎么会了解我呢？他只会叫我"宝贝"和"极乐鸟"，一个能同他上床的女人，只是为了上床。

舍：

我们能不能不谈这个!

露:

悉听尊便!

舍:

我曾使你有一个好的婚姻,后来又使你有了另一次好的婚姻。你过着优越的生活。我让你丈夫得到了一份工作。如果你还不满足,而他又没有察觉,为了我的缘故,让我退出这场游戏吧。

露:

他是一个瞎子。当您的一切愿望都正在实现的时候,您还害怕什么呢?

舍:

我的愿望正在实现!我已经定婚了,终于定婚了!我绝对不愿把我的新娘带到一个有丑闻的房子里去。

露:

她已经出落成一位迷人的姑娘。

舍:

她已经有自己的主见了。

露:

尽管如此,我们还可以在您认为合适的地方见面。

舍:

我们将不会再见面……

露:

您自己也不相信您所说的话。

舍:

……除非有您的丈夫在场。

露:

"我的丈夫"……

（用完全不同的声调）

如果我在这个世界上要属于一个人，那么我就属于您。没有您，我真不知会流落何方。从我想偷您的表那天起，您就拉着我的手带着我，给我饭吃，给我衣穿。您认为我会忘掉这些吗？这个广阔的世界上，除了您，有谁对我真正关心呢？

舍：

别把我牵扯进去了！如果你想感谢，就不要再第三次挡在我的路上了！如果人们每时每刻都看到你在我家里出出进进，那你的已婚身份对我又有何益？我曾希望：同一个能够让年轻姑娘引为骄傲的健康的小伙子结婚，会使你最终感到满意。

露：

原来如此！

舍：

我终究必须安定。我有遍布各地的生意，不得不如此。我很快要结婚了……

露：

我怎么会反对您的婚事呢？

舍：

那就让我最终得到自由吧！

露：

如果您认为，您以结婚为理由就可以看不起我，那您就是自己欺骗自己。

舍：

看不起你？有什么东西比你的阴谋诡计更令人看不起呢？

露：

我怎么能嫉妒那个迷人的孩子呢？我从来没有这种想法。

舍：

为什么叫她孩子？她才比你小一岁。

画：

（手持一支画笔从左边的幕后走来）

发生了什么事？

露：

（对舍恩）

现在您告诉他吧！

画：

你们怎么了？

露：

跟你没关系。

舍：

（迅速向露露）

别作声！

露：

……有人已经厌倦我了。

画：

（带着露露走到左侧的画室门口）

舍：

（翻动桌上的一本书，旁白）

到了必须说出的时候了……我必须最终使自己的双手得到自由。

露：

（急下）

画：

（再次走到前边）这是在开玩笑？

舍：

（指着椅子）

请坐下。

画：

什么事？

舍：

请！

［等节奏］

画：

（坐下）

怎么了？

舍：

（同样坐下）

你已经和五十万马克结了婚……

画：

你敢说这是做错了？

舍：

现在你已经出名，可以自由自在地画画儿。你的任何愿望都能得到实现……

画：

你们两个要我干什么？

舍：

你既然有了妻子，就应该看到她尊重你。

画：

她没有尊重我吗?

舍：

没有!

画：

为什么没有?呃?快说!

舍：

你必须更严密地监视她。

画：

我对她?

舍：

我们不是孩子了,我们不是在游戏,我们是在生活……

画：

她干了什么了?

舍：

(强有力地)

你已经和五十万马克结了婚。

画：

(站起,失去自制力)

她……她……她干了什么?

舍：

(按他的肩膀,强迫他坐下)

只要想一想你必须怎样感谢她……

画：

她干了什么?说呀!

舍：

然后……然后想想,对于发生的事,只能责怪你自己。

画：

同谁？……同谁？……

舍：

如果我们必须决斗……

画：

（终于明白了）

噢，上帝！噢，上帝！

舍：

不要说"噢，上帝！"，事情已经发生了！我今天不是来制造丑闻的，我到这儿是为了把你从丑闻中解救出来。

画：

你没有理解她……

舍：

（回避这一点）

也许。可是你过着一种盲目的生活，而我不能容忍看到这一点。那姑娘应该被看作正派女人，自从我认识她，她已变得越来越好了。

画：

自从……自从你……自从你认识她？你什么时侯认识她的？

舍：

从她十二岁起。

画：

她可从来没跟我说过。

舍：

她每天夜里十二点半到两点之间，在阿尔哈布拉咖啡馆前卖花。

画:

她从未对我说过这事。

舍:

她做的对。

画:

她说她一直住在一位姨妈家。

舍:

是我把她托付给那位女士的,她也是一个最好的女学生。

画:

那么,戈尔博士是怎样认识她的?

舍:

通过我。那是我夫人死后,在一个社交场合,我遇到了那位我就要同她结婚的迷人姑娘时,她却要插在我们中间。她一心一意地要同我结婚。

画:

那时她的丈夫死了吗?

舍:

……你同五十万马克结了婚。

画:

(从这时起越来越接近崩溃)

但她让我相信,当我认识她时,她还从来没有恋爱过。

舍:

对有着像迷娘这样背景的人,你是不可能用通常的市民社会的行为标准来要求的。

画:

你是指谁?

舍：

指你的妻子！

画：

我的夏娃？

舍：

我叫她迷娘。

画：

我记得她曾叫过奈丽。

舍：

戈尔博士这样叫她。

画：

我叫她夏娃……

舍：

她究竟叫什么名字，我不知道。

画：

她自己也许知道……

舍：

迷娘有那样一位父亲，真是一个奇迹！

画：

人家说他已经死在疯人院里。

舍：

他刚才还在这儿。

画：

谁刚才还在？

舍：

她的父亲！

画：

在我这儿吗？

舍：

当我进来时他溜走了。你看他的酒杯还在这儿……

画：

全是一派谎言！

舍：

（怂恿地）

让她知道你是真正的主人，她除了绝对服从外不能有更多的要求。

画：

（摇头）

她说过他死在疯人院里……她告诉我她以前从未恋爱过。

舍：

首先你必须控制自己的感情！打起精神来！

画：

……她在她自己母亲的墓旁对我发过誓……

舍：

她从不知道她母亲的姓名，更不要说坟墓了……

画：

哦，上帝！哦，上帝！哦，上帝！

舍：

你怎么了？

画：

我感到十分痛苦……

舍：

看好她，你是她的丈夫。

画：

（指着胸口）

……这儿，这儿，

舍：

你同五十万……

画：

要是我能哭就好了！

舍：

这是关键时刻……

画：

啊，要是我能喊就好了！

舍：

如果你再耽误一分钟，你就肯定会失去她了

画：

（站起，显得平静了）

你是对的……很对。

舍：

（同样站起）

你要去哪儿？

画：

去同她对质。

舍：

（握住他的手）

这就对了！

（陪他到门口）

画：

（下）

舍：

（独自返回）

这是件麻烦的事。

（少倾，他向左看）

可是先前他不是把她带进画室了吗？

（右边的后台传来可怕的呻吟声）

舍：

（急忙到门口，发现门锁着）

开门！开门！

露：

（从左边幕后走出）

怎么了？

舍：

开门！

露：

（下台阶）

太可怕了！

舍：

你厨房里没有斧头吗？

露：

他会打开门的……

舍：

我不愿把门踢开。

露：

……如果他哭够了。

舍：

（对着门说）

开门！

（向露露）

给我拿把斧子来

（走廊的铃响了，露和舍目瞪口呆地凝视着）

舍：

（悄悄走到后面，然后仍站在门口）

我不能让别人在这儿看到我。

露：

也许是画商来了……

（门铃又响）

露：

（慢慢走向大门）

舍：

（制止她）

也许我们可以不应声……人们又不能在任何时侯都接待来访者。

（他踮着脚尖走出去）

露：

（独自一人，走向右边锁着的门，倾听）

舍：

（带着阿尔瓦进来）

别兴奋！

阿：

（兴奋地）

巴黎爆发了革命！

舍：

镇静些！

阿：

（对露露）

您脸色苍白……

舍：

（摇晃着门）

瓦尔特，瓦尔特！

露：

上帝怜悯你……

舍：

斧子在哪儿？

露：

也许能找到一把……

（踌躇着从右后方下）

阿；

他在玩什么把戏？

舍：

巴黎爆发革命了吗？

阿：

报馆里没有人知道该写些什么！

舍：

（对着门说）

瓦尔特！

阿:

要我把门踢开吗?

舍:

我自己可以……

露:

(拿着一把厨房用的斧子很快地回来)

阿:

(对露露)

给我!

(拿了斧子重击门框和锁之间)

舍:

你要握的更紧些。

阿:

它已经劈开了。

(门被劈开)

阿:

(扔下斧子,跌跌撞撞地回来)

露:

(指着门,对舍恩)

你先进去。

阿:

真可怕……

(倒在沙发上)

舍:

(先是退却,擦掉前额的汗,进去)

露:

那儿怎么了?

(走近门,抓住门框,突然尖叫)

啊!啊!啊!

(跑向阿尔瓦)

我不能再待在这儿。

阿:

太可怕了……

露:

(用手拉住阿尔瓦)

跟我走!

阿:

去哪儿?

露:

我不能一个人……

阿:

(陪她到左边的门,从那儿他看着她的去向,然后又返回台前)

露:

(下)

舍:

(从右边出来,环顾房内)

她走了?

阿:

她在自己的房间里,她正在换衣服。

舍:

(指着右边的房间)

那里放着我的婚约!

阿：

那是对你的游戏的惩罚。

舍：

到大街上去喊吧！

阿：

要是你在我母亲去世时，就体面而公正地对待这个姑娘就好了！

舍：

（同前）

我在那儿的婚约会把我敲诈死的……

露：

（穿着旅行大衣走下左边的台阶）

阿：

现在你要去哪儿？

露：

出去，我不能再待在这儿了。

舍：

但是你想跟警察说些什么？

露：

什么也不说，你去和警察说吧。

舍：

（指着右边，用愤怒的音调）

傻瓜！全是他的过错！

阿：

请克制自己的情绪。

露：

这儿只有我们是正常的。

阿：

太对了！

（带她到沙发旁）

露：

（坐下）

他最后似乎明白了？

阿；

（也坐下）

他想算清自己的命运。

露：

他总是有死的念头。

阿：

他曾经拥有过大多数人只能梦想的东西。

露：

他付出了可怕的代价。

阿：

他拥有过我们所缺乏的东西……

露：

十五分钟前他还躺在这儿。

舍：

（在这段对话期间，他到后面打电话。间或可以听到他电话中的一些词，像"自杀……用自己的剃刀……切断喉咙……被追踪妄想症……是，被追踪妄想症！……."又走到台前）

难道我现在要与世隔绝了吗？

露：

今晚写一篇文章吧！这值得出一期号外！

舍：

号外！……

（突然恢复了自制力）

今天早晨巴黎爆发革命了吗？

阿：

我们所有的记者听到这个消息都吓坏了，没有一个人知道……

舍：

我要利用这件事。怎么警察还没来？

（门铃响了）

阿：

他们来了……

露：

是的，一定是他们。

舍：

（想开门去）

露：

（拉回舍恩）

等等，您身上有血迹，您等等，我把它擦掉。

（在手帕上洒了香水，擦去舍手上的血迹）

舍：

这是你丈夫的血。

露：

所有的痕迹都抹去了！

舍：

哦，你这个妖怪！

露：

您最后还得和我结婚！

（门铃又响）

露：

（走向大门）

等着瞧吧，孩子们！

舍：

（急速退后，此时大幕急落）

［间奏曲］

第三场

一座剧院的更衣室。台后的左边是门，右边是一个折叠屏风，台正中面对观众席的是一张长桌，上面放着舞蹈服。桌的左右有一些椅子。台前的右边是一面大穿衣镜，旁边是一张又高又宽的老式椅子。镜子前是一个大座垫和化妆盒等。后墙上有一张大招贴画。尽管有题词等等，还是可以认出是前一场露露画像的复制品。

（幕内响起舞曲）

［拉格泰姆］

阿：

（在左前方，斟满两杯香槟酒）

自从我为剧院工作以来，还没见过观众如此地激动。

露：

（隐身在折叠屏风后）

您别给我太多香槟。—— 他今天来看我吗？

阿：

我父亲?

露:

对。

阿:

我不知道他是不是在剧场里。

露:

他真的不想来看我吗?

阿:

他的时间太少了。

露:

他的未婚妻需要他!

阿:

(迟疑片刻)

亲王在这儿吗?

露:

今天还没有来。

阿:

他来吗?

露:

当然!他马上就会来。他想同我结婚。

阿:

是吗?

露:

他要带我到非洲去!

阿:

去非洲……

(幕后音乐停止)

［行板］

露：

(身穿舞裙从折叠屏风后走出)

阿：

(装出痛苦的样子,看到她时几乎闭上了双眼,把手插在胸前)

露：

(注意到了这种表现)

您想得起第一次看到我的情景吗?

阿：

您穿着一件深蓝色的裙子。我在您身上看到无比动人的光彩。我对您所怀的敬意比对我生病的母亲还要高。她逝世的时候,我走到父亲面前,要求他马上同您结婚,否则我就不得不进行决斗。

露：

是啊,是啊,这是他亲口对我说过的。

(静场片刻,在此期间,幕后舞曲再起)

［英国圆舞曲］

露：

(把她的酒杯举向阿尔瓦)

请再来一点儿。

阿：

(给她斟上)

您喝的太多了。

露：

您的父亲应该学着相信我会成功!他把我介绍给剧院,希望会有一个相当富有的人来同我结婚。

阿：

上帝不允许任何人把你和我们分开。

露：

您为这场舞蹈写了音乐，那儿的一些观众已经开始考虑它了。我感觉他们是这样的，尽管我看不到他们。

阿：

您是一种什么样的感觉呢？

露：

我觉得像是一股冷气从头窜到全身。

阿：

你是个不可思议的人……

(门上的电铃响了)

露：

我的头巾！

阿：

(将一条大围巾披到露露肩上)

这是您的头巾。

露：

(下)

阿：

(独自一人站在门口，望着她离去，直到幕后音乐停止。他关上了门。)

关于这个女人的确可以写一部有趣的歌剧。

(站在招贴画前)

第一场：医务顾问……已经腐朽了！

(前台传来经久不息的掌声和喝彩声)

就像在动物园的笼子前放了饲料后引起的嗥叫一样。

（又看看招贴画）

第二场：画家……更加不可能了！第三场：情节会不会真的这样进行下去？

［众赞歌］

亲王：

（走进来，一切举止仿佛是在自己家里似的，微微地鞠了一躬）

通过舍恩博士的介绍，我有幸认识了这位女艺术家。

阿：

家父通过报纸对她的舞蹈发表了一些赞许的评论，引起公众对她的注意。

亲王：

（坐下）

说来难以置信，起初我把她看作是某个文学社团中的年轻信徒。她所吸引我的并不是她的舞蹈，而是她的肉体和心灵的端庄。我用了十个晚上研究了她的舞蹈，并通过舞蹈看到了她的灵魂。直到今天我才完全弄明白：她的肉体体现了生活的愉快。作为妻子，她会给一个男人带来一切幸福。

（旁白）

作为我的妻子……

（门上的电铃不停地响起）

阿：

（跳起来）

我的天哪，发生了什么事了？

亲王：

（也站起来）

什么事使您这样担心?

阿:

出岔子了!

亲王:

您怎么会这样吃惊呢?

阿:

(匆匆走向门)

肯定发生什么大麻烦了……

(开门,人们可以听到舞曲和台后的嘈杂声)

亲王:

(也在门边倾听)

露:

(披着围巾冲进来,把阿尔瓦和亲王推向一边,一下坐到扶手椅上)

[拉格泰姆(三声中部)]

服装员:

(跟着她跑进来,对阿尔瓦和亲王)

她刚才晕了。

阿:

她晕了?

剧院经理:

(也跑进来)

她的确晕了!

亲王:

她晕了吗?她晕了……

阿:

怎么发生的?

剧院经理：

在观众的面前……

服装员：

在舞台上，正在跳舞的时候……

露：

(对阿尔瓦)

请您先把门关上!

阿：

(关门，幕后的音乐变得听不见了。)

露：

(猛地站起来，对阿尔瓦)

您看到他了吗?

阿：

您指的是谁?

露：

您父亲!

亲王：

舍恩博士?

露：

和他未来的新娘!

阿：

和他未来的……

舍：

(匆匆进来，然后站住不动，观察形势)

她怎么了?

（在随后的六重唱中，作曲家有意使歌词成为次要性的）

[六重唱]

阿：

（对舍恩）

你本来可以避免发生这样的事情！

舍：

（对露露）

继续去跳吧！

露：

不……不……不……

服装员：

您让她稍微休息一下。

露：

不，我不能……我不愿在他未来的新娘面前跳舞。

舍：

你得在我未来的新娘面前跳舞！我命令你，在我未来的新娘面前跳舞！马上回舞台去！

阿：

她不能在你未来的新娘面前跳舞！让她休息一会儿，然后她会再跳的，即使是为你未来的新娘。

（对露露）

我说的对吗，夫人？只休息一小会儿，您就会再跳，即使是为他未来的新娘。

剧院经理：

为什么不在他未来的新娘面前跳舞？

（对露露）

请回到台上去吧,夫人。

亲王:

(慢慢地认识到了事情的关系,站到一旁)

在他未来的新娘面前?这就是她台上昏倒的原因!?

服装员:

(像以往一样地伺候露露,对舍恩)

让她休息一会儿,然后她就会回去跳舞,即使为您未来的新娘。但是她现在必须休息一会儿!对吗,夫人?只稍微休息一下,您就会再跳的,即使是在他未来的新娘面前。

露:

(对舍恩)

我感到疲倦,很疲倦。请让我休息一会儿!

舍:

马上返回舞台!我可是与人签了约的,不要再说疲倦了!

露:

……休息一下。

服装员:

(在露露头下垫了一个枕头)

就这样!对了,她已经感觉好一些了。

(快速地看了露露一眼,下)

阿:

(对舍恩)

让她休息一会儿,然后她就跳舞,即使是在您未来的新娘面前!

舍:

是的,但然后……

露:

然后……

阿:

(对经理)

请您插入下一个节目,没人注意她是现在跳还是五分钟以后跳。

舍:

(做了一个手势,想让别人走开,使他单独和露露在一起)

(敲门声)

阿:

我来了。

(下)

剧院经理:

该打铃了。

(下)

(亲王最后一个下场)

[奏鸣曲式的展开部]

舍:

(带威胁意味地起身,走向露露)

你怎么敢耍这种把戏?

露:

您做得对,您想向我表明我是什么地位。所以您要我在您的新娘面前跳舞。

舍:

像你这种出身的人能在众多体面人前登台,对你来说就是一种幸福。

露:

噢,我很清楚,如果我没有像您这样的保护人,我将会变成什么样子。

舍:

和那时相比,你今天是不是已经变了样?

露:

谢天谢地,我没有变样!

舍:

这倒是真的!

露:

而且我为此而感到高兴之至!

舍:

那么你现在会去跳舞吗?

露:

不管在谁面前!

舍:

那么上台去吧!

露:

(孩子似的恳求)

给我一小会儿时间,我觉得还不能挺起身来!等到铃响再说……

舍:

(停顿了一下)

亲王在这儿干什么?

露:

他要带我去非洲。

舍：

去非洲？

露：

您把我变成一个舞女，就是希望有人把我带走。

舍：

但不是去非洲！

露：

您为什么不让我昏倒呢？

舍：

很遗憾，因为我没有理由相信你会昏倒。

露：

您不忍看着我昏倒。

舍：

我很清楚，你是打不败的。

露：

啊！难道您现在才知道吗？

舍：

（烦燥地）

不要这样无耻地看着我！

露：

您不必呆在这儿了。

舍：

只要铃一响，我就走。

露：

趁着您还有精力时走吧！您的精力到哪儿去了？您已经订婚三年，为什么还不结婚呢？

舍：

（愤怒地）

你是说你要挡我的道吗？

露：

您走吧！看在你那位无辜的未婚妻份上。让我单独一人待着吧！再过一分钟，您就会没有力量了。

舍：

不要说了！八天后我就要结婚。那时以前不要让我再看到你！

露：

我将锁上我的门来保证这一点。您最好对您的生活进行一次大扫除，否则您就永远别同那个甜蜜的无辜孩子结婚。

舍：

你想让我揍你吗？

露：

同她结婚吧，然后她就会带着孩子气的忧伤在我面前跳舞，而不是我在她面前跳舞。

舍：

（举起拳头）

上帝啊……

露：

您打我！

舍：

（用手抱头）

走吧，走吧，

（冲向门口，然后想了想，又转回来）

可是我上哪儿去呢？去我未婚妻那儿？回家？如果我能离开这

个世界就好了!

露:

您非常清楚……

舍:

不要说了!

露:

……您没有力量摆脱我……

舍:

(声嘶力竭,颓然地坐在中间桌子左边的椅子上,呻吟地)

噢,噢,我多么地痛苦!

露:

这会儿我才觉得很痛快——无法形容的痛快!

[最后的奏鸣曲式再现部]

舍:

我的未来!我的世界!

(抽泣)

这个孩子,这个无辜的孩子!

露:

他哭了,这个暴君哭了!现在您快请到她那儿去吧……

舍:

我不能……我现在不能到她那儿去。

露:

你走吧!

舍:

(作出无能为力的姿态)

露:

叫亲王来看我。

舍:

看在上帝的份上告诉我,我应该做什么……

露:

(站起来,披肩留在椅子上,把桌上的服装推到一旁)

这是信纸。

舍:

我不能写……

露:

(站在他身后,靠在他的椅背上)

请您动手吧!

舍:

我不能……

[副部主题=写信二重唱]

露:

(口授)

"亲爱的小姐……"

舍:

"亲爱的小……?" 我一直叫她布利吉特。

露:

(强调地)

"亲爱的小姐……"

舍:

(写)

我的死刑判决书!

露:

"请收回您的允诺。"——"我出于自己的良心……"

（舍恩放下笔并恳求地看了她一眼）

写吧："良心——不能允许把您捆在我的很可怕的命运上……"

舍：

（写）

你是对的！你是对的！

露：

"我告诉您，我不值得……"

（舍恩再次看着着露）

写上："不值得您爱。——这几行字就是证明。——三年来我一直试图脱身去爱您，但却缺乏意志力。——我现在正在另一个女人的身旁写信给您，就是她主宰着我的一切。请您把我忘掉吧！路德维希·舍恩博士。"

舍：

（放声痛哭）

上帝啊！

露：

没有"上帝啊！"

（强调地）

是"路德维希·舍恩博士"。

（舍恩写）

附言……

舍：

（自语）

附言？

露：

"您不要想能够拯救我!"

舍:

(写完以后,突然爆发地)

现在——处决——开始了……

(露露站起准备她的舞蹈节目,幕落)

第二幕

第一场

德国文艺复兴时期式的豪华大厅,有着厚重的橡木天花板,雕花的护墙板直到半墙,左右两边挂着退色的壁毯。屋子后面有一个走廊,挂着帘子,但这场开始时,帘子只是半垂着。一座宏伟的楼梯从走廊左边直通舞台前部。走廊中部的下面,是一道有圆柱和三角饰的大门。左边的墙上有一个高大的壁炉,近台处有一个阳台窗子,挂着厚帘子。楼梯下的左边挂着热那亚丝绒帘子。壁炉前有一座中国式屏风。楼梯扶手最低处放着一个有装饰的画架,上面立着装在仿古金色画框中的露露扮作丑角的画像。左前方是一个宽大的无靠背矮沙发,与右边的一把安乐椅相对。大厅中央是一张铺着厚厚桌布的四方桌,其周围是三张高背弹簧垫沙发椅。桌子上面放着一束白花。

[宣叙调]

露:

(穿着晨衣,坐在安乐椅上)

舍:

(站在左前方)

戈:

(坐在沙发上,身穿一件奇怪的男式衣服——领子很高,等等。

脸上蒙着面纱,双手放在手筒里,对露露)

您如果能参加我们女艺术家今晚举行的舞会,我将多么高兴啊。

舍:

像我们这样的人难道会偷偷地进去吗?

戈:

如果我们中间有人这样胡来,那将是一种罪过。

舍:

(从沙发后面走到中间的桌子旁)

这花真美!

露:

这是戈施维兹伯爵夫人送给我的礼物。

戈:

不胜荣幸。

(困窘地稍顿)

我希望能说服您穿男人衣服。

露:

您认为那样穿适合我吗?

戈:

(指着露露的画像)

您的画像简直像一位仙女。

露:

我丈夫不喜欢它。

戈:

这位画家我认识吗?

露:

我想您没有听说过他的名字。

戈：

您是说他死了？

舍：

（沉重地）

他已经活够了。

露：

你有点儿不正常。

戈：

（察觉到不愉快的气氛，起身）

我得告辞了，博士太太。

舍：

（自我克制）

戈：

我还得忙着去准备我们的舞会呢。

（向舍恩远远地道别）

再见。

（露露送她下场）

［小咏叹调］

舍：

（独自一人，环顾四周）

生活糟透了！这儿简直乱七八糟。30年来我辛勤劳动，这就是我的家庭生活，这就是我选择的家……

（他作了一个突然的动作，并环顾四周）

我的天那，会不会有人偷听我的话？

（抽出一只左轮手枪）

我现在谁也不相信。

(右手握着拉上扳机的枪,向右边走过去,对阳台窗帘后说话)

这就是我的家庭生活!这家伙发疯了!

(扯下窗帘扔在一旁,发现没有人在那儿)

我是不是疯了,我是不是丧失理智了?一切都肮脏不堪,一切都肮脏不堪……

(听到露露回来,藏起手枪)

[谣唱曲]

露:

(进来,与舍恩走到台前)

今天下午你能不能把时间空出来?

舍:

这位伯爵夫人到底来这儿干什么?

露:

我不知道……她要给我画像。))我很想和你坐车出去玩玩。

舍:

你知道我今天必须到证券交易所去。

露:

你情绪很不好。

(用手抱着他的脖子)

我很久没和你在一起了。

舍:

你欢乐的心将使我年老的心变得快活。

(抚摸她的头发)

露:

问题是你没有和我结婚。

舍：

那我还会和谁结婚呢？

露：

我，是我同你结婚。

舍：

这有什么区别？

露：

我担心很多事将会如此——但有一件事是不会变的！

舍：

那是什么？

露：

你对我的爱。

舍：

(脸部抽动了一下，向她示意，走向前，温存地催促露露走向左边的卧室)

(两人下)

(空台)

戈：

(小心地打开中门，壮着胆跑到卧室前偷听，警觉了一下，再次偷听，最后藏在壁炉挡板的后面)

(再次空台)

[重唱]

施：

(从阳台揭开的帘子里走来，在楼梯上抓住栏杆，仍旧气喘吁吁)

谢天谢地，我们终于到家了。

（几乎滑倒）

这镶木地板！到处是暗礁和陷阱！

（站住喘气）

罗：

（把中学生夹在臂中，喧哗着从楼梯上下来）

对于这个巨大而广阔的世界来说，他还嫌小，而且靠自己的双脚还不能走那么远！

学生：

（企图从这位运动员的手臂中挣脱出来）

如果这是有关生死的问题，你们看我究竟是什么材料做成的。

罗：

这个小兄弟连同他在爱情上的苦恼不会超过四十公斤重。

学生：

（踢腿）

他们把我从学校开除了！

罗：

你还没有受到我认为的真正教育！

（把中学生放下来）

施：

（慢慢地走下楼梯，总是不断喘着粗气）

许多学者在这儿学会了第一步。来吧，别害羞！

（从一个小柜子里拿出两个酒瓶，连同玻璃杯一齐放在桌上）

学生：

如果我知道该向她说些什么就好了！

罗：

（大笑）

你让她自己去想吧!

施:

(把双手支撑在桌面上)

先生们抽烟吗?

学生:

(打开他的烟盒)

来一支古巴雪茄!

罗:

(自己点烟)

从警官爸爸那儿搞来的吧!

施:

(艰难地坐下)

我很熟悉这儿的一切,你们只管吩咐吧!

学生:

我昨天刚写了一首诗……

施和罗:

他给她写了什么?

学生:

一首诗!

罗:

一首诗吗?

施:

他答应给我两塔勒——如果我带他到这儿来看她,并且让他们单独在一起的话。

学生:

到底谁住在这儿?

施：

我们两人住在这儿。

罗：

在家里搞证券买卖！

学生：

我要不要首先向她朗读它？

施：

（对罗德里戈）

他是什么意思？

罗：

他的诗，他想让她四肢撑开在架子上受刑。

施：

（盯住中学生）

你看他的眼睛，他的眼睛！

罗：

对，他的眼睛！八天来，他整夜想着她，睡不着觉。

施：

我们结束了。

罗：

我们俩都结束了。

学生：

你说的结束是什么意思？

罗：

（同施戈尔希碰杯）

祝你健康，死亡教父！

施：

祝你健康,空中飞人!

露:

(从左边上,穿着时髦的舞会盛装,胸肩露得很宽,胸前别着花)

可是孩子们,我们正期待着有人来拜访!

学生:

(已经站起来)

露:

(坐在椅子扶手上)

非常欢迎您们来。

施:

这是什么花?

露:

兰花。

(将胸部靠向中学生)

你闻闻!

施和罗:

(同时)

您是在等那位亲王吗?

露:

上帝保佑!

(起立)

学生:

一位亲王?

施和罗:

(同时)

那么你又找到一位新的了?

露:

亲王到国外旅行去了。

(独自哼唱着匆匆地上楼,进入了走廊)

学生:

是怎么样的一位亲王?

[卡农]

罗:

你知道,他原来想和她结婚。

施:

我原来也想和她结婚。

罗:

你说你原想和她结婚吗?

施:

难道你不是也想和她结婚吗?

罗:

是的,我本来也是想和她结婚的。

施:

谁不想和她结婚来着?

学生:

(非常惊奇)

什么?你们都想和她结婚?

罗:

(对施戈尔希)

那么她不是您的孩子?

施:

从来就不是。

学生：

"您的孩子"是什么意思？

罗：

那么谁是她的父亲呢？

施：

她从来没有父亲！

学生：

她从来……

露：

（仍哼着歌从走廊上下来）

我从来没有什么？

三人：

父亲！

露：

的确，我是一个神童。

施：

（对露露）

楼上锁住了吗？

露：

（拿出钥匙）

这是钥匙。

施：

最好还是让它放在门锁上。

露：

为什么？

施：

这样从外边来的人就不能开门。

罗：

他不是上证券交易所去了吗?

露：

是的，但他患了被追踪妄想症!

罗：

我会抓住他的脚把他举起来，哈哈，那他就会在天花板上倒立了!

露：

只要他挥一挥手，您就跑到老鼠洞里去了。

罗：

谁跑了?谁跑了?您看看我的二头肌!

露：

让我看看!

罗：

(拍打自己的胳膊)

像钢铁，硬得像花岗石!简直就是铁钻!

露：

(看看他的胳膊又看看自己的)

如果你的耳朵长得不那么长就好了。

施：

(嘲笑罗德里戈)

哈哈!

男仆：

(从中门进入)

舍恩博士到。

罗：

（跳起来）

这个蠢猪！

（冲进屋子，藏在舞台右前方的帘子后）

施：

（对露露）

给我钥匙！

露：

（给施戈尔希钥匙，并未丧失冷静）

学生：

（从椅子上滑下来，躲到桌子下边，并把桌布拉下）

施：

（接过露露的钥匙，经过楼梯，缓慢地走出）

露：

（对男仆）

请客人进来。

学生：

（在桌子下边朝外看）

但愿他不停留，那我们就能单独……

露：

（用脚尖碰碰中学生，并端坐着等候来访者）

学生：

（再次藏好）

男仆：

（引阿尔瓦进来，然后下）

阿：

（穿着礼服）

我相信，早场的演出会使用电灯。我亲自……

（发现施戈尔希，他正在两级一停地上楼）

那是什么人？

露：

你父亲的一个老朋友。

阿：

我从没有见过他。

露：

他们在战争中曾在一起，他的身体状况不好。

阿：

那么我父亲也在这儿？

露：

他和他喝了点酒，后来不得不到交易所去了。

（阿尔瓦盯着施戈尔希）

你觉得我怎样？

施：

（从走廊下）

［回旋曲：呈示部分］

阿：

（转向她）

你不是宁愿我不说的吗？

露：

我是说这件衣服。

阿：

你的女裁缝显然比我更了解你——请让我了解你吧。

露：

当我照镜子的时候，我希望我是一个男人……一个同我结婚的男人！

阿：

（愉快地凝视着她，但有点羞怯）

好像你在妒嫉你给你丈夫的那种幸福。

男仆

（拿着餐具从中门进入，铺桌子，放上两副餐具，一瓶香槟和餐前小吃）

阿：

（对男仆）

你这是干什么？

露：

（对阿尔瓦）

别这样！

男仆：

博士……？

阿：

他今天讨厌透了。

露：

（对阿尔瓦）

不要这样！

男仆：

（从牙缝里说出）

难道我不是人？

(下)

（露露和阿尔瓦坐在桌旁）

露：

我一直最喜欢你的那种坚毅的性格。你总是那样自信，甚至不怕同你的父亲闹翻。你总是像兄长那样保护我的利益。

阿：

幸好我最轻浮的念头总是达到最好的结果。

露：

你是这个世界上惟一保护我的人，而且不使我感到自卑！

阿：

你认为这样做很容易吗？

舍：

（出现在走廊上，小心地分开帘子，在舞台深处说）

我的儿子也在这儿！

（隐藏起来）

阿：

（当露露在沉默时）

天赋使你让周围的人腐化堕落，虽然并不出于你的本心。——我也是一个血肉之躯。如果我们不是像兄弟姐妹一样在一块儿长大的话……

露：

所以我只同你在一起才感到自在，因为你不会使我感到害怕。

阿：

但是我得承认，有时人们的精神也会崩溃。好了，我们不谈这个……

男仆：

（穿过中间走来，换盘碟等东西）

阿：

（对男仆）

你有什么毛病吧？

露：

（对阿尔瓦）

让他去吧！

阿：

他的确在发抖。

男仆：

（几乎不能控制）

夫人……

舍：

（重新露面，从帘后观察大厅）

男仆：

（同前）

博士……

舍：

（在舞台深处说）

他果然也是一个！

男仆：

（拿着托盘慢慢地下）

舍：

（缩回）

露：

你刚才说的"有时人们的精神也会崩溃"是什么意思？

阿：

我不想说这个。

露：

我伤害了你。我也不想再谈这件事了。

阿：

你答应我永远这样吗？

露：

我们握手为定！

（隔着桌子向他伸出手）

阿：

（抓住她的手，紧紧地握着，并长时间地和热情地把她的手贴在自己的嘴唇上）

露：

你干什么？！……

罗：

（从帘子后探出头来）

露：

（越过阿尔瓦向他狠狠地瞪了一眼）

罗：

（缩回去）

舍：

（靠在走廊上，注视着所发生的一切，在舞台深处说）

这儿还有一个！

阿：

（身子坐直，但没有松开她的手）

简直是一个来世的精灵，能使人睡意顿消……啊，这只手……

露：

手上面是什么？

阿：

胳膊……

露：

胳膊上面是什么？

阿：

身体……

露：

（天真地）

身体上面又是什么？

阿：

（热情地）

迷娘！

（跳起来）

露：

不要这样看着我——天哪！

阿：

（跪在她面前）

毁灭我吧！让我现在就完蛋吧……

露：

那么你爱我吗？

阿：

你爱我吗，迷娘？

露：

我不知道……

阿：

迷娘，我爱你！

（把头埋在她的大腿间）

露：

（双手放在他的头发上）

我毒死了你的母亲……

罗：

（从帘子后探出头，看到舍恩，做手势让他注意露露和阿尔瓦）

舍：

（用他的左轮手枪对准罗德里戈）

罗：

（示意他把手枪对准阿尔瓦）

舍：

（扣着扳机对准罗德里戈）

罗：

（缩回帘子后面）

露：

（看到罗德里戈缩回，察觉舍恩正在走廊上，站起身来）

他的父亲！

舍：

（放下手枪走下台阶，手里拿着一张报纸，走近阿尔瓦，抓住他的肩膀）

巴黎爆发了革命。

阿：

（直到方才都还跪着不动的他，现在睡意朦胧似地站起来）

巴黎……让我到巴黎去……

舍：

（打开报纸）

报纸编辑部没人知道应该写些什么……

（陪阿尔瓦穿过中间，两人下）

罗：

（从右边帘子后冲出来，想上楼梯）

露：

（挡住他的去路）

您不能从这里出去！

罗：

让我过去！

露：

您正好会撞上他的枪口。

罗：

他想开枪射穿我的脑袋。

露：

他来了。

罗：

（跌跌撞撞地返回）

真他妈的见鬼！

（在帘子后躲藏起来）

［引子］

舍：

（握着手枪返回，将门锁上，迅速地通过中间走到窗前，然后猛烈地掀开窗帘）

那人到哪儿去了？

露：

（站在楼梯的最低一级）

出去了。

舍：

是从窗子出去的吗？

露：

他是个杂技演员。

［五个诗节的咏叹调］

舍：

（愤怒地转向露露）

你这个贱货，你是不是被派来把我从阴沟里拖到坟墓去的？你是个死亡天使！你是个无法逃避的祸患！你是我晚年的欢乐！你是刽子手的绞索！

露：

（走向台前）

你喜欢我的新衣服吗？

舍：

滚开，否则明天我就会发疯，我儿子也会倒在血泊中！

（突然决断，强迫她拿起手枪）

我必须要救我自己，你明白吗？你必须决定自己的命运。

露：

（好像体力不支，一屁股坐在长沙发上。她左右摆弄着枪）

这东西打不响。

舍：

要我把着手教你吗？

露：

(像开玩笑似的把枪对准他)

真装子弹了吗?

舍:

这不是开玩笑的事!

露:

(举起枪向天花板开了一枪)

罗:

(从门帘后跳出来,上楼,从走廊下)

舍:

那是什么?

露:

(无恶意地)

没什么,只不过是你的被追踪妄想症发作了。

舍:

(从露露手中夺回枪)

你还在这儿藏了更多的男人吗?

(愤怒地在屋里来回寻找)

还有别的男人等着造访你不成?

(猛然掀开窗帘,狂笑,弄倒壁炉挡板,发现戈施威茨,沉默了一会儿,揪住戈施威茨的领子把她拖到前边)

您是从烟囱里下来看我们的吗?

戈:

(带着极大的恐惧,对露露)

把他从我这儿拉开!

舍:

(摇动她)

要不您也是个——杂技演员?

戈：

（啜泣）

您把我弄疼了……

舍：

我肯定您会在这儿吃饭!

（把她拖到隔壁屋子并锁上了门，坐在露露身旁并用手枪逼迫她）

里头的子弹完全够了，了结一切吧! 我不能帮助我的奴仆给我戴上绿帽子。

（再次用枪逼迫她）

了结一切吧!

露：

你可以离婚呀。

（拿过手枪）

舍：

没有必要多此一举! 这样明天就会另有人来这个让我恐惧得发抖的地方寻欢作乐，使我常常想到自杀，而你却毫无损害!

（平静一些）

我和你离婚! ——对两个从小一块儿长大的人来说，离婚意味着什么呢?

（又发怒）

你看到你的床上躺着血糊糊的祭品吗?

（想夺手枪）

让我来!

露：

（想摆脱他）

可怜我吧……

舍：

（同前）

我来帮你干这件事。

（再次想夺走枪）

［露露之歌］

露：

（从他那里挣脱，控制着枪，用断然而自信的声调）

尽管人们为了我的缘故而自杀，我的价值却依然如故。你很了解，你为什么要娶我为妻，正如我也很了解，为什么我要你做我的丈夫。你用我欺骗了你最好的朋友，但不能用我来欺骗你自己。虽然你把你的晚年给了我，但公平交换，你也得到我如花似玉的青春。我并不想改变我生活的本来面貌，任何人也别想来改变我。

［咏叹调的第五节］

舍：

（对她采取攻击行动）

跪下，女杀人犯！跪下！

（把她逼到楼梯前，举起手）

跪下……

露：

（跪了下去）

舍：

……看你敢再站起来！

（指着仍在露露手中的左轮手枪的枪筒）

向上帝祷告，求他给你力量吧！

学生：

（声音很大地从桌子下跳出，把椅子推到一旁）

舍：

（迅速转向中学生，因而背朝露露）

露：

（朝舍恩开了五枪，而且不停地扣扳机）

学生：

救命啊！

舍：

（跌跌撞撞地前倾，被中学生接住，放在椅子上）

这儿——还有——另一个！……

露：

（向舍恩冲去）

天哪……

舍：

滚开！——阿尔瓦！

学生：

天哪！

露：

（跪下）

他是我惟一爱过的男人！

舍：

女杀人犯！——阿尔瓦！阿尔瓦！

阿：

（通过走廊，冲下楼梯）

舍：

水!

露:

水,他口渴了……

(转向桌前,倒满一杯香槟)

阿:

(在舍恩身边)

父亲!……我的父亲!……

露:

我枪杀了他,我枪杀了他……

(拿杯子)

学生:

她是无罪的……她是无罪的……她是无罪的。

舍:

(对阿尔瓦)

你就是那一个……我失败了……

阿:

(想扶起他)

你必须躺到床上去……

舍:

不要那样扶我,我不行了……

露:

(端着香槟高脚杯过来)

舍:

你——还是那样。

(喝下酒,最后看了一眼露露和她的画像,然后转向阿尔瓦)

不要让她逃脱。你是她的下一个……

阿:

（对中学生）

请帮忙把他放到床上。

（在中学生的帮助下扶起舍恩）

到卧室去……

（指左边）

舍:

不，不！……不！……不！……

（阿尔瓦和中学生把舍恩抬向左边的门）

舍:

（呻吟）

上帝啊，上帝啊，上帝啊……

阿:

（发现门锁着，转动钥匙开了门）

戈:

（从门内出来）

舍:

（在她的注视下，僵硬地直起身子）

这个魔鬼！

（倒下死去）

学生:

（旁白）

这个魔鬼！

露:

（向舍恩俯身，用手抚摸他的额头）

他已经摆脱痛苦了。

（站起，又看了舍恩一眼，迅速地跑向楼梯）

阿：

（拦住她的路）

站住！别动！

学生：

她是无罪的……

戈：

（对露露）

我本来认为你是……

阿：

别动！

［小咏叹调］

露：

你不能把我送去审判！

阿：

为什么不能？

露：

阿尔瓦，我一切都听你的！别让我落入法院的手中！

阿：

我一定要——

露：

那是一件很丢脸的事。我还年轻，我将一生忠实于你！我只属于你一个人，看着我，阿尔瓦！请看着我！看着我呀！

（走廊上电铃响了）

阿：

警察来了……

（门外传来喧哗声）

露：

（瘫软在阿尔瓦面前，紧紧地抱着他的膝部）

阿尔瓦！

戈：

警察来了！

阿：

（挣脱她，去开门）

学生：

我要被学校开除了。

（当警察进入时，大幕急落）

［间奏曲（电影音乐）］

  在这段过渡的音乐中，一段无声电影表明了下一年里露露命运的过程。影片的次序与音乐的对称结构相应，也是近似对称的（也就是说，它要先向前发展，然后再倒退回来）。为了这个目的，相应的事件以及它们伴随的现象应进尽可能接近，这便产生了如下的一系列场景（按照箭头的方向）：

↓ 逮捕	最后获释的途中 ↑
三个在场的人	三个在场的人
露露被手铐铐住	露露自由了（假扮戈施威兹）
↓ 拘留	在隔离间 ↑
紧张的期待	紧张的期待
她的希望在消失	她的希望在增长
↓ 审判	治疗 ↑
她的罪过	她的疾病
法官和陪审团	医生和学生们
在场的三证人	释放时的三助手
↓ 判决	开释 ↑
她被送上囚车前往……	她被送上急救车开出……
↓ 监禁	监禁 ↑
监狱大门关上	监狱大门打开
最初的听天由命	唤起求生的欲望
露露肖像：监狱墙上	露露肖像：铁锹（她在狱中曾用铁锹当镜子）的
的影子	影子
↓ →	一年的监禁　　→ ↑

除了上述主要事件的彼此相对的一致因素，如：审判－治疗；逮捕－释放，更小一些的细节上的一致也应表现出来，如：左轮手

枪-听诊器；子弹-药瓶；法律-医学；铁链-绷带；监狱的囚衣-医院的罩衫；等等。还有相对应的个人，如：法官与陪审团-医生和学生们；警察-护士；等等。

第二场

　　景同前一场。走廊被布幔完全遮盖了。右边的阳台窗户挂着厚帘，左边的门帘也紧闭着。靠背椅更靠近舞台左前方，旁边是一个餐桌。画架空着，露露的画像被翻转过来靠在壁炉上。大厅中的光源只有中间桌子上厚厚遮挡着的一个立灯。而且，与前一场形成对比的是，房间内暗淡无光，满是灰尘，无人居住，人为地与外面的自然光线隔绝了。小桌上摆着咖啡机、咖啡杯和一些酒瓶。

[宣叙调]

阿：

（在门前无声且缓慢地走来走去，陷入沉思）

戈：

（深深地躺在沙发靠垫里。她身穿黑色紧身衣，用一块方格呢毯盖在膝盖上）

罗：

（穿得像个仆人，叉开腿懒洋洋地坐在长沙发上）

他像一个乐队指挥一样地让人等候。

戈：

（稍吃惊）

我恳求您不要说话。

（有时喝上一口清咖啡）

罗：

我简直不相信，她在发生了这件事之后，还能从中得到好处。

戈：

她看来比我认识她时更美了。

罗：

如果霍乱对她起的作用像对您的一样好……

戈：

使许多人死亡的疾病，却使她恢复往日的力量和美丽。

罗：

一切都很好——可是我今晚不会同她一起出去。

戈：

您愿意您的新娘一个人单独去旅行吗？

罗：

首先，我让那个老头子陪她一起去，在她需要的时候保护她。其次，我现在还不能离开这儿，直到我的新服装送来。我正等待我定做的一些粉色紧身衣裤，如果它们在国外不能引起轰动，那我就臭名远扬了！——只是我的大肚子可能会对这讨人喜欢的效果有一点影响。这是对我在这次大家参加的大阴谋中的出色工作的奖励。在身体健康的情况下，却在医院躺上三个月之久，这甚至会使一个流浪汉也变成肥猪。

戈：

（转向阿尔瓦，抑制住自己的不高兴）

现在这个人却说，要让她一个人去！

阿：

（从沉思中出来）

您把她弄出来的计划是否会成功，直到今天我还有些怀疑。但是，当我知道您的自我牺牲，您的大胆，您不顾死活地为她做的一切，我不得不说，我很钦佩您。戈施威兹伯爵夫人，我不知道你有多少钱,但是实行这个计划必定要使您花很多钱。我可不可以借给您两万马克?这些钱我能很容易地筹措出来。

(走廊上传来脚步声。)

戈:

(细听脚步声)

他终于来了!

(楼梯上的帘子拉开了)

施:

(穿一件长的黑色小礼服,手中拿着一把灰伞走进来。在整场中,他的说话经常被哈欠打断)

这该死的黑屋子!

戈:

(吃力地从裹着的方格呢毯下钻出来)

我已经准备好了!

罗:

(在长沙发上伸懒腰)

遵照你们这些太太的命令,这儿已经三天没见阳光了。

施:

(一直呼吸困难,连连哈欠)

从今天早上起,我就为护照和行李的事到处奔跑。

戈:

(想站起来,对施戈尔希)

请帮帮我!

罗:

(同前)

我给你们在巴黎介绍一家好旅馆,旅馆主人是柏林人……

戈：

(同前)

请帮我站起来!

罗：

(继续刚才的话)

……如果法国警察来搜查,那儿也比其他地方来得安全。

戈：

(在施戈尔希的帮助下站了起来,对施戈尔希)

他真的要您今天晚上独自一人陪她去旅行。

施：

(对罗德里戈)

您不担心被她传染上霍乱吗?

罗：

在我们去度蜜月之前,改变一下环境,肯定会对她的健康有益。

阿：

(手中拿着一个皮夹,对戈施威兹)

这个皮夹里装有一万马克。

戈：

(靠着椅背,站在中间的桌子旁)

谢谢,不用了。

阿：

我请求您收下它。

戈：

(对施戈尔希)

我们来完成它吧!

施：

耐心点儿,伯爵夫人,还只有一小段路程了。

(深呼吸)

五分钟内——我就能跟她一起回到这儿来。

戈:

让我们赶紧完成它吧!

罗:

(旁白)

……"跟她一起"……

阿:

(指向中门)

你们从这儿走近些。

(陪伴两人到门前)

(戈施威兹与施戈尔希下)

[广板]

罗:

(单独与阿尔瓦在一起,突然直挺挺地坐在长沙发上)

您还想给这个疯子钱吗?

阿:

这与你有什么相干?

罗:

我的财产状况也受到损害。首先我不得不大费周章地为装病做准备,而后又在医院里躺了整整三个月,以便探明情况。其次,博士先生,我现在正在这儿扮演你的男仆,以便你不必让陌生人来这里当差。最后,我一心一意地要把她训练成为"我们时代最令人惊异的杂技演员"!我在拿我的名声冒险。哪个新郎会为他的新娘做这么多的事呢?

阿：

戈施威兹伯爵夫人也偿还了您所支付的每一分钱。就我所知，您每月还从她那领到500马克的薪水。我有时还真怀疑，您是不是真爱那个不幸的女杀人犯。相反地我却深信，没有戈施威兹伯爵夫人，您今天会是一个一文不名倒在街头的醉汉。

罗：

如果不是卖出你父亲办的那家破报使你得到两百万马克，你又会是什么样子呢？你究竟干了些什么？你写了一部令人毛骨悚然的歌剧，我新娘的两条腿成了剧中的主要人物，没有一家宫廷剧院要上演它。你这个夜猫子，你这个自命不凡的讨厌鬼！

（有人敲门）

阿：

谁呀？……

罗：

一定是她！我的新娘。我已经一年多没见到她了。

阿：

他们不可能这么快地回到这儿来。

罗：

他妈的，快开门让他们进来！

阿：

你快点藏起来吧！

罗：

（一跃藏入左前方的帘子后。阿尔瓦去开门）

学生：

（急上，手里拿着帽子）

［室内乐Ⅱ］

阿：

我怎么办……

（认出中学生）

是您！您想干什么？您是从哪里来的？

学生：

（还有些气喘）

我是今天早上从少年管教所逃出来的。

阿：

您找我做什么？

学生：

请帮帮我。我有一个详细的计划可救她出狱。

阿：

您说的那个人是谁？这是什么样的计划？您找我做什么？

学生：

不用我多说，她对您肯定不是无足轻重的。那天您在法官面前为她作的证词，比律师所说的一切都更有用。

阿：

你就是她当时最好的见证人！

学生：

我还不到宣誓的年龄，所以人们不相信我。

罗：

（从帘子后走出，装成仆人的样子）

老爷，您是在琴室还是在阳台上喝茶？

学生：

这家伙是哪儿来的？从同一个门出来的！他是从同一个门跳出来的！

阿：

是我请他来做工的,他是可靠的。

学生：

我真笨!

罗：

(再度露出自己真实的身分)

您偏偏这个时候来给我们添麻烦!我警告你,如果我再见到你来这儿鬼混,就把你的脑袋打烂!

阿：

你给我安静些!

学生：

我真笨!

罗：

(对中学生)

您不知道她已经在三周前死了吗?

学生：

那不是真的!

罗：

您怎么知道呢?

(从口袋里抽出一张报纸)

您念念!……这儿……"杀害舍恩博士的女凶手已经染上霍乱"。

学生：

(看报)

"杀害舍恩博士的女凶手已经染上霍乱……

罗：

(用手指着有关段落,不想让中学生看到下文)

……已经染上霍乱……"

学生：

"病倒了。"

（从罗德利戈手中夺过报纸）

这上面没说她死了。

罗：

她怎么能不死？她已经躺在垃圾堆旁的墓地里三个星期了。

学生：

（对阿尔瓦）

她真的死了吗？

阿：

谢天谢地，是的。

学生：

（看了一眼空空的画架）

我对我的未来毫无所谓。我宁愿为了她而舍弃它。但是……一切都过去了！现在我除了到魔鬼那儿去以外，还能做什么呢？

罗：

（作手势）

现在就滚吧！

阿：

我必须要求您离开。

（欲陪他到门口）

学生：

我真笨！

罗：

（揪住中学生）

滚出去!

(把他从中门扔了出去,然后返回)

我感到吃惊的是,您没有像一个慈善家那样把您的钱包给那个傻瓜。

阿:

我对你的粗野放肆忍受够了。这个年轻娃娃远比你更值得尊敬!

(从走廊和楼梯传来吃力的脚步声)

罗:

她来了,我的新娘。她很快就会被称为"我们时代最美丽的杂技演员"。

(楼梯上的帘子拉开了)

露:

(穿着戈施威兹的黑衣服,由施戈尔希扶着,从楼梯上慢慢下来)

[情节剧]

施:

喂,小露露!我们必须赶快出境。

罗:

(愚蠢地凝视着露露)

魔鬼,真他妈的!

露:

(很衰弱地站在罗德里戈和施戈尔希的面前)

慢点儿,我不能那么快……

罗:

(越想越愤怒)

你脸色苍白的像死人,弱不禁风,怎么还轻率地到这儿来?

施:

闭上你的狗嘴!

罗:

我要去找警察!我要去举报她!哼,她穿着这件衣服多么可笑。

阿:

我请您不要再侮辱这位夫人了。

罗:

您竟然说这是侮辱她!我为她的事跑断了腿。我没有生活来源了。但是我可以告诉你们,我一定要告发你们的计划,搞点钱来过活,我发誓要这样做。

(准备走出)

我要直接去警察局!旅途愉快!

(下)

施:

快走!……快走!

露:

他绝对不会去冒这个险!

施:

我们可以摆脱他了!

阿:

谢天谢地!

施:

(大惊小怪地)

现在我得弄卧铺票去了。

（对露露）

半小时后我来接你。

露：

好吧……

施：

（对阿尔瓦）

早安，博士！

阿：

晚安！

施：

做个好梦吧！再见！祝你们快活！

（下）

［回旋曲：中间部分］

露：

（稍稍振奋一些，从这时起去掉一切伪装，用兴致勃勃的声调）

啊，自由！感谢上帝！

阿：

你不想喝一点吗？

露：

有两年时间我没看到这屋子、窗帘、沙发和画像了。

阿：

（递给她一个杯子）

这是本尼迪克甜酒。

露：

这使我回想起了过去的时光。

（喝下，环顾屋内）

我的画像在哪儿?

阿:

(同样地斟了一杯酒,指着壁炉)

在这儿!我把它翻转来靠在壁炉架前。

露:

我不在时,你没有看过它吗?

阿:

戈施威兹伯爵夫人很想把它挂在她的屋子里,可是因为警察搜查,她不得不十分小心。

露:

(高兴地)

现在那个可怜的老怪物代替我进了牢房!

阿:

我现在还不理解,这些事究竟是怎么安排的。

露:

哦,戈施威兹伯爵夫人很聪明地把这事安排好了!今年夏天汉堡爆发了令人恐惧的霍乱。利用这个时机她制定了营救我的计划。她临时接受了护士训练,然后前往汉堡救护病人。她抓住一个机会,穿上了一件一位死去的病人的内衣,那天早上她到监狱看我。在我的单人牢房里,趁看守不注意时,我们交换了内衣。

阿:

因此你们两人同一天病倒了!

露:

当然!事情就是这样。我们躺在同一间病房里,伯爵夫人使用了一切化装术,使我们的面貌尽可能相似。前天,她作为康复者出院,但马上又以忘了手表为理由转了回来。我穿上她的衣服,然后我就离开了。(有趣地)现在她作为舍恩博士的谋杀者躺在那里。

阿：

(把露露画像放在画架上)

你的样子还同他为你画的像一样。

露：

可是我的脸瘦了一些。

阿：

你进来的时侯看上去很可怕。

露：

为了赶走那个恶霸,我不得不那样。来,给我一个吻吧!

阿：

你可爱的眼睛就像一湾秋水,又像平静的河面上的涟漪。

露：

来吧!

(拉他坐在旁边的沙发上)

阿：

(深情地吻她,然后温柔地与她分开)

你的嘴唇现在很薄。

露：

你对我感到害怕?

(再次热情地靠近他,并狂热地吻他)

[回旋曲:再现部分]

阿：

啊!……啊!……我要写一首诗赞美你。

露：

(仿佛没有发生什么事)

我只为这双样子难看的鞋而生气。

阿:

这无损于你的魅力。来吧,亲爱的!……

露:

安静点儿!是我枪杀了你的父亲呢。

阿:

但我仍然爱你。来吧!再吻一个!再吻一个!!再吻一个!!!

露:

把头弯过来!

(她着意地吻他)

阿:

如果你没有这两只孩子般的大眼睛,我定会把你看作一个老奸巨滑的要使男人倾家荡产的妓女。

露:

(快活地)

我要是那样就好了!

(把双手插进他的头发)

今天和我一起出国吧!那样,只要我们想,就能在一起了。

阿:

……只要我们想,就能在一起……

露:

……只要我们想……

阿:

……只要我们想?……

露:

……只要——我们……

[赞美诗]

阿：

我从你的衣服下感到，你的体形就像音乐的结构。这两个踝骨就是优美的乐段。这迷人的隆起部分就是如歌的乐段。然后是你的膝部，它是一个神秘的段落；而你的爱欲，则是一个有力的行板。这两个可爱的对手是多么平静和安宁！我感到它们很舒适，我坚信它们都是美丽的，直到两者的狂暴而任性的女皇醒来，两个对手才像磁石相斥一样地分开。我要歌颂你，直到你的意识逐渐消失。

露：

那么你今天会和我一起去吗？……你会来吗？

阿：

你夺去了我的意志力……

（把头藏在她的大腿里）

露：

这不是你父亲死在上面的那张沙发吗？

阿：

别说了 别说了……

（幕落）

【两幕版到此演奏《露露组曲》中的"变奏曲"和"柔板"以作结束】

第三幕

第一场

一间白色的大客厅。后墙上有一扇宽敞的门通往牌戏室，那里可以看到一张牌桌。左边墙上有一正门，在它前边有一扇小小的暗门。右边墙上有去餐厅的门。右角有一个罗可可式的带白色大理石板的五斗柜。在它上方悬挂着前几幕中的那幅露露画像，它被装入一个窄小的金色镜框中挂在墙上。左角有一面高大的镜子。客厅中央有一张沙发和一些路易十五时代的扶手椅。右前方是一张小桌子。中间的门开着。阿尔瓦、罗德里戈、侯爵、银行家、记者、露露、十五岁的女孩、她的母亲、女艺术家和戈施威兹伯爵夫人都在客厅里进行着活跃的交谈。一个侍者站在正门边上，一个男仆正在斟香槟酒。绅士们都穿着晚礼服（阿尔瓦、银行家和侯爵穿燕尾服，罗德里戈穿配白领带的晚礼服，记者也穿晚礼服），女艺术家的穿着很入时，15岁的女孩穿一件小公主裙，母亲浓装艳抹，袒胸露肩，戈施威兹则像以前那样操着男人腔调。侍者（女角）穿短衣和紧身裤等等，男仆穿侍者的燕尾服。

[引子]

罗：

(手举斟满酒的杯子) 女士们先生们，（打了个嗝）让我们喝下这杯酒来庆祝我们可爱的、优美的女主人阿德莱德伯爵夫人的生日宴会，她是来自……（他用一种噪声掩盖了他不熟悉的法国名字）我举起我的酒杯以及其它，好心的女士们……

银行家：

(用罗德里戈的腔调对记者)"以及其它，好心的女士们……"

[重唱Ⅰ]

记者：

"以及其它，好心的女士们……"

侯爵：

(同露露碰杯) 祝您健康！

阿：

(抓住罗德里戈的手) 祝贺您，先生！

露：

（与候爵碰杯）祝您健康！

罗：

（对阿尔瓦与周围的人）我像一只落汤鸡似地大汗淋漓。

男仆：

（倒香槟）请用酒，请！

银行家：

（与露露碰杯）祝您健康！

记者：

（也与露露碰杯）你真迷人！

露：

（与他们碰杯）祝您们健康！

侍者：

（哼着小曲）

阿：

（对露露）我必须去看看牌戏室里是否准备就绪。

露：

我要同你一起去。（与阿尔瓦进牌戏室）

侍者：

（看了离去的阿尔瓦与露露一眼，又哼起小曲）

男仆：

（拿走空杯子）谢谢，谢谢你的好意！请原谅，先生！

女艺术家：

（对罗德里戈）你是世上最强壮的男人，是吗？

罗：

没错！我很乐意您来支配我的力量！

女艺术家：

我更喜欢走钢丝的杂技演员。(站起来离开他)

侯爵：

(转向那位母亲和她的女儿，用一种疲倦而厌烦的语调)为什么现在你才带你的小公主来参加我们的友好聚会？

母亲：

(拉住女儿的手臂)她还在修道院。

女孩：

(对她母亲)好妈妈，你说什么？

母亲：

我说你还在修道院学校里上学。

女孩：

你为什么说这些，好妈妈？

记者：

(对母亲)您的女儿多么美丽！

侯爵：

(对记者)她的腿长得多好！

记者：

头发多美呀！

侯爵：

(也对银行家)她的举止也很优雅！

银行家：

(逐渐加入围绕母女的一群人)上帝也知道，她很有教养！

母亲：

真的，先生们，她还是一个孩子，一个小孩子！

记者、侯爵、银行家：

这并不妨碍我们的兴趣!

女艺术家:

(移向那群人,听到母亲的回答,自语)一个孩子?

(在以下的过程中,女孩、母亲、侯爵、记者和银行家成为一组,站在一边作无声的谈话。)

罗:

(注意到伯爵夫人的目光追随着露露的退场,便靠近她,无耻地)请夫人原谅……(伯爵夫人避开他)我是这样一个危险人物吗?呃?(进入牌戏室,不久返回,大声嚼着一块三明治)

戈:

(突然转身遇到正从牌戏室返回的阿尔瓦)

阿:

现在干什么好?

戈:

没人想玩了吗?

阿:

是的,我们当然要加入您们一边。

女艺术家:

(对戈施威兹)我倒很想玩玩牌呢。

侍者:

(稍走向前)好,女士们先生们,请各就各位吧。

女艺术家:

(想拉戈施威兹一起进入牌戏室)男人们会跟着来的。

戈:

(对女艺术家)我随后就来,我有些事要对我的朋友说说。

侯爵:

（此时走向另一组人女艺术家、戈施威兹和阿尔瓦，还像以前那样地说话）我能有幸和您一起玩玩牌吗？（与女艺术家进入牌戏室）

男仆：
（收拾了一下，进入餐厅）

阿：
（一边催促其它人去玩牌，一边继续和站在一边的银行家、记者和母亲在一起。）

女孩：
（趁她母亲未发现，靠近侍者并随他进入餐厅）

[情节剧]

母亲：
请问，您还有没有更多的"青年妇女"铁路股票给我？

银行家：
我还有四千股"青年妇女"股票，但那是我想为自己保留的。我认为不会很快再有发点小财的机会了。

记者：
直到现在我只得到一股。我倒愿意再得到一些。

银行家：
我将尽力给你弄一些，但我有话在先，你得出高价！

母亲：
我的全部积蓄现在都成了"青年妇女"股票，如果这个计划不成功，总经理先生，我可要挖出你的眼珠。

银行家：
我知道如何照顾好我的事务，亲爱的夫人。

阿：

我也能向您保证,您的担心完全是没有根据的。我花了很高的价钱买了"青年妇女"股票,却一点也不后悔。它们每天都在上涨,从没有过像这样的事。

母亲:

如果你是对的,那就更好了。(随便地挽住银行家的手臂)来吧,我的朋友,让我们今晚撞撞牌运吧。(与银行家同下)

(阿尔瓦和记者参加到另外两人银行家和母亲的行列)

罗:

(从餐厅返回,吃着一块三明治,当他经过中门时,无耻地看了戈施威兹一眼)

戈:

(避开罗德里戈并注视着正在与侯爵一起进来的露露)

露:

(带着痛苦的神情走出牌戏室)

罗:

(在一张纸上写了点什么,叠好后塞给露露手中)

侯爵:

请允许我和你说一句话。

露:

(在罗德里戈给她条子时)谢谢你,我在注意听……

罗:

我暂且告退一下。(鞠躬,进入牌戏室)

侯爵:

(对戈施威兹)请让我们单独在一起吧!

戈:

(一动不动)

侯爵：

你聋了吗？

戈：

（深深叹了口气，走进牌戏室）

侍者：

（从里边关上中门）

［二重唱Ⅰ，协奏－众赞歌变奏曲（变奏1和2）］

露：

直说吧，你想从我这儿要多少？

侯爵：

（仍用那种困倦而疲惫的声音）我不是向你要钱。

露：

你真的认为我们没有钱了吗？

侯爵：

我知道你昨天把最后的现款都给我了。

露：

如果你要的是我本身，那也根本不必威胁我。

侯爵：

我知道，我对你已说过多次，你并不适合作我的情妇，你更适合干我正打算送你到那里去的那种职业。

露：

你疯了？我要求你给我找个职业！

侯爵：

我以前告诉过你，我用姑娘们来换取别的东西。

［间奏曲Ⅰ：拉皮条者之歌（魏德金的"琉特琴之歌"）］

这些无穷无尽的女冒险家，来自世界各地的上等家庭，许多娇嫩的可怜虫由我送到她们最适合的地方去供人们享乐。

［间奏曲Ⅱ］

露：

（激怒）我怎么会适合这种工作？要是我才十五岁，我可能会有兴趣。（做出一个手势，用"露露之歌"的音调）但是后来我交了好运。在医院中躺了三个月，从不找男人寻欢作乐。那时，我仿佛最后睁开了眼睛，看清了自己。后来我每夜都梦想看到上帝为我单独安排的那个人。所以当他们让我出来以后，许多男人都围着我转，但我已经不是以前的那个傻丫头了。从那时起，当一个男人在黑夜里从一百码远的地方向我接近时，我就知道他是不是我所想要的。当我重新犯罪时，我知道这是命中注定的。第二天我便会憎恨自己，感到从灵魂到肉体都被玷污了。

［变奏Ⅲ－Ⅻ］

侯爵：

政府仍在悬赏一千马克捉拿谋杀舍恩博士的凶手。街上就有警察，我只要一召唤他，那一千马克就是我的了。（再次用困倦的音调）相比之下，我倒宁愿从开罗的夜总会得到一千二百马克，比警察的还多两百马克呢。

露：

你是不是让我相信，那个埃及人会付给一个他不认识的姑娘一千二百马克现金？

侯爵：

我希望你别在意，我已经给他寄去了你的一些照片。

露：

是我送给你的那些照片吗？

侯爵：

你知道，他将比我更好地了解它们的真正价值。（总是用困倦的音调）那张你扮作夏娃站在镜前的照片，如果你去他那儿的话，就会看到他把它挂在房门上方。

露：

（激怒）我从不想生活在那样的娱乐场所里，就像个囚犯一样！

侯爵：

那么对不起，我要去叫警察了。

露：

你为什么不干脆要求我给你那一千二百马克呢？

侯爵：

因为你和你的作曲家朋友已经破产了。

露：

我们还有三万马克……

侯爵：

……那是些股票。我在交易上从不接受股票。政府付的是德国通货，而埃及人付的是英镑。你马上做出决定，一点钟火车就要开，如果11点我们还不能成交，我就去叫警察。要不，我按目前的样子给你收拾行李，明晚带你上船。

露：

（起初压抑着愤怒）我跟你去美国，去中国，但是不要让我出卖我剩下的惟一东西，我惟一的宝贵东西。

侯爵：

如果到11点我们还没有离开这座房子，你就要被捕，并同你那一伙朋友一起被押送德国。

（牌戏室中噪声渐大）

露：

你别想用法律来摆布我!

(牌戏室的两扇门都从里面打开,全体聚会者喧嚷着走进)

戈:

(走进,她的眼睛寻找到露露,死死地盯着她)

侯爵:

(离开露露转向那些进来的人,首先是阿尔瓦)

侍者:

(和男仆打开两扇门,站在那里)

[重唱Ⅱ]

阿:

(手中拿着一份股票,对侯爵)太好了,它准会赚钱!

记者:

(对银行家)您答应过我明天给我另外一股。

银行家:

好的,好的!

母亲和女艺术家:

总经理先生,您也答应过我呀。

银行家:

(对两位女士)我一定遵守诺言。

露:

(站在一旁独自出神)我在一座"妓院"里……

阿:

(结结巴巴)总经理先生……总经理先生……

银行家:

(对阿尔瓦)我一定遵守诺言。

母亲和女艺术家:

他一定会遵守诺言的。

记者：

(对两位女士) 那么我肯定会赢上一小笔钱。

母亲和女艺术家：

(对记者) 我也会赢!

女孩：

(对母亲) 你也会赢吗?

罗：

戈施威兹押下了她剩下的全部现金。

侯爵：

(对银行家) 她剩下的——对，她的所有财产。

银行家：

是吗?

罗：

是的。

露：

(从罗的眼神中她想起那张纸条，打开悄悄地读)"交出两万马克，否则我就去检举你。"

阿：

(对全体，竭力让人们听到他的声音) 是的，我们大家在这场赌博中都是赢家。

(女艺术家、母亲、女孩、侍者、阿尔瓦、侯爵、记者和男仆组成八人小组彼此交谈)

八人：

我们都赢了!……他们都赢了!……难以置信!……银行也赢了!……银行也赢了!……是的，这真是件怪事，所有这些钱都是从哪儿来的？

银行家：

（与小组同时）上帝保护着我们！所有这些钱究竟从哪儿来的？最好让它流通起来。

罗：

（同时）是的，钱从哪儿来是无法解释的。最好让它流通起来。

银行家和**罗：**

谈够了，现在可以无限制地喝香槟了。

（小组散开）

阿：

对了，……香槟……

记者：

（同时）现在我们来喝香槟吧！

阿、记者和银行家：

亲爱的女士们，吃饭吧。

侍者和男仆：

（匆匆走向餐厅的门，男仆开门，两人站在那里，做出邀请的手势）请吧，晚餐已经准备好了！……请进……

众人：

（互相招呼）请进，女士们！……香槟和晚餐都准备好了！……我太渴了，去吃晚饭吧！……我们也很渴，……请进去吃点东西吧，女士们……

（除了罗，全体都走进餐厅，阿尔瓦挽着15岁的女孩。门从里边关上，而牌戏室的门仍然开着）

（与这个社交场面同时进行的是露露和戈施威兹的对话）

戈：

(走近站在一边的露露)

露：

(注意到戈的走近，想穿过左侧的暗门来躲避她)

戈：

(在露露身边) 你要离开，想逃避我吗？

露：

(站在那儿) 不是的，只是因为如果你来，我就走。

戈：

至少你跟我说话的方式可以保持一种礼貌吧！

露：

我对待你像对待任何其他女人一样地有礼貌。我只求你也那样礼貌地对待我。

戈：

你在所有的事情上都欺骗了我。

露：

在哪些事情上？

戈：

我们一起躺在病床上的时侯，你对我作的热情的誓言难道你都忘了吗？那时我同意假扮你，并代替你入狱。啊，是的，你总是背叛我……

露：

你不是个人——完全不像别的人那样。做个男人你的骨架不够大，做个女人，你的脑子又太复杂。这就是你疯狂的原因！

戈：

你欺骗了我，并且是故意这样做。我从不妒忌你折磨为你服务的那些牺牲者们的本事。你不要想来煽动我的妒忌心。当我想到你是那些可怜虫的玩偶时，我觉得自己像一个神一样的自由。

（对话与社交场面同时结束）

[二重唱Ⅱ]

罗：

（对露露）我能插一句话吗？你看了我写给你的条子了吗？

戈：

（注意到罗德里戈，感到自己多余，便走进餐厅）

露：

（转向罗德里戈）如果你高兴，就继续进行讹诈吧！我是一点钱也不会给的。

罗：

别骗我。（声音变粗）你这个婊子！你们还有四万马克的"青年妇女"股票。你所谓的丈夫不久前还吹过牛。

露：

那么你去讹诈他吧。（大笑）

罗：

我谢谢你！这个傻瓜要用半天时间才能理解我结婚需要钱。你知道我已经定婚了。

露：

我衷心地祝贺你。那么你为什么还要不断地向伯爵大人提出要求呢？

罗：

她是个出身高贵的女人。我作为一个老于世故的人，比你们这些人都更懂得礼貌的交往。但这是题外的话。到明晚为止，你能不能给我搞到这笔钱？

露：

我还是要告诉你,我没有钱。

罗:

阿尔瓦准备倾其所有地给你,如果你只尽一次那该死的义务的话。

露:

请别把阿尔瓦拉扯进去。

罗:

(扳着手指数)你会使四个人得到快乐……只要五……(用一只手挥一下)……五分钟把自己当做供献的牺牲品。

露:

(旁白)这都是因为他想要结婚吗?

罗:

那么你永远要成为那个妓院老板的奴隶吗?

露:

如果你说完了,我能不能请求他护送你离开这间屋子?

罗:

随你的便,我的夫人。如果明天晚上我还没得到两万马克,我就马上去警察局检举。你们的全部财产……(做了个手势,走向餐厅门)就要化为乌有。(门被男仆打开)再见了,我的夫人。

[哑剧]

(全体社交人员缓缓地进入客厅,他们懒洋洋地聊着天,可以间或听到一些词,如:"牌戏室"、"青年妇女股票"、"一万元")

侯爵:

(首先走向露露)

罗:

(急忙从露露身边逃走,走向牌戏室大门混入人群,但在半路

上偷偷地回头看了一眼侯爵和露露,然后进入牌戏室)

露:

(在舞台前方与侯爵目光对视)

侍者:

(走向餐厅门口的人群,不断喊着"总经理先生的电报!"并递给银行家一封电报)

男仆:

(仍然站在舞台左前方)

侯爵:

(转向露露,开始时用疑问的神态盯着正在溜出的罗德里戈,然后又一次要求露露做出解释。在听露露解释时,他指着手表作为明确的答复,同时转身就走。然后不顾跟着他的露露的不断反对,断然地走进牌戏室)

银行家:

(站在舞台右前方,接过电报打开它)"青年妇女铁路股票暴跌……"嗨!这世界是怎么了……(给侍者小费,亲切地拍了拍他,走进牌戏室,同时还在自言自语)如果我不割下你的鼻子,你就会割掉我的……

侍者:

(随银行家走到牌戏室门前,在侯爵进入后,将门关上,突然转向露露)

露:

(独自一人,情绪极端低落,注意到侍者的手势,侍者指着暗门,并与她耳语了几句,于是她又有了新希望)当然,让他进来。

侍者:

(打开暗门与施戈尔希打招呼,施慢慢地进来。露示意侍者把灯光弄暗些，出去后关上门。现在所有的门都关上了。)

[二重唱Ⅲ]

露：

(迎向施)

施：

(穿戴着大衣、白围巾、短筒靴和一顶破帽。意味深长地看了看退去的侍者，总是气喘吁吁) 我今天就是需要一些(坐下)钱。我要给我的女友租一套公寓。

露：

(表面上完全平静) 她很需要钱吗？

施：

她想有个地方来放置她的东西。(见露露发呆，便急躁起来) 数目不大，这对你是无所谓的。

露：

(突然痛哭起来，倒在施的脚下) 啊，上帝呀！

施：

(抚摸她) 怎么了？

露：

(抽泣) 太可怕了。

施：

(把露露拉到自己的膝盖上，像抱孩子似的抱着她，露露仍在抽泣) 你太疲劳了！(喃喃地对露露) 你需要躺在床上，看一本好书来消遣自己。哭吧，放声地哭吧！不要不好意思。15年前有一次你也是这样哭的。

露：

(逐渐停止哭泣，爆发地) 他们让我中了圈套。他会去告发。

施:

谁将去告发?

露:

那个耍杂技的。

施:

(完全平静地)我去应付他!

露:

(急切地)对付他,我求你去对付他!然后同我去干你想干的事!

施:

一旦他来我那儿,那就是他的末日。我的窗户临水,只是他不会去那儿。(摇头)他不会去那儿。

露:

我让他到你那儿。他将和戈施威兹一起去。(一直很机密地)他今晚会去你那儿,所以你现在还是回家去,把事安排的得使他感到舒适。

施:

就等你让他来了。

露:

(仍很机密地)明天早上把他的耳环带来,对,他戴的那些金耳环。

施:

他一直戴耳环吗?

露:

在你打倒他之前,很容易把耳环摘下来。他如果醉的厉害,就不会注意到这事。

施:

然后呢?我的孩子。

露:

(提高声调)然后,你就会有钱给你的女友了。

施:

我会像个吝啬鬼似地把它夺过来。

露:

你还需要什么呢?我可以满足你的一切要求!

施:

自从我们在一起混(寻找准确的表达)已有多久了?

露:

这就是你需要的?

施:

(温柔地紧贴着她)

露:

(挣脱他)可是你说过你有一位女友。

施:

她不很年轻了。

露:

(站起来)那你必须发誓。

施:

我一直不守信吗?

露:

发誓吧,说你要对付他。

施:

我要对付他。

露：

对我发誓！

施：

（把手放在她的踝上）我凭一切神圣的东西发誓！如果他今晚来。

露：

"我凭一切神圣的东西发誓！"这太轻了。

施：

这太重了。

露：

（当施戈尔希还要更热烈地爱抚她时，她跳了起来）快回家去吧，他们半小时后就到你那儿去。

施：

（站起）我就走。

露：

快！我求你了。（用手拉着他穿过房间走向暗门）那么你的住址在哪儿？

施：

（被露露半拖着，总是在大喘气）我把它写下来。

露：

那我们到外边去。（同下）

[独奏小提琴和钢琴的华彩段]

罗：

（被侯爵推进客厅）至少对我客气点儿！

侯爵：

（全然不顾地）凭什么要这样？我要知道你刚才同她说了些什

么!

罗:

不关你的事。

侯爵:

你威胁说,如果她不跟你走,就要告发她!

罗:

她不知羞耻!好象我会有这种想法似的!如果我想要她,天知道,我不必用监狱来威胁她!

侯爵:

谢谢你,这就是我需要知道的。(看了一眼露露的画像,下)

罗:

(独自)蠢猪!你到这儿来,我要把你的五脏六腑掏出来!

露:

(从暗门走进,手里拿着一张写有施戈尔希地址的纸条)

罗:

(见露露进来,对她发火)现在那个家伙知道向我找碴儿意味着什么了。

露:

谁知道了?

罗:

就是那个拉皮条的恶棍。还有你这条母狗,你他妈的为什么告诉他说我想拐骗你?

露:

你是不是想说,为了两万马克的"青年妇女"股票,我就得给阿尔瓦所要的东西?

罗:

难道这不是你的义务?难道他不应该得到一个女人的怜悯?

[宣叙调]

露:

伯爵夫人简直控制不住自己了,如果你再拖延,她就会跳进水里了。

罗:

那么她在等什么呢?

露:

等你,你把她弄到手吧。

罗:

那么请代我问候她。我希望这水对她合适。

露:

如果你今天就把她弄到手,她就能借我两万马克。

罗:

如果我拒绝呢?

露:

(没有激动)那就告发我!阿尔瓦和我已经一文莫名。

罗:

他妈的,真该死!

露:

(模仿前面说过的话)"只要五分钟把自己当做供献的牺牲品,你就会使四个人得到快乐。"

罗:

明天我肯定能得到两万马克吗?

露:

去问她吧。

罗：

那你和她说我准备好了，在餐厅等她。（走向餐厅，站在门口）等我吃完鱼籽酱，我就听候她的调遣。（下）

露：

（走向牌戏室大门，开门并大声喊）玛尔塔！（戈施威兹应声进入客厅，并关上门）我的心肝宝贝，请你把我从死亡和折磨中救出来吧。

戈：

我该做什么？

露：

跟那个耍杂技的人到妓院里过夜去吧。

戈：

亲爱的，为什么要我这样呢？

露：

他说你必须在今晚让他占有，否则就要去告发我。

戈：

可是即使我照你的意思去做这件可怕的事情，那又怎么能帮助你呢？我不懂！

露：

如果你满足了他的虚荣，他便不再纠缠我。所以对他卑贱些，求他可怜你！

戈：

然后呢？

露：

我将整夜等着你，一直不闭眼，我答应你，一直等你回来。

戈：

那么我就接受他吧。

露：

你必须用拥抱来奉承他。

戈：

（自语）我不懂。

露：

拿着这张纸条，上面有地址。那是一家下等旅馆。我保证你们今晚在那里见面。

戈：

那我们就快点儿……

露：

（向餐厅喊）请出来吧，亲爱的。

罗：

（从餐厅里出来）对不起，女士们，我的嘴还塞得满满的。

戈：

（抓住他的手）别不理我！满足我的需要吧！

罗：

一切顺利！我们上断头台吧！

露：

晚安，快乐的孩子们，晚安！

戈：

（自语如前）我不懂。

罗：

我们上断头台吧！（把手伸向戈施威兹，同她一起离开客厅）

露：

（陪着罗戈二人从走廊下场，立刻又与侍者一起返回）快，快，鲍伯！我们必须马上离开这儿。但是首先我们必须交换服装。

侍者：

（短促而清晰的声音）悉听夫人尊便！

露：

（拉住他的手）省掉那个"夫人"吧！把你的衣服给我，你穿上我的，快点儿！

（露与侍者进入餐厅）

[重唱Ⅲ]

（牌戏室里传来一阵喧哗，大门被闯开，银行家、记者、母亲、女儿、女艺术家和阿尔瓦进入客厅，不久男仆也走进。记者和银行家走在前边，其它人跟随着。）

记者：

（手拿一张股票对银行家）先生，请问您能接受这张股票作为赌注吗？

银行家：

但这张纸没有任何价值，我的朋友！

记者：

你这无赖！你就是想这样向我复仇！

母亲：

（对女艺术家）对不起，您也许能解释这里发生的事？

女艺术家：

似乎是总经理赢光了他朋友的钱，现在不想继续赌了。

记者：

他怕输了，这个犹太猪！

银行家：

（对女艺术家和记者）当然，我还要继续赌！我当然不怕输！

(转向其它人，用一种犹太口音讲话）但是这位先生必须付现金！他以为我是在银行办公室里吗？（指着股票）到明天早晨，他交到我银行来就是一堆废纸了。

记者：

（激怒，交出股票）叫它废纸，胡说八道！（再次用正常的表情）这些股票还能值一百九十九马克。

银行家：

昨天它值一百九十九，可今天根本不值钱了。明天你们就会发现，不会有什么更便宜、更好或更漂亮的东西来做你们楼梯或房间的地毯了。

其他人：

（与银行家同时，旁白）一切都失去了！一切都失去了！

阿：

一切？可这怎么可能呢？

母亲：

奇怪，这些钱到底上哪儿去了呢？

女孩、女艺术家、阿、男仆：

是的，太奇怪了，这些钱到底上哪儿去了呢？

阿：

（几乎在喊）那么我们在这儿的人全都破产了！

女孩、女艺术家、阿、男仆：

是的，非常奇怪，这些钱到底上哪儿去了？（除了母亲与银行家的对话，其他人的谈话很轻）一切都失去了！……这怎么可能呢？……是的，非常奇怪，难以相信……一切都失去了……这些钱丢的可惜……太可惜了……

（同时，母亲与银行家对话）

银行家：

我还能说些什么呢？我也要失去我的全部财产。

母亲：

(对银行家)我是在做梦吗？我听错了吗？我所有的股票都一文不值了吗？

银行家：

他们失去的甚至比你还多。你还可用它做卷发纸。

母亲：

啊,我的上帝!

银行家：

明天我又有幸从零开始了我还不得不干它三十六次才能成功。

母亲：

十年的心血一场空!(似乎要昏倒)

女孩：

(冲向母亲)醒醒,妈妈,醒醒!

(大家突然安静了。女孩、阿和男仆照顾着正在慢慢醒来的母亲。男仆可能给母亲倒了香槟酒。记者独自带着股票离去,他想研究这些股票。)

[情节剧]

女艺术家：

(与银行家在一旁)您说,我们该去哪儿吃晚饭?(学银行家滑稽的腔调)现在你终于要失去财产了吗?

银行家：

我们将去您想去的地方,夫人。(向她伸出手)但是快一点!这儿的气氛很可怕。

(与女艺术家同下)

女孩：

（扶着她母亲）来，妈妈，来！

（母亲由女儿、男仆和阿陪伴，一起从大门离开，母亲离开前还弯腰行礼）

记者：

（把他的股票揉作一团）这是从那些蠢猪那儿搞来的！（把股票扔在地上，看了一眼露露的画像，没和阿打招呼就从大门离开了）

露：

（穿着侍者的衣服迅速地从餐厅出来，横穿房间走向阿尔瓦）

侍者：

（穿着露露的衣服，跟着她在餐厅门前站住）

［宣叙调］

阿：

这是什么意思？

露：

你还有钱吗？

阿：

你疯了吗？

露：

两分钟后警察就要来了！他们会追捕我们！你要喜欢的话就留在这儿！

阿：

（大声叫喊）哎呀，我的上帝！

露：

（迅速走向暗门）跟着我！从仆人走的门出去！（急下）

阿：

（跟随露露下）

侍者：

我要关门了。（他匆匆地关好暗门，遛达着横穿房间走到舞台后部，在那里他的目光落在露露的画像上。他背对着大门站在画像前）

警官：

（穿着便服，从走廊上进来，走向侍者）以法律的名义，您被捕了！

侯爵：

（疲惫地跟在警官身后，侍者转过身来）您在胡闹些什么呀？那根本不是她！

（随后，侍者爆发出一阵狂笑，但被落幕和音乐所打断）

[间奏曲（《变奏曲》：用"拉皮条者之歌"，即魏德金"琉特琴之歌"作的四个变奏）]

第二场

一间山墙上没有窗子的阁楼。屋顶上的两个大玻璃窗向上开着。舞台前方的左右两边都有一扇破门。在舞台前方的左边有一个破烂的灰床垫。右前方是一个摇摇晃晃的花架，上面放着一个瓶子和一个冒烟的油灯。右后方的角落里，有一个旧的无背沙发榻。中门的旁边有一个坐破的藤椅。人们可以听到雨水敲打着屋顶。小天窗下放着一个盛满了水的盆。一个手摇风琴在幕后响着。

[场景Ⅰ]

施：

（躺在床垫上，穿着一件长的灰大衣）雨点敲出的嗒嗒声，就像招徕观众的鼓点。

阿：

（坐在角落里的沙发上，用一块旅行毯子裹住）这天气非常适合她的首次登台。

施：

如果我们听见她来，最好是偷偷地溜进我那小小的藏身处。

阿：

这是她的一种耻辱！还有比卖淫更可怜的事吗？

施：

我怀疑会有人上钩。

阿：

我不会劝任何人去这样做。

施：

（自语）这个笨蛋！（听到上楼的脚步声）他们来了！

阿：

（发怒）我忍受不了这种事！我要把那个家伙扔出去！

施：

（艰难地站起，揪着阿尔瓦的领子把他推向左方）向前走，向前走！

阿：

我们必须让门开着。

施：

（把阿尔瓦推入藏身处）胡闹！

阿：

我要去……

施：

别作声！

阿：

愿上帝帮助他！

施：

（从里面把藏身处门关好）闭嘴！

阿：

（在里边说）最好对他留神一点！

露：

（打开中门让教授走进，他迅速进来，她跟着他）

教授：

（鹤发童颜，天兰色的眼睛露出友好的微笑，他穿着大衣，戴着礼帽，手里拿着一把在滴水的伞。）

露：

这就是我的住处，先生。

教授：

（把食指放在嘴上，然后撑开雨伞，放到后面的地板上晾干。他做什么都是这样匆匆忙忙。）

露：

这儿可不太舒适。

教授：

（走向前，把手放在她的嘴前，又把食指放在自己唇上。）

露：

你用这种古怪的手势想说什么？

教授：

（迅速地捂住她的口）

露：

我们两个单独在一起 没有人能听见！

教授：

（再次把食指放在唇上，走到后面去，把大衣折好放在门旁的椅子上。）

露：

上帝，我碰到怪物了。

教授：

（再次静静地走向前来，用双手抱住露露的头，飞快地吻了吻她的额头。）

露：

我希望您能送我一点什么东西。

教授：

（给露露一张大钞票，并意味深长地看了她一眼）

露：

（高兴地观看钞票的两面）您真大方。（小心地靠近他，用臂搂住他，吻他的嘴。）

教授：

（无声地微笑着，摆脱她，并疑惑地东张西望）

露：

（从桌上把灯拿下，打开门走进她的卧室）

教授：

（微笑着，进门时脱帽。两人进入卧室。）

（舞台幽暗，只有一束光线从卧室的门缝中透出。）

[场景Ⅱ]

阿：

（从藏身处弯着腰蹑手蹑脚地出来，耳语）他们走了吗？

施：

（在阿尔瓦身后，也是同样姿势）等一会！

阿：

我想在她的门前跪下。（蹑手蹑脚地走到露露的卧室门前）

施：

这个妈妈的宝贝儿子！（在舞台上摸索着走，摸到椅子上的大衣，很快地从口袋里搜出一本书，递给阿尔瓦）看一下这是什么！

阿：

（把书拿到从卧室透出的一束光线下读）《对虔诚的朝圣者和那些将去朝圣的人的告诫》

施：

上帝抛弃了他。（把大衣重放在椅子上，迅速地摸索着返回藏身处）

阿：

我们一定不能被他看见。（同样潜入藏身处）

露：

（进来并把灯放在桌上）

教授：

（跟随着她，还是那样匆忙）

露：

您还要再来吗？

教授：

（捂住她的嘴）

露：

（绝望地望着天空，并摇着头）

教授：

（穿上大衣，走近她，把食指放在自己的口上）

露:

(猛地搂住他的脖子)

教授:

(轻轻地摆脱开,吻她的手,转身走向门口)

露:

(准备送他出去)

教授:

(示意她留下,迅速而无声地离开公寓)

(阿和施从藏身处出来)

露:

(毫无表情)这个人使我毛骨悚然!

阿:

他给了你多少钱?

露:

就是这张钞票。现在我再回街上去。

施:

(沾沾自喜地)我们又可以像王侯那样地生活了!

(楼梯上又传来脚步声)

阿:

他回来了。

露:

(仔细听)不,不是他,是另一个人。

阿:

有人上来了。

露:

这可能是谁呢?

施：

可能是他介绍来的一个朋友。

露：

快到门口了。

阿：

我也听到了。

施：

请进!

露：

这可能是谁呢?

戈：

(走进，她衣衫褴褛，手中拿着一卷油画布，向露露打招呼)如果我来的不是时侯，那我就回去。我只想跟你说，我尽管作了一个星期的努力，还是没有搞到钱。

施：

现在这位夫人想把脚伸到我们的桌下了。

戈：

我没有空手而来。我给你带来一些特别的东西。今晚在到这儿的路上，一个旧货商向我兜售一件东西。我心想一定要保存它。但是如果你们想卖掉，那也可以。(她交出那卷画布)

露：

那是什么呢?

施：

你给我们带什么来了?

阿：

让我们看一下!(他拿过戈的那卷画布打开它)我的天，这是露露的画像!

露：

(尖叫一声)我的画像!不要让我看到它,把它扔到街上去!

阿；

(突然兴奋起来)究竟发生了什么事……? 面对这张画像,我感到又恢复了自尊。我明白这是命中注定的。(颇有点感伤)面对这两片引起欢快的嘴唇,面对那双天真无邪的眼睛,面对这粉白色的肉体,谁还能保持布尔乔亚的信条,那就让他先拿石头打我们吧!

施：

把它挂好,使我们的顾客高兴。

阿：

(一本正经)那墙上正好有一颗钉子!(把画像的上端钉到墙上)

施：

(对戈施威兹)你怎么搞到这张画像的?

戈：

你们离开巴黎那天,我悄悄地把画像取下,把框子留下了。

阿：

(从墙上拔下另一颗钉子)可惜,这画有点剥蚀了。

施：

下面还要颗钉子,不然挂不上。

阿：

(脱下左脚的靴子)我知道怎么办,把它交给我吧。(用鞋跟把钉子从画边敲进去)

[四重唱]

施：

它就像一个非常亮的火炬,照亮了整个屋子。(对戈施威兹)画这张像的时侯,她的身体正处在发展的最高峰。

戈：

他的确是一个天才的画家,除了他,还有谁能画得出来。

施：

但后来他却割断了自己的喉咙。

露：

(重新镇定下来,走到画前)你不知道这个画家吗?

戈：

这件事发生在我认识你们以前。我只听到你在谈话中以不赞同的方式说过,由于激怒和紧张,他割断了自己的咽喉。

露：

他同我一起上床,只是上床而已。他给我爱情,但却永远不了解我。

施：

她能够充满信心地宣布,这就是我。今天她碰到的那些人,谁也想不到我们过去是如何生活的。现在,她却要在煤气灯下,同几十个街头鬼魂去竞争。

露：

(答复施戈尔希)我就要出去证明你刚才说的话。

阿：

(穿上鞋,骄傲地挺直身子,把画像同露露本人比较)她天真无邪的眼神,尽管遭受过磨难的生活,仍然没有改变。请注意,她的皮肤清新湿润,她的呼吸芳香扑鼻,她的额头容光焕发,她的脖子和肩膀都无法形容地闪耀着青春和热烈的光辉……

施：

这一切都像垃圾一样地永远消失了。

露：

（简短而断然地）再见！

阿：

你要去哪儿？

戈：

你要去哪儿？

施：

她要去把一个男人带上来。

阿：

你不要再去了，只要我活着，就不能那样。留下吧，留下吧！（想拉回露露）

戈：

露露，露露！

施：

她今天已经干了一次了。

戈：

不管你到哪儿，我都跟你去。

施：

见鬼去。请原谅，夫人，您是想趁火打劫我们吗？

露：

让我走！

阿：

我不准你走，留下来，留下来！

露：

我要自杀。你们受得了,我受不了!

戈:

现在你不用害怕什么,我同你在一起。

阿:

(想把露露拉回)

施:

(想把戈施威兹拉回)

(露露挣脱了阿尔瓦,与戈施威兹双双冲向门口,下)

[场景Ⅲ]

施:

(把阿尔瓦拉回)你本人不愿出去工作,你有什么权力禁止她出去?

阿:

(叹息,倒在沙发上)除了她,谁还会让我染上病痛?

施:

她?她病了吗?

阿:

侯爵传染给她,她又传染给我,她却没有通常的那些症状。

施:

(回避阿尔瓦)如果她聪明,就不会让伯爵夫人一起上街去。(走到露露画像前凝视)她还没有学会这种买卖。

阿:

你指的是什么买卖?

施:

她不能靠爱情谋生,因为她的生活就是爱情。

阿:

靠她的爱情?(听到脚步声,仿佛从睡梦中惊醒)她们回来了!

施:

我们必须再藏起来。

阿:

我留在这儿。(他藏在他的旅行毯子下面,在以后的情节中一直让人看不到)

施:

贵人的行为应当高贵!(走向藏身处)真正上流社会的人应尽社会的义务。(钻进藏身处)

露:

(开门)进来吧,亲爱的!

黑人:

(穿浅色外衣,浅色长裤,白色的鞋罩,有黄色扣子的靴子以及灰色的大礼帽)他妈的,这楼梯太暗了。

露:

(拉着他的手向前)这儿亮一点儿,来吧!

黑人:

可是这儿太冷,太冷了。(发抖)

露:

想喝点杜松子酒吗?

黑人:

杜松子酒?我总是喝杜松子酒,杜松子酒好。

露:

(拿给他酒瓶)我不知道杯子在哪儿。

黑人:

不用了。(拿着瓶子喝)我喜欢杜松子酒!

露：

在我的眼里您是一个很英俊的男人。

黑人：

我父亲是乌呼比的皇帝。我在欧洲有六个妻子，两个是西班牙人，两个是英国人，还有两个是法国人。我不爱我的妻子们。我总是要洗澡，洗澡，洗澡……（想拥抱她）

露：

别碰我！（缩回）您给多少钱？

黑人：

金币！你相信我，你会得到金币的！我总是付给金币。

露：

那么您先给我看看。

黑人：

我从不事先付钱。

露：

至少让我看看金币。

黑人：

（更加靠近她）我不懂！来吧，来吧！（抓住她）

露：

（拼命抗拒）放开你的手！

阿：

（吃力地起身，蹑手蹑脚地从后面接近黑人，扯着他的衣领往回拉他）

黑人：

（迅速转身向阿尔瓦）噢，这里是谋杀者的窝儿！来，朋友，我给你安眠药吧！（用一根短棍打阿尔瓦的头，阿尔瓦昏倒）这就

是你的安眠药！（弯腰看一动不动的阿尔瓦）美梦来了！（对露露）你的梦，美梦！（走向门）门在这儿！（下）

露：

（独自一人，呆滞片刻，然后痛哭起来）我简直不想再干下去了！谁也忍受不了这种地方！甚至流落街头也比这儿好。（急速走向大门，当看到死去的阿尔瓦时，又延缓了脚步，然后急下）

［场景Ⅳ］

施：

（从他的秘密藏身处出来，俯身向阿尔瓦）血！阿尔瓦！我最好把他移到一边去，否则露露的下一个顾客要被吓着的。（碰碰他的身体）阿尔瓦！阿尔瓦！他将睡到恢复过来。（抓住阿的手臂，将他拖进藏身地）但这不是睡觉的地方。

（空台）

（中门开了，戈慢慢进来，紧张地环顾四周）

施：

（从藏身地出来）阿尔瓦博士需要睡一会儿，他已经就寝了。

戈：

这里是多么黑暗呀。

施：

还会更黑暗的。

戈：

她把我撵走了。

施：

（对这个消息很高兴）这才合情理！（又一本正经地）如果有人找我，我就在下面的酒馆里。（从中门下）

戈：

（独自一人，坐在门旁的藤椅上，从手提包里抽出一支小左轮枪，对准自己的额头，但又放下，摇摇头）不！如果她在这儿看到我倒在血泊中，她不会为我掉一滴眼泪的。我是不是到外面去跳河？什么更冷一些，是水还是她的心？那么用刀自杀如何？哼，这不会产生什么结果。最好还是上吊吧？（跳起从墙上拿下旅行毯子的带子）快点儿！赶在她来之前！（突然想起什么事，拖着脚走到露露的画像前）让我只一次，最后一次和你说说心里话吧！（双膝跪地，双手合拢）请帮助我吧！请帮助我吧！（一直保持着这个姿势）

露：

（开门让杰克进来）

杰：

（他体形粗壮，动作灵活，脸色苍白，眼睛灼灼有光，眉毛很重而且上竖，小胡子下垂着，络腮胡稀稀拉拉，手是火红的，指甲用牙咬断，他的眼睛盯着地面。他穿着深色外衣，头戴小圆毡帽。注意到戈施威兹）那是谁？

露：

我的妹妹，她神志不大健全。

杰：

（沉思了一下）不健全？（再次转向露露）你好象有一张很美的嘴，我的心肝。

露：

那是我母亲的遗传。

杰：

很像！你要多少钱？

露：

您不想整夜和我在一起吗？

杰：

不，我没有时间，我必须回家。

露：

但是如果您呆在这儿，你可以对您的家庭找个借口。

杰：

你要多少钱？我没有很多钱。

露：

我不要求金块，我要的只是半个英镑。

杰：

（转身走向大门）不，我要走！晚安！

露：

（拉回他）看在上帝的份上，呆在我这儿吧，只一小会儿。

杰：

（走过戈施威兹身边，并打开藏身处）这是干什么的？我要是呆在这儿，会发生什么事？这很可疑！当我睡着时，会有人翻我的口袋。

露：

不，我从不会那样做！没人会那么做！您既然来了，就请不要离开！我求求您，不要走！

杰：

喔，你究竟要多少钱？

露：

（犹豫一下）那您就给我所说的一半吧。

杰：

不，还是太多！你似乎在这种事情上还是个新手。

露：

是的,今天是头一次。

戈:

(仍然跪着,向杰克直起身来)

露:

(拉回戈施威兹)告诉你,呆在后面!

杰:

这不是你的妹妹,她是你的恋人。(像抚摸一只狗那样地抚摸戈的头发)可怜的老母狗!(再次转向露露,用审视的目光看着她)

露:

您为什么这样目不转睛地看着我?

杰:

你走路的样子首先吸引了我。我对自己说,她的身材很好。

露:

人们怎么能知道这样的事呢?

杰:

我甚至看到你的嘴很美。可我只带了五个先令。

露:

没关系,把它给我吧。

杰:

但是你必须还我一半,以便我明早坐公共汽车回去。

露:

我没找您的。

杰:

仔细找找,翻翻你的口袋!

露:

(把手递给他)这是我剩下的惟一硬币。

杰:

把这块硬币给我。

露:

我明早把它换开,然后再给您一半。

杰:

不,全部给我!

露:

(给他钱)愿上帝保佑您!现在同我一起进去吧!(拿灯)

杰:

我们不需要灯,有月亮。

露:

就依您吧。(放下灯,靠近杰克,拥抱他)我真的喜欢您!(用痛苦的声音)请不要让我再等待了。

杰:

我已经准备好了。(跟着露露进入房间,可以听到门从里边锁上了)

(灯灭了,两个窗户下的地板上被月亮照出两个发亮的四方块。屋中的一切都可看得很清楚)

[夜曲]

戈:

(独自一人,如在梦中)这是我和这种人度过的最后一夜了。我要返回德国,到大学去上学。我要为妇女权力而斗争,去研究法学。

露:

(从屋内)不!不!不,不!(临死前的喊叫)

戈:

(直立起来,然后突然冲向露露卧室的门,用尽全身的力量摇撼着门)

杰:

(弯腰从里边拉开门,用一把沾满鲜血的刀刺进戈施威兹的身体)

戈:

(倒下)

杰:

(从戈施威兹身旁走过)这是桩好买卖!(在窗下的盆里洗洗手)我是个幸运儿!(寻找一块毛巾)在需要的时候却找不到一块毛巾!(挥了一下手,戈施威兹动了一下,杰克弯腰察看)你也马上就要完蛋了。(从中门下)

[庄板]

戈:

露露!我的天使!让我再看你一眼!我在你身边,永远在你身边,永远!(死去)

(全剧终)

[1989年根据维也纳世界出版社 1977 年出版的德/英语脚本译]

参考书目

外文:（以著者名英文字母为序）

ADORNO, Theodor W.: *Alban Berg. Der Meister des kleinsten Übergangs*, Wien 1968.

——"A Talk on Alban Berg's 'Lulu'" (1960)
　　in: The booklet accompanying Karl Böhm's recording of "Lulu", 1968.

ARCHIBALD, Bruce: "Berg's Development as an Instrumental Composer"
　　in: *The Berg Companion*, ed. by Douglas Jarman, London 1989, PP. 91 – 122.

BERG, Alban: *Letters to His Wife*, London 1971.

——"Why is Schoenberg's Music so Hard to Understand?" (1924)
　　in: S. Morgenstern: *Composers on Music*, New York 1956, PP. 458 – 460.

—— "A Word about 'Wozzeck'" (1928), Ibid. PP. 461 – 462.

—— "What is Atonality?" (1930)
　　in: N. Slonimsky: *Music since 1900*, New York 1949, 3rd ed. PP. 1311 – 1315.

—— "Lecture on 'Wozzeck'" (1929)
　　in: H. F. Redlich: *Alban Berg, The Man and His Music*, London 1957, PP. 261 – 285.

BERG, Erich Alban: *Der unverbesserliche Romantiker. Alban Berg 1885 – 1935*, Wien 1985.

BRAND, Juliane and HAILEY, Christopher and HARRIS, Donald (edit.): *The Berg-Schoenberg Correspondence. Selectet letters*, Houndmills/Basingstoke/Hampshire/London 1987.

—— "Catalogue of Correspondence between A. Berg and A. Schoenberg"

　　in: *Journal of the A. Schoenberg Institute*, Vol. XI, Number 1, June 1988, PP. 70 – 97.

BOULEZ, Pierre: " 'Lulu' – The Second Opera".

　　in: *Orientations*, *Collected Writings*, London 1986, P. 380.

CARNER, Mosco: *Alban Berg. The Man and the Work*, London, 1975. (Chapter 12, The Operas)

CERHA, Friedrich: "Zum III. Akt der Oper 'Lulu'",

　　in: *Österreichische Musikzeitschrift*, 1981/10 – 11, PP. 541 – 550.

—— "Some Further Notes on My Realization of Act III of 'Lulu'",

　　in: *The Berg Companion*, PP. 261 – 268.

DAHLHAUS, Carl: "Berg und Wedekind – Zur Dramaturgie der Lulu",

　　in: *Alban Berg Studien*, Bd. II, Wien 1981, PP. 12 – 19.

DALEN, Barbara: " 'Freundschaft, Liebe, und Welt': The Secret Programme of theChamber Concerto",

　　in: *The Berg Companion*, PP. 141 – 180.

DEVOTO, Mark: "Berg The Composer of Songs", Ibid. PP. 35 – 66.

DUBE, Wolf – Dieter: *The Expressionist*, London 1972.

ESSLIN, Mart in: "Berg's Vienna",

in: *The Berg Companion*, PP. 1-12

GREEN, Douglass M.: "Berg's De Profundis. The Finale of Lyric Suite",

in: *International Alban Berg Society Newsletter*, Number 5, June 1977, PP. 13-23.

—— "Cantus Firmus Techniques in the Concertos and Operas of Alban Berg"

in: *Alban Berg Symposium Wien* 1980, *Tagungsbericht*, Wien 1981, PP. 56-66.

HAIMO, Ethan: *Schoenberg's Serial Odyssey. The Evolution of His 12-Tone Method*, 1914-1928, Oxford 1990.

HILMAR, Rosemary: *Alban Berg* (1885-1935) *Klassiker der Musik des 20. Jahrhunderts*, Wien 1984.

JARMAN, Douglas: *The Music of Alban Berg*, London 1979.

—— " 'Man hat auch nur Fleisch und Blut': Towards a Berg Biography"

in: *Alban Berg. Historical and Analytical Perspectives*, ed. by D. Gable and R. P. Morgen, Oxford 1991, PP. 11-23. (an offprint from the author)

—— "Countess Geschwitz's Series: A Controversy Resolved?"

in: *Proceedings of the Royal Musical Association*, 107: P. 111. (an offprint from the author)

—— "Some Observations on Rhythm, Metre and Tempo in Lulu"

in: *Alban Berg Symposium Wien* 1980, *Tagungsbericht*, PP. 20-30.

JOHNSTON, William. M.: *The Austrian Mind: An Intellectual*

and Social History. 1848 – 1938, Berkeley 1972, PP. 115 – 162 (Part Ⅱ, Aestheticism at Vienna)

KALLIR, J.: *Austria's Expressionism*, London 1981.

KOCH, J. H. (ed.): *Arnold Schoenberg and Wassily Kandinsky, Letters, Pictures and Documents*, London 1984.

KRENEK, Ernst: "Marginal Remarks to Lulu"
 in: *Alban Berg Symposium Wien* 1980, *Tagungsbericht*, PP. 8 – 11.

LEIBOWITZ, Rene: "Alban Berg's Five Orchestral Songs" (Oct. 1948)
 in: *The Musical Quarterly*, Winter 1991, Vol. 75, No. 4, PP. 125 – 131.

LOHNER, E. & HANNUM, H.: *Modern German Drama*, Boston 1966.

MARCO, Guy A.: Opera: *A Research and Information Guide*, New York 1984.

MITCHELL, Donald: *The Language of Modern Music*, London 1963.

PERLE, George: *The Operas of Alban Berg*, (Vol. Ⅰ *Wozzeck*), Berkeley 1980.

—— *The Operas of Alban Berg*, (Vol. Ⅱ *Lulu*), Berkeley 1985.

—— *Serial Composition and Atonality*, Berkeley 1977.

—— "The Secret Program of the Lyric Suite"
 in: *The International Alban Berg Society Newsletter*, Number 5 June 1977, PP. 4 – 12.

PERLE, George – FLOROS, Constantin.: "Kontroverse üeber das

Programm der Lyrischen Suite"

in: *Musik-Konzepte*, *Heft* 9, *Alban Berg/Kammermusik II*, Hrg. von Heinz-Klaus Metzger und Rainer Riehn, München 1979.

REDLICH, Hans Ferdinand: *Alban Berg*, *The Man and His Music*, London 1957 (Chapter 4).

——"Appendix to 2 Lieder by Alban Berg", Vienna Universal Edition 1955, 1960.

RODE, Susanne: *Alban Berg und Karl Kraus*, Hamburg Univ. Diss. 1988 (Europäische Hochschulschriften/36)

SCHERLIESS, Volker: *Alban Berg*, *in Selbstzeugnissen und Bilddokumenten*, Rowohlts Monographien, Hamburg 1975.

SCHOENBERG, Arnold: *Style and Idea*: *Selected Writings*, London 1975.

——*Theory of Harmony*, Berkeley 1978.

——"My Evolution"

in: *Musical Quarterly*, Winter 1991, PP. 144–157.

SCHORSKE, Carl E.: *Fin-de-Siècle Vienna. Politics and Culture*, London 1979.

SMITH, Joan A.: *Schoenberg and His Circle. A Viennese Portrait*, New York 1986.

—— "Interview with Eugene Wolf, 1984 ",

in: *The Newsletter of the International Alban Berg Society*, 1985issue, PP. 6–9.

—— "Berg's Character Remembered"

in: *The Berg Companion*, PP. 13–34.

SOKEL, Walter H.: *The Writer in Extrimis. Expressionism in 20th Century German Literature*, Stanford Univ. Pr. 1959.

SPIEL, Hilde: *Vienna's Golden Autumn*. 1866 – 1938, London 1987.

STENZL, Jurg: "Alban Berg und Marie Scheuchl" in: *Österreichische Musikzeitschrift* (ÖMZ.) 40, 1985, PP. 20 – 30.

STEPHAN, Rudolf: *Alban Berg: Symphonie – Fragmente*, Wien 1984.

—— "Zur Würdigung Alban Bergs" in: ÖMZ. 35, 1980, PP. 204 – 208.

—— "Aspekte der Wozzeck – Musik" in: H. Goertz: 50 *Jahre Wozzeck von Alban Berg. Vorgeschichte und Auswirkungen in der Operaesthetik*, Wien 1978.

VARNEDOE, Kirk.: *Vienna 1900: Art, Architecture and Design*, New York 1986.

WEBERN, Anton: *The Path to the New Music*, ed. by Willi Reich, London, Wien, Zurich Universal Edition, 1960.

WEDEKIND, Frank: *Erdgeist, Die Büches der Pandora*, München 1976.

ZWEIG, Stefan: *The World of Yesterday. An Autobiography*, London 1987.

中文：

斯泰恩，J.L.：《现代戏剧的理论与实践》（三），象禹、武文译，北京，中国戏剧出版社1989年版。

沃林格，W.：《抽象与移情》，王才勇译，沈阳，辽宁人民出版社1987年版。

阿多尔诺，T.W.：《新音乐的哲学》（前言），顾连理译，载《外国哲学》第三辑。

弗内斯，R.S.：《表现主义》，艾晓明译，昆仑出版社1989年

勋伯格，A.：《论作曲家》（译自《风格与思想》），李宁宁译，北京，中央音乐学院1989年硕士论文。

波尔，G.：《序列作曲和无调性》，秦元平译，北京，中央音乐学院学报社1989年版。

杰伊，M.：《法兰克福学派的宗师阿道尔诺》，胡湘译，长沙，湖南人民出版社1988年版。

康定斯基，W.：《论艺术的精神》，查立译，北京，中国社会科学出版社1987年版。

阿纳森，H.H.：《西方现代艺术史》，邹德侬、巴竹师、刘挺译，天津人民美术出版社1986年版。

策尔纳，E.：《奥地利史》，李树泖等译，北京，商务印书馆1981年版。

拉夫，D.：《德意志史》，波恩，Inter Nationes 1987年中文版。

毕希纳，G.：《毕希纳文集》，李士勋、付惟慈译，北京，人民文学出版社1988年版。

贾尔曼，D.：《阿尔班·伯格的节奏》（译自《阿尔班·贝尔格的音乐》第四章），罗忠镕译，载《世界音乐》（北京中央音乐学院学报社季刊）1985年第二、三期。

——《伯格、弗里茨及小提琴协奏曲的秘密标题性内容》，赵其昌译，载《世界音乐》1985年第三期。

艾斯勒，H.：《阿诺尔德·勋伯格》，姚锦新译，载《外国音乐参考

资料》(中央音乐学院编译) 1981 年第 期。

弗洛罗斯,K.:《阿尔班·伯格的〈安魂曲〉-伯格小提琴协奏曲的秘密标题》,赵其昌译,载《世界音乐》1986 年第二期。

弗利德海姆,Ph.:《勋伯格无调性作品的节奏结构》,罗忠镕译,载《音乐探索》(四川音乐学院编) 1984 年第四期。

赫纳汉,D.:《身后 50 年尚未揭开的伯格的秘密》,司徒幼文译,载《世界音乐》1985 年第二期。

汉森,P.S.:《二十世纪音乐概论》,孟宪福译,北京,人民音乐出版社 1981 年版。

王　静:《深层心理的直观——论表现主义戏剧的特征》,北京,中央戏剧学院 1987 年硕士论文。

石琳琳:《桥社的艺术观念》,北京,中央美术学院 1988 年学士论文